法眼看世界听魏建平律师说

辩论智慧

——行政诉讼中的法与理

魏建平　编著

内容提要

作者积10余年司法行政经验，汇集政府信息公开、房地产登记、房屋拆迁、违章建筑、交通违章、学籍处分、出入境检验、医疗鉴定、质量安全监督等50个当今社会生活中常见的行政诉讼案例，就诉讼法律关系、证据作用及诉讼技巧等进行分析，指点迷津。

本书可供法律工作者和关心法律事务的读者参考。

图书在版编目(CIP)数据

辩论智慧：行政诉讼中的法与理／魏建平编著．—
上海：上海交通大学出版社，2017
ISBN 978-7-313-12719-8

Ⅰ．①辩…　Ⅱ．①魏…　Ⅲ．①行政诉讼法—研究—中国　Ⅳ．①D925.304

中国版本图书馆CIP数据核字(2017)第043912号

辩论智慧
——行政诉讼中的法与理

编　　著：魏建平
出版发行：上海交通大学出版社　　地　　址：上海市番禺路951号
邮政编码：200030　　电　　话：021-64071208
出 版 人：郑益慧
印　　制：常熟市文化印刷有限公司　　经　　销：全国新华书店
开　　本：710mm×1000mm　1/16　　印　　张：18.5
字　　数：342千字
版　　次：2017年4月第1版　　印　　次：2017年4月第1次印刷
书　　号：ISBN 978-7-313-12719-8/D
定　　价：69.00元

自序

十数年的律师职业生涯，陆续代理近百件行政诉讼案件，有代理行政机关的，也有代理自然人、法人单位的。有时坐在原告代理人的位置，有时坐在被告代理人席上。

作为原告代理人，着重从原告角度思考，从如何说服法庭支持原告诉讼请求出发，力争最大限度地维护原告的合法权益。

作为被告代理人，重点从行政机关的职权依据、被诉行政行为的法律依据、事实和程序证据着手，力陈行政行为的事实，力证行政行为的合法性。

而无论是代理原告，还是代理被告，均展示着行政诉讼的法律价值，展现着依法行政的现状和进程，为推动公民的依法行为和行政机关的依法行政作出应有的努力，尽一份绵薄的力量，为我国的法治建设贡献点滴。

从原告代理人到被告代理人，角度地来回转换，伴随的是思考角度的转换，也伴随着从不同角度审视行政行为，从两个侧面观察行政诉讼，因而也就对行政诉讼有了更加全面的认识和更加深刻的理解。

百姓的苦处，行政机关的难处，行政诉讼的后视和前瞻，通过一个个行政诉讼案件，逐渐有了一些或粗浅或成熟，或正确或待商榷的看法、见解、思考，日积月累，碎片笔耕，历经近一年，终整理成册，成为今日之阅读版本。

辛苦、欣慰、兴奋之后，还感不安，生怕有谬误和瑕疵，就像每个案件结案后反观，无论是胜诉还是败诉，总有借鉴之处，总有在下一个案件代理中进一步完善的地方。

个案的整理，数个案件的梳理，也让自己对行政诉讼有了不同以往的认识，不仅有法律角度的感触，还有行政机关与百姓、百姓与政府的感情交流、交织、纠葛。行政机关为百姓服务，百姓理性依法维护自己的合法权益，情与理的交融和法与理的碰撞，更成为我们深入观察社会、深刻理解社会的一面镜子。

本书试图通过行政诉讼案件审理视角，展示社会理性的一面。

魏建平

2017 年 2 月于上海

目录

上篇　案例透视篇

下篇 行政诉讼篇

上篇　案例透视篇

案例1　董先生不服政府信息公开告知、行政复议决定案

【案情介绍】

2010年，董先生所有的位于××市××区××路××弄40号×××室房屋，被实施行政强制拆除。

当时，房屋所在地人民政府向董先生发出了×府迁通字(2010)第××号《强制执行通知书》。董先生认为××市××区人民政府作出的×府迁通字(2010)第××号《强制执行通知书》并非决定实施强制拆除的"决定文件"，只是通知强制拆除事项的文件。根据政府信息公开的相关法律、法规，在向区政府申请政府信息公开并获得告知和区政府提供的相关信息，但董先生认为区政府提供的公开信息不是其申请的信息。后向市政府申请行政复议，复议维持了区政府的公开告知行政行为。董先生依旧不服，认为其申请要求政府部门公开的是对其所有的房屋实施行政强制拆除的行政决定全部文件，区政府公开的信息与其申请不符。据此，起诉区政府和市政府，要求公开其所申请的全部信息，撤销市政府作出的行政复议决定。

【行政起诉状】

原　　告：董××，男，汉族，195×年3月29日出生，住上海市××区××路××弄40号××室。

被　　告：××市××区人民政府，住所地××市××路××号。

法定代表人：×××，区长。

被　　告：××市人民政府，住所地××市××路××号。

法定代表人：×××，市长。

诉讼请求：

1. 请求依法撤销被告作出的×府办[2015]第××号-公告《告知书》，并责令被告立即书面公开对原告位于××区××路××弄40号×××室房屋实施行政强制拆除的行政决定全部文件。

2. 请求依法撤销×府复字(2015)第×××号《行政复议决定书》。

事实与理由：

2015年9月30日，原告向被告递交政府信息公开申请表，要求被告书面公

开对原告位于××区××路××弄 40 号×××室房屋实施行政强制拆除的行政决定全部文件(即批准文件)。

2015 年 10 月 26 日,被告向原告送达前述《告知书》,向原告公开了××市××区人民政府作出的×府迁通字(2010)第××号《强制执行通知书》。原告对此答复不服。原告要求公开的信息为“强制拆除的行政决定文件”,而被告向原告公开的前述《强制执行通知书》只是被告向原告通知强制拆除事项的文件,非决定实施强制拆除的“决定文件”。因此,原告依法向××市人民政府提起了行政复议。2016 年 1 月 13 日,××市人民政府作出了×府复字(2015)第×××号《行政复议决定书》,以被告的告知行为认定事实清楚、证据确凿、适用法律依据正确、程序合法、内容适当为由维持了该具体行政行为。

但是,根据《中华人民共和国政府信息公开条例》第二条的规定:本条例所称政府信息,是指行政机关在履行职责过程中制作或者获取的,以一定形式记录、保存的信息,《××市政府信息公开规定》第二条规定:本规定所称的政府信息,是指政府机关掌握的与经济、社会管理和公共服务相关的,以纸质、胶卷、磁带、磁盘以及其他存储材料等载体反映的内容。根据《××市城市房屋拆迁管理实施细则》第二十五条规定:被拆迁人或者房屋承租人在裁定规定的搬迁期限内未完成搬迁的,经区、县房地局申请,由区、县人民政府责成区、县房地局和公安机关等有关部门强制执行;或者由区、县房地局依法申请人民法院强制执行。区、县人民政府责成有关部门强制执行的,应当提前通知当事人。实施强制执行前,拆迁人应当就被拆除房屋的有关事项,向公证机关办理证据保全。因此,根据前述规定,被告在作出×府迁通字(2010)第××号通知书之前需要履行审查程序,在审查通过之后作出书面批准决定文件方能向被拆迁人发出强制执行通知书。被告在前述审查过程中获取、制作的信息均属于《中华人民共和国政府信息公开条例》第二条所指的“政府信息”,同时,也正是原告申请被告予以公开的政府信息。

因此,被告依法应当履行信息公开义务,依法向原告书面公开该信息。被告不依法公开政府信息的行为已经构成了行政不作为,严重侵犯了原告的合法权益。

综上所述,被告不依法公开政府信息的行为侵犯了原告的合法权益。原告根据《中华人民共和国行政诉讼法》第四十一条以及《中华人民共和国信息公开条例》第三十三条的规定,特提起本行政诉讼,请求依法公正审判。

【法院判决】

原告董××不服被告××市××区人民政府(以下简称“××区政府”)政府信息公开告知、不服被告××市人民政府(以下简称“市政府”)行政复议决定一案,向本院提起行政诉讼。本院于 201×年 3 月×日受理后,在规定的期限内向被告寄送了起诉状副本、应诉通知书等诉讼材料，被告××区政府、被告市政府分别于规定的期限内向本院提交了作出被诉行政行为的证据和法律规范、答辩状。本院在规定的期限内向原告送达了被告提供的答辩状副本及相关证据材料。本案依法由审判员×××适用简易程序独任审判，于201×年×月×日公开开庭进行了审理。原告董××，被告××区政府的委托代理人×××、×××，被告市政府的委托代理人×××到庭参加诉讼。本案现已审理终结。

被告××区政府于2015年10月××日作出×府办(2015)第××号-公告《告知书》，告知原告依据《××市政府信息公开规定》(以下简称《规定》)第二十三条第(一)项的规定，其要求获取的“关于对董××位于××市××区××路××弄40号×××室房屋实施行政强制拆除的行政决定文件”属于政府信息公开范围，将×府迁通字(2010)第××号《强制执行通知书》提供给原告。

被告市政府于201×年×月×日作出×府复字(2015)第×××号《行政复议决定书》，根据《中华人民共和国行政复议法》(以下简称《行政复议法》)第二十八条第一款第(一)项的规定，决定维持××区政府于2015年10月××日作出×府办(2015)第××号-公告《告知书》的具体行政行为。

原告董××诉称：原告向被告××区政府申请公开“关于对董××位于××市××区××路××弄40号××室房屋实施行政强制拆除的行政决定文件”，但×××政府向原告公开的×府迁通字(2010)第××号《强制执行通知书》并非决定实施强制拆除的“决定文件”，只是通知强制拆除事项的文件。××市第×中级人民法院所作的(2015)××中受初字第××号《行政裁定书》也认定该《强制执行通知书》是实施强制执行前的通知行为。××区政府没有依法公开原告所申请的政府信息，原告不服，向市政府申请行政复议。市政府却违法予以维持。原告遂诉至本院，请求法院判决撤销被告××区政府于2015年10月××日作出的编号的×府办(2015)第××号-公告《告知书》，责令被告××区政府公开原告所申请公开的全部信息，撤销被告市政府于201×年×月×日作出的×府复字(2015)第×××号行政复议决定。

被告××区政府辩称：被告××区政府依照《中华人民共和国政府信息公开条例》(以下简称《条例》)第四条、《规定》第五条第二款第(二)项具有作出信息公开答复的职权依据。经审查，原告申请的信息属于政府信息公开范围，被告××区政府依照《条例》第二十四条第二款及《规定》第二十六条第一款、第二十三条第(一)项的规定，在规定期限内作出告知。针对原告申请的信息，××区政府仅制作了×府迁通字(2010)第××号《强制执行通知书》，并将该文件公开给了原告。被诉政府信息公开申请告知认定事实清楚，程序合法，适用法律规范正确，被告××区政府请求法院驳回原告的诉讼请求。

被告市政府辩称：被告市政府依照《行政复议法》第十三条第一款的规定具

有处理以××区政府为被申请人提起行政复议的职权，并依照《行政复议法》第三十一条第一款的规定延长审理期限。被告市政府经复议后认为××区政府所作政府信息公开答复并无不当，遂依照《行政复议法》第二十八条第一款第(一)项的规定，作出×府复字(2015)第×××号行政复议决定，维持了该政府信息公开告知，并送达当事人。被诉行政复议决定认定事实清楚，程序合法，适用法律规范正确，请求法院驳回原告的诉讼请求。

经开庭举证、质证，并经法庭认证，本院查明本案事实如下：

原告董××于 2015 年 9 月 30 日向××区政府提出政府信息公开申请，要求获取"关于对董××位于××市××区××路××弄 40 号××室房屋实施行政强制拆除的行政决定文件"。该申请经过转送，被告××区政府于 10 月 8 日收到后，经审查于 10 月××日作出×府办(2015)第××号-公告《告知书》，告知原告其要求获取的"关于对董××位于××市××区××路××弄 40 号××室房屋实施行政强制拆除的行政决定文件"属于政府信息公开范围，将×府迁通字(2010)第××号《强制执行通知书》提供给原告。原告收悉后不服，于 10 月 31 日向市政府申请行政复议。市政府受理后于 11 月 2 日通知××区政府提出复议答复并提交相关材料。××区政府收悉后提交了《行政复议答复书》，并附相关材料。市政府于 12 月 30 日作出《行政复议延长审理期限通知书》，告知当事人延长审理期限不超过 30 日。经审理，市政府于 2016 年 1 月××日作出×府复字(2015)第×××号《行政复议决定书》，决定维持××区政府所作×府办(2015)第××号-公告《告知书》。原告收悉后不服，遂在起诉期限内诉至本院。

以上事实由原、被告分别提交的×府办(2015)第××号-公告《告知书》、×府迁通字(2010)第××号《强制执行通知书》、×府复字(2015)第×××号《行政复议决定书》，原告提交的(2015)××中受初字第××号《行政裁定书》，被告××区政府提交的政府信息公开申请表及附件，被告市政府提交的《行政复议申请书》、《行政复议答复通知书》、《行政复议答复书》、《行政复议延长审理期限通知书》、相关邮寄回执材料以及当事人的庭审陈述等证据证明。

本院认为，依照政府信息公开的相关职责规定，被告××区政府依法具有受理和处理向其提出的政府信息公开申请的职责。被告××区政府在收到原告的政府信息公开申请后，在规定的期限内作出答复，行政程序合法。××区政府针对原告要求公开"关于对董××位于××市××区××路××弄 40 号××室房屋实施行政强制拆除的行政决定文件"的申请，依照申请人对信息的描述，经过检索后查明其仅制作×府迁通字(2010)第××号《强制执行通知书》，遂作出被诉政府信息公开告知，向原告公开该信息。该告知认定事实清楚，公开的×府迁通字(2010)第××号《强制执行通知书》载明了房屋拆迁裁决书的文号等内容，未损害原告的知情权，并无不当。被告市政府具有受理和处理不服××区政府行政行为所提出的行政复议的职权。被诉行政复议决定认定事实准确,程序合法,适用法律正确,处理并无不当。原告的诉请缺乏依据,本院不予支持。据此,依据《中华人民共和国行政诉讼法》第六十九条之规定,判决如下:

驳回原告董××的诉讼请求。

案件受理费人民币 50 元,因本案适用简易程序,减半收取人民币 25 元,由原告董××负担。

如不服本判决,可以在判决书送达之日起十五日内,向本院递交上诉状,并按对方当事人的人数或者代表人的人数提出副本,上诉于××市高级人民法院。

【律师评述】

董先生诉讼要求政府部门公开对其房屋实施行政强制拆除的行政决定全部文件,其申请的信息描述不具体。按照一信息一申请的原则,董先生的申请应当清晰地明确描述其申请的信息名称(文件名称),董先生使用"全部文件"的描述,严格意义上,是对所申请的信息描述模糊。

本案中,董先生想要申请的是对其房屋实施强制拆除的决定书(裁决书)及做出决定书依据的过程性文件。但根据房屋拆迁当时的法律、法规规定,在做出×府迁通字(2010)第××号《强制执行通知书》、送达董先生之前,应当已经将对董先生房屋拆迁的《裁决书》送达给了董先生。

2010 年,董先生房屋被拆迁当时生效并适用的《××市城市房屋拆迁管理实施细则》第二十四条(裁决):"拆迁人与被拆迁人或者房屋承租人达不成拆迁补偿安置协议的,经当事人申请,由被拆除房屋所在地的区、县房地局裁决。裁决应当自收到申请之日起 30 日内作出。

居住房屋的拆迁补偿安置争议,应当裁决以房屋调换。非居住房屋的拆迁补偿安置争议,可以裁决以房屋调换,也可以裁决以货币补偿。

当事人对裁决不服的,可以在裁决书送达之日起 60 日内向有管辖权的行政机关申请行政复议,也可以在裁决书送达之日起 3 个月内向人民法院起诉。拆迁人依照本细则规定已对被拆迁人、房屋承租人提供安置房屋或者给予货币补偿的,行政复议、诉讼期间不停止裁决的执行。"

第二十五条(裁决后的强制执行):"被拆迁人或者房屋承租人在裁决规定的搬迁期限内未完成搬迁的,经区、县房地局申请,由区、县人民政府责成区、县房地局和公安机关等有关部门强制执行;或者由区、县房地局依法申请人民法院强制执行。

区、县人民政府责成有关部门强制执行的,应当提前通知当事人。"

因此,根据董先生的信息公开申请,区政府的告知和市政府维持及法院的判决,均是无可争议的。

案例2　夏先生不服政府信息公开告知案

【案情介绍】

夏先生系××市××区××路××巷×××号房屋所有权人。

××区××路××巷×××号房屋在2008年被强制拆除。

夏先生于201×年×月×日向房屋所在地区政府提出信息公开申请，要求区政府提供××区××路××巷×××号“强拆实施中保全的证据，包括执行笔录、公证文件、视频等”。后区政府提供了公证书和视频。

夏先生认为，依据《房屋拆迁证据保全公证细则》(1993年12月1日司法部令第29号)第二条：房屋拆迁证据保全公证是指在房屋拆迁之前，公证机关对房屋及附属物的现状依法采取勘测、拍照或摄像等保全措施，以确保其真实性和证明力的活动。第十二条：对房屋进行拍照和摄像的，应当全面反映、记录房屋的全貌。房屋结构、门窗、厨房以及其附属设施等，要有单独的图片显示。而区政府提供给他的视频不具有完整性，无法确保该视频的真实性和证明力，违反《房屋拆迁证据保全公证细则》。现根据《中华人民共和国行政诉讼法》相关规定提起行政诉讼。

【行政起诉状】

原　　告： 夏××，男，汉族，196×年×月××日出生，住××市××区××路72弄××号××室。

联系地址：××市××区××路1107弄23号××室。

被　　告： ××市××区政府。

代表人：×××(区长)。

地址：××市××路××号。

诉讼请求：

1. 确认×府办(201×)第××号-公告所提供信息违法，责令被告公开原告申请的完整的政府信息；

2. 判定被告承担本案一切诉讼费用。

事实理由：

原告于201×年×月×日向被告提出信息公开申请，要求被告提供××区

××路××巷×××号“强拆实施中保全的证据，包括执行笔录、公证文件、视频等”。经申请，被告提供了公证书和视频。依据《房屋拆迁证据保全公证细则》(1993 年 12 月 1 日司法部令第 29 号)第二条：房屋拆迁证据保全公证是指在房屋拆迁之前，公证机关对房屋及附属物的现状依法采取勘测、拍照或摄像等保全措施，以确保其真实性和证明力的活动。第十二条：对房屋进行拍照和摄像的，应当全面反映、记录房屋的全貌。房屋结构、门窗、厨房以及其附属设施等，要有单独的图片显示。

被告提供的视频不具有完整性，无法确保该视频的真实性和证明力，显然违反上述《细则》。现根据《中华人民共和国行政诉讼法》之相关规定诉至贵院，请依法判决。

证据：告知书；×府办(2015)第 14 号-公告；含公证书、视频(复印件)

【法院判决】

原告夏××因不服被告××市××区人民政府(以下简称××区政府)作出的《告知书》，向本院提起行政诉讼。本院于 201×年 12 月 14 日立案受理后，依法组成合议庭，于 201×年 4 月××日公开开庭审理了本案。原告夏××，被告××区政府的委托代理人×××、×××到庭参加了诉讼。本案现已审理终结。

201×年×月 2×日，××区政府作出编号：×府办(201×)第××号-公告《告知书》(以下简称系争《告知书》)，告知夏××：本机关于 201×年×月×日收到您提出的申请，要求获取××区××路××巷×××号强拆实施中保全的证据，包括执行笔录、公证文件、视频等。本机关于 201×年×月×日发出延期到 201×年×月×日前予以答复的告知书。依据《××市政府信息公开规定》(以下简称《政府信息公开规定》)第二十三条第(一)项的规定，答复如下：“经审查，您要求获取的信息属于政府信息公开范围，现将该信息提供给您，请查收。”系争《告知书》还告知了夏××依法享有的提起行政复议及行政诉讼的权利。同时，××区政府将××市××公证处于 200×年 9 月××日出具的(200×)××证经字第 204×号《公证书》《物品清单》及视频光盘提供给了夏××。

原告夏××诉称，《房屋拆迁证据保全公证细则》第二条规定：房屋拆迁证据保全公证是指在房屋拆迁之前，公证机关对房屋及附属物的现状依法采取勘测、拍照或摄像等保全措施，以确保其真实性和证明力的活动。第十二条规定：对房屋进行拍照和摄像的，应当全面反映、记录房屋的全貌、房屋结构、门窗、厨房以及附属设施等，要有单独的图片显示。第十五条规定：公证书应按格式制作，房屋拆迁证据保全的时间、地点、方法、制作的笔录、照片、录像名称、数量等都要记录。被告××区政府提供的视频经过剪辑，分为十几段，未能完整反映当时情况,不符合上述规定。公证时没有强拆决定,公证书不真实、不合法。故请求法院判令确认系争《告知书》所提供信息违法,并责令被告××区公开原告申请的完整的政府信息。

被告××区政府辩称,被告依原告申请,根据《政府信息公开规定》第二十三条第(一)项的规定作出系争《告知书》,并向原告提供了其申请公开的信息,认定事实清楚,适用法律正确,程序合法。被告提供的《公证书》《物品清单》及现场视频完整、真实、合法、有效。故请求法院驳回原告的诉讼请求。

经审理查明,被告××区政府于201×年×月××日收到原告夏××提出的政府信息公开申请,要求被告公开××区××路××巷×××号强拆实施中保全的证据,包括执行笔录、公证文件、视频等政府信息。当日被告向原告作出编号:×集窗(201×)第14×号-收《政府信息公开申请集中接收回执》。201×年8月×日,被告作出编号:×府办(201×)第×号-延期《告知书》,告知原告延期至201×年×月××日前予以答复,被告将该《告知书》邮寄给原告。经审查,被告认定原告要求获取的信息属于政府信息公开范围。201×年×月××日,被告作出系争《告知书》(内容见前述),并向原告进行了送达,同时将××市××公证处于200×年×月××日出具的(200×)××证经字第××××号《公证书》《物品清单》及视频光盘提供给了原告。原告不服,遂诉至法院。

以上事实由《政府信息公开申请表》、编号:×集窗(201×)第14×号-收《政府信息公开申请集中接收回执》及邮寄凭证、编号:×府办(201×)第×号-延期《告知书》及邮寄凭证、系争《告知书》、(200×)沪徐证经字第××××号《公证书》《物品清单》及视频光盘等证据予以证实。

本院认为,《中华人民共和国政府信息公开条例》第四条第一款规定:"各级人民政府及县级以上人民政府应当建立健全本行政机关的政府信息公开工作制度,并指定机构负责本行政机关政府信息公开的日常工作。"故被告××区政府具有对政府信息公开申请依法进行处理的法定职责。

《政府信息公开规定》第二十三条第(一)项规定:"对公民、法人或者其他组织提出的政府信息公开申请,属于公开范围的,应当告知申请人获取该政府信息的方式和途径。"本案中,原告夏××向被告××区政府申请公开××区××路××巷×××号强拆实施中保全的证据,包括执行笔录、公证文件、视频等政府信息。被告经审查认定原告申请公开的上述信息属于政府信息公开范围,故根据前述《政府信息公开规定》第二十三条第(一)项的规定作出系争《告知书》,并将(200×)××证经字第××××号《公证书》等资料提供给原告,并无不当。被告收到原告提出的政府信息公开申请后,分别作出《政府信息公开申请集中接收回执》及延期《告知书》,在延期期限内作出系争《告知书》并送达,符合法定程序。综上,原告夏××提出的诉讼请求缺乏事实和法律依据,依法应予驳回。据此,依照《中华人民共和国行政诉讼法》第六十九条、最高人民法院《关于审理政府信息公开行政案件若干问题的规定》第十二条第(八)项的规定，判决如下：

驳回原告夏××的诉讼请求。

案件受理费人民币50元，由原告夏××负担(已付)。

如不服本判决，可在判决书送达之日起十五日内，向本院递交上诉状，并按对方当事人的人数提出副本，上诉于××市高级人民法院。

【律师评述】

2008年，夏先生房屋被拆迁。正像夏先生诉讼中所述，其是依据当时生效并适用的《××市城市房屋拆迁管理实施细则》第二十五条(裁决后的强制执行)："被拆迁人或者房屋承租人在裁决规定的搬迁期限内未完成搬迁的，经区、县房地局申请，由区、县人民政府责成区、县房地局和公安机关等有关部门强制执行；或者由区、县房地局依法申请人民法院强制执行。区、县人民政府责成有关部门强制执行的，应当提前通知当事人。实施强制执行前，拆迁人应当就被拆除房屋的有关事项，向公证机关办理证据保全。"

根据夏先生的申请，区政府已经将强制拆迁实施中保全的证据——公证书、视频等提供给了夏先生，按说应该满足了夏先生的信息公开申请。

本案中的核心问题是，夏先生认为区政府提供的视频经过剪辑，被分割为十几段，不完整，不符合规定；公证时没有强制拆迁决定，公证书不真实、不合法。

作为信息公开的行政案件，审理的焦点问题是夏先生申请的信息是否存在？是否由区政府制作？是否由区政府负责公开？这些问题，在判决书中均给出了肯定答案。

如果夏先生认为区政府提供的信息所载明的情况与事实不符，也就是拆迁存在违法之处的话，则可以根据依法获得的信息，另行提起诉讼解决，对于信息公开的案件，则只能到此息诉。

案例3　刘女士不服政府信息公开案

【案情介绍】

刘女士原居住在××市××区××路××××弄××号×××室。201×年××月××日在商业动迁中，因没有达成协议，被行政强制搬迁。

后刘女士于201×年×月××日向区政府递交了政府信息公开申请书，要求依法书面公开对××区××路××××弄××号×××室实施行政强制执行的行政决定文件信息。

区政府收到刘女士申请后，于201×年×月×日作出×府办(201×)第×号-公告《告知书》，并向刘女提供一份×××(户)的《××市××区人民政府强制执行通知书》。

刘女士认为，区政府告知书已经确认审查了其要求获取的信息实对××区××路××××弄××号×××室×××(户)实施行政强制执行的行政决定文件。就应当依法按照法律法规，全面、准确履行自身法定职责。但区政府给的是通知书，并不是其申请的行政决定文件，与其所要求公开的信息不符，实质上等于公开拒绝。虽然做出答复，但显系不准确履行自身职责。这种不适当地履行公开政府信息法定职责的违法行为不仅仅侵害了刘女士的合法权益，更是严重地违反了《中华人民共和国政府信息公开条例》相关规定。故在法定期限内提起了诉讼。

【行政起诉状】

原　　告：刘××，女，195×年×月××日出生，住××市××区××路××××弄××号××室。

被　　告：××市××区人民政府。
法定代表人：×××，区长。
住址：××路××号。

诉讼请求

1. 依法确认被告作出的《告知书》×府办(201×)第×号-公告违法；

2. 责令被告限期依法公开：对××区××路××××弄××号×××室×××(户)实施行政强制执行的行政决定文件。

事实与理由：

原告居住房屋位于××市××区××路××××弄××号×××室。201×年××月××日在商业动迁中，在没有签订拆迁补偿协议的情况下，原告被行政强制搬迁。房屋在201×年六七月份被行政拆除夷为平地。为核实相关情况，原告于201×年×月××日向被告以EMS快递的方式递交了政府信息公开申请书，要求其依法书面公开：对××区××路××××弄××号×××室×××(户)实施行政强制执行的行政决定文件。被告于201×年×月×日作出《告知书》×府办(201×)第×号-公告，向原告公开的却是一份给×××(户)的《××市××区人民政府强制执行通知书》。

《全面推进依法行政实施纲要》第五点："依法行政的基本要求——诚实守信：行政机关公布的信息应当全面、准确、真实"；《国务院关于加强市县政府依法行政的决定》第(二十三)点："积极推进政府信息公开：要严格按照政府信息公开条例规定的内容、程序和方式，及时、准确地向社会公开政府信息，确保公民的知情权、参与权、表达权、监督权"；《国务院关于加强法治政府建设的意见》第十七点："加大政府信息公开力度：政府信息公开要及时、准确、具体。对人民群众申请公开政府信息的，要依法在规定时限内予以答复，并做好相应服务工作。"

原告认为，告知书中被告已经确认审查了原告要求获取的信息：对××区××路××××弄××号×××室×××(户)实施行政强制执行的行政决定文件，就应当依法行政，按照法律法规，全面、准确履行自身法定职责。但被告给付的是通知书，并非是原告申请的行政决定文件，与原告所要求公开的信息根本不符，实质上等于公开拒绝。虽然做出答复，但显系不准确履行自身职责，其不适当地履行公开政府信息法定职责的违法行为不仅仅是侵害了原告的合法权益，更是严重地违反了《中华人民共和国政府信息公开条例》相关规定。

为此，原告依据行政诉讼法的规定诉至贵院，请依法公断，维护原告合法权益。

【法院判决】

原告刘××因不服被告××市××区人民政府(以下简称××区政府)政府信息公开一案，向本院提起行政诉讼。本院于2016年×月××日立案后，于同日向被告发送了起诉状副本及应诉通知书。原告刘××及其委托代理人××，被告××区政府的委托代理人×××、×××到庭参加诉讼。本案现已审理终结。

201×年×月×日，被告××区政府作出×府办(201×)第×号-公告《告知书》(以下简称《告知书》)，主要内容为：被告于201×年×月××日收到原告提出的申请，要求获取对××区××路××××弄××号×××室×××(户)实施行政强制执行的行政决定文件。依据《××市政府信息公开规定》(以下简称《信息公开规定》)第二十三条(一)项的规定,答复如下:经审查,原告要求获取的信息属于政府信息公开范围,现将该信息提供给原告,请查收。被告一并告知原告申请行政复议及提起行政诉讼的权利。随《告知书》向原告寄送×府迁通字(201×)第××号《强制执行通知书》(以下简称《强制执行通知书》)。

原告刘××称:根据(201×)××中受初字第××号《行政裁定书》《强制执行通知书》没有设定新的权利义务,并非实施行政强制执行的行政决定文件。被告××区政府向原告提供《强制执行通知书》,未准确履行行政职责,侵害原告合法权益,故请求判令确认被告作出《告知书》的行为违法,责令被告限期依法公开:对××区××路××××弄××号×××室×××(户)实施行政强制执行的行政决定文件。

被告××区政府称:根据《××市城市房屋拆迁管理实施细则》第二十五条第一款的规定:经区、县房地局申请,由区、县人民政府责成区、县房地局和公安机关等有关部门强制执行;或者由区、县房地局依法申请人民法院强制执行。被告根据上述规章制作《强制执行通知书》,执行部门根据《强制执行通知书》实施强制搬迁,因此,《强制执行通知书》就是实施行政强制执行的决定文件。原告提交的《行政裁定书》仅说明案件受理问题,而非文件性质。被告根据上述事实及《信息公开规定》第二十三条第(一)项的规定,在法定期限内作出《告知书》并送达原告,认定事实清楚,适用法律正确,行政程序合法。故请求法院驳回原告的诉讼请求。

经审理查明,201×年×月××日,原告刘××向被告××区政府寄送《政府信息公开申请表》,申请公开政府信息,所需信息的内容描述为:对××区××路××××弄××号×××室×××(户)实施行政强制执行的行政决定文件。被告××区政府收到原告提出的申请后,于201×年×月×日作出《告知书》并向原告送达。被告随《告知书》一并向原告提供《强制执行通知书》。原告不服被告作出《告知书》的行为,向本院提起行政诉讼。

以上事实由被告提交的《政府信息公开申请表》及邮寄凭证、《告知书》及发送收据、《强制执行通知书》等证据及庭审笔录予以证实。

本院认为,根据《信息公开规定》第五条的规定,被告××区政府具有受理和处理向该机关提出的政府信息公开申请的法定职责。《信息公开规定》第二十三条第(一)项规定:"对公民、法人或者其他组织提出的政府信息公开申请,属于公开范围的,行政机关应当告知申请人获取该政府信息的方式和途径。"本案中,原告刘××向被告提出政府信息公开申请,要求获取对××区××路××××弄××号×××室×××(户)实施行政强制执行的行政决定文件。被告经审查,将被告针对××区××路××××弄××号×××室×××(户)的行政强制执行制作的《强制执行通知书》提供给了原告，其作出被诉《告知书》符合上述法律规定，并无明显不当。被告收到原告申请后予以调查，在法定期限内作出《告知书》，将《告知书》与提供的政府信息材料一并送达原告，程序合法。原告请求确认被告作出《告知书》的行政行为违法并责令被告限期公开政府信息的诉讼请求，缺乏相应的事实和法律依据，本院难以支持。据此，依照《中华人民共和国行政诉讼法》第六十九条、最高人民法院《关于审理政府信息公开行政案件若干问题的规定》第十二条第(八)项之规定，判决如下：

驳回原告刘××的全部诉讼请求。

案件受理费人民币 50 元，由原告刘××负担(已付)。

如不服本判决，可以再判决书送达之日起十五日内向本院递交上诉状，并按对方当事人的人数提出副本，上诉于××市高级人民法院。

【律师评述】

刘女士诉讼要求认定区政府对其作出的《告知书》×府办(201×)第×号-公告违法并责令区政府限期依法公开：对××区××路××××弄××号×××室×××(户)实施行政强制执行的行政决定文件。

刘女士房屋被拆迁当时生效并适用的《××市城市房屋拆迁管理实施细则》第二十五条(裁决后的强制执行)："被拆迁人或者房屋承租人在裁决规定的搬迁期限内未完成搬迁的，经区、县房地局申请，由区、县人民政府责成区、县房地局和公安机关等有关部门强制执行；或者由区、县房地局依法申请人民法院强制执行。区、县人民政府责成有关部门强制执行的，应当提前通知当事人。"

本案中，区政府针对××区××路××××弄××号×××室×××(户)的行政强制执行制作的《强制执行通知书》，提供给了刘女士。按照信息公开相关规定和制度要求，区政府已经履行完毕了针对刘女士的本次特定申请的信息公开职责。

本案有一个特别之处是：刘女士提供了(201×)××中受初字第××号《行政裁定书》，该通知书载明《强制执行通知书》没有设定新的权利义务，并非实施行政强制执行的行政决定文件。这个表述，使得李女士觉得，既然法院给出了其法律文书，认定《强制执行通知书》，并非实施行政强制执行的行政决定文件，当然其申请信息公开申请，区政府给其《强制执行通知书》，就当然没有完成其要求的行政决定文件这一个目的，其诉讼请求应该得到法院支持，应该胜诉。可结果却未能如愿。

其实，法院给出的(201×)××中受初字第××号《行政裁定书》所认定的是认为《强制执行通知书》仅仅是执行阶段的执行程序文件，并不是执行前的裁决书。就像法院出具的判决书和法院的执行裁定书一样，在判决书未经过合法程序做出改变和具有中止、终止执行的情形出现前，已经生效并经申请进入执行程序的执行通知是无法进入诉讼程序的，更无法通过诉讼达到目的。

本案中，如果导致刘女士权利受损，其致使刘女士实体权利受损的应该是裁决书，刘女士应该针对裁决书提起实体权利主张。如果最终裁决书被法院认定错误或者有其他最终结果，刘女士方才可以就执行予以提出异议，通过一定程序解决。

案例4　赵先生不服政府作出的房屋征收补偿决定、行政复议决定案(一审)

【案情介绍】

赵先生是位于××市××路××弄×××号公有房屋承租人,2012年房屋被列入征收范围。赵先生租赁房屋所在的××街坊旧城区改建没有提供本区安置房源,在两次征询时,赵先生均不同意征收。两次召开协调会时,赵先生均因事无法参加,口头说明了无法参加的原因,并递交了请假手续。因种种原因,在未与赵先生举行协商的情况下,区政府受理区房管部门的征收补偿申请,并作出了征收补偿决定。赵先生认为在其未参加协商的情况下,区政府作出的被诉补偿决定损害了其享有的陈述、申辩等权利,剥夺了其家庭(×××为统战对象)享有统战政策照顾的权利,损害了赵先生的权益。赵先生向市政府申请行政复议,市政府受理后亦没有听取赵先生意见,直接作出维持的复议决定。故提起行政诉讼,请求撤销区政府作出的补偿决定并判令其重新作出,撤销市政府作出的复议决定。

【行政起诉状】

原　　告: 赵××,男,195×年4月××日生,汉族,住××市××区××路××弄××号。

被 告 一: ××市人民政府。
住址:××市××区××号。
法定代表人:×××,职务:市长。

被 告 二: ××市××区人民政府。
住址:××市××区××路×××号。
法定代表人:×××,职务:区长。

诉讼请求:

1. 依法判令撤销被告一作出的《××市人民政府行政复议决定书》[×府复征决字(201×)第×××号]。

2. 依法判令撤销被告二作出的《××市××区人民政府房屋征收补偿决定书》[××府房征补(201×)××号]。

事实和理由：

原告居住在××市××路××弄×××号，系该公有住房承租人。

2012年5月、8月在××区67街坊旧城区改建意愿征询时因没有本区安置，原告在两次征询时均不同意征收。

被告二于201×年××月××日作出《××市××区人民政府房屋征收决定》[×府房征(201×)×号]，原告承租的房屋在征收范围内。

在没有与原告协商情况下，被告二违法受理、上门送受理通知书，致原告岳母×××情绪激动，血压剧烈波动，引发脑梗入院治疗，原告不得已在医院陪护。

……

被告二于2015年三四月份两次召开审理调解会，但均因当日原告有事而无法参加。原告向工作人员口头说明无法参加的原因，并递交了正式的请假手续。

在原告没有参加协商的情况下，被告二做出了《××市××区人民政府房屋征收补偿决定书》，剥夺了原告家庭作为统战对象在动迁中享有国家统战政策规定照顾解决的权利，违反了最高人民法院《关于办理申请人民法院强制执行国有土地上房屋征收补偿决定案件若干问题的规定》，严重损害了原告享有的陈述申辩和知情权利，属于违法行政行为。

原告依法向被告一提起行政复议。被告一受理后，没有按照程序审理，未召开听证会等听取原告意见，于201×年××月××日直接作出了×府复征决字(201×)第×××号行政复议决定书，维持被告二作出的《补偿决定》。

综上，原告认为被告作出的决定书，严重违反程序，严重损害原告合法权益，为维护自身的合法权益，特根据《行政诉讼法》相关规定，向贵院提起诉讼，请求贵院依法支持原告诉讼请求。

【法院判决】

原告赵××因不服被告××市××区人民政府(以下简称××区政府)作出的房屋征收补偿决定，××市人民政府(以下简称市政府)作出的行政复议决定一案，向本院提起行政诉讼。本院于2015年×月××日立案受理后，向被告××区政府、市政府送达了起诉状副本，应诉通知书等诉讼材料，被告在法定期限内向本院提交了作出被诉行政行为的证据和依据。因××市××区住房保障和房屋管理局(以下简称××区房管局)与被诉行政行为有法律上的利害关系，本院于201×年××月××日依法通知其作为第三人参加诉讼。本院依法组成合议庭，于2016年×月××日公开开庭审理了本案。原告赵××及委托代理人×××、××，被告××区政府的委托代理人×××、×××，被告市政府的委托代理人×××，第三人××区房管局的委托代理人×××到庭参加诉讼，本案现已审理终结。

被告××区政府于201×年×月×日作出××府房征补[201×]××号房屋征收补偿决定(以下简称"被诉补偿决定"),主文如下:1. ××区房管局以房屋产权调换的方式补偿公有房屋承租人赵××。用于产权调换房屋地址为××市××路××××弄×号××××室,建筑面积92.47平方米,优惠后总价为××××元(人民币,下同)。2. ××区房管局支付公有房屋承租人赵××差价款××××元。3. ××区房管局支付公有房屋承租人赵××搬家,家用设施移装费补贴×××元(如有差异,根据《××街坊补偿方案》按实结算),过渡费补贴×××元。4. 公有房屋承租人赵××应当自收到本房屋征收补偿决定书之日起15日内搬迁至上述产权调换房屋内,并将被征收房屋腾空,与第×事务所(即××市××第×房屋征收服务事务所有限公司)办理移交手续(公有房屋承租人所得的货币补偿款,产权调换房屋归公有房屋承租人及其共同居住人共有)。

被告市政府于2015年×月××日作出×府复征决字(201×)第×××号行政复议决定(以下简称"被诉复议决定"),维持了被诉补偿决定。

原告赵××诉称:原告户住所的××市××路×××弄×××号房屋所在的××街坊旧城区改建没有提供本区安置房源,原告户在两次征询时均不同意征收。在没有与原告户协商的情况下,××区政府违法受理征收补偿申请,聚众上门送达受理通知书,导致原告岳母×××情绪激动,入院治疗。原告户没有收到被征收房屋的估价分户报告单。两次召开审理协调会时,原告因事无法参加,口头说明了无法参加的原因,并递交了请假手续。在原告户未参加协商的情况下,××区政府作出的被诉补偿决定损害了原告享有的陈述、申辩等权利,剥夺了原告家庭(×××为统战对象)享有统战政策照顾的权利,损害了原告户的权益。原告向市政府申请行政复议,市政府受理后没有听取原告意见,违反程序直接作出维持的被诉复议决定。请求撤销被告××区政府作出的被诉补偿决定并判令其重新作出,撤销被告市政府作出的被诉复议决定。

被告××区政府辩称:××区政府按照《国有土地上房屋征收与补偿条例》(以下简称《征补条例》)第二十六条、《××市国有土地上房屋征收与补偿实施细则》(以下简称《实施细则》)第四十二条的规定,具有作出房屋征收补偿决定的职权。××区政府依照×府房征[201×]×号房屋征收决定开展征收补偿、房屋征收部门与原告户进行过协商,因未达成补偿安置协议,××区房管局向××区政府报请作出房屋征收补偿决定。××区政府在法定期限内依据×府发[201×]××号《××市国有土地上房屋征收补偿决定的若干规定》(以下简称×府发[201×]××号文)第二条、第三条、第六条、第七条规定的程序,并依照《实施细则》第二十三条、第二十五条、第二十六条、第二十七条、第二十八条、第二十九条和×房管规范征[201×]×号《关于贯彻执行〈××市国有土地上房屋征收与补偿实施细则〉若干具体问题的意见》第六条作出被诉补偿决定。被征收房屋的估价分户报告单向原告户留置送达,其没有提出复估或鉴定的申请。经××区房管局申请对原告户估价分户报告单进行鉴定,并留置送达查勘通知。××市房地产估价师协会房地产估价专家委员会专家于201×年×月×日上门查勘时,因原告户无人在家导致终止鉴定。两次审理协调会,原告户均未参加。考虑到原告户的实际情况,就近安置被征收人位于××市××路××××弄×号×××室房屋一套,安置并无不当;被诉补偿决定认定事实清楚,证据确凿,程序合法,适用法律正确,请求驳回原告的诉讼请求。

被告市政府辩称:市政府依据《中华人民共和国行政复议法》(以下简称《行政复议法》)第十三条第一款的规定,具有处理以××区政府为被申请人提起行政复议的职权,并依照《行政复议法》第十七条、第二十三条第一款、第三十一条的规定进行了审查处理。市政府经复议后认为被诉补偿决定并无不当,遂依照《行政复议法》第二十八条第一款第(一)项的规定,决定予以维持。《被诉复议决定》认定事实清楚,程序合法,适用法律规范正确,请求驳回原告的诉讼请求。

第三人××区房管局述称:因原告户坚持认为系统战对象要求特使照顾,导致无法协商未达成补偿协议。同意被告的答辩意见。

经审理查明,被征收房屋位于××市××路××弄×××号,该房屋性质为公房,房屋类型为旧里,房屋用途为居住。租用房屋凭证载明,公有房屋承租人为赵××;独用租赁部位:二层前楼使用面积××平方米,二层后楼使用面积××平方米,换算为建筑面积为××平方米;该户在册人口3人:即户主赵××,妻×××,岳母×××。

2012年10月××日,××区政府作出×府房征[201×]×号房屋征收决定,征收范围:东至××北路,南至××路,西至××路,北至××路,并于同日将征收决定及补偿方案在征收范围内进行了公告。××区房管局委托××市××区第×房屋征收服务事务所有限公司承担上述××街坊旧城区改建地块房屋征收与补偿的具体工作。附生效条件的房屋征收补偿协议的签约期为四个月(201×年×月×日至201×年×月×日)。截至201×年×月×日,该征收地块房屋征收补偿协议的签约率达到85.04%,超过85%协议生效签约率的比例,征收决定生效。经××房地产估价师事务所有限公司评估,原告户被征收房屋于征收决定公告之日的房地产市场评估单价为×××××元/平方米,被征收范围内居住房屋的评估均价为×××××元/平方米。评估单价高于评估均价按评估单价计算,房屋征收部门于201×年11月××日向公有房屋承租人赵××户留置送达了估价分户报告单。赵××户在规定的期限内未申请复估、鉴定。经房屋征收部门申请,××区房管局向××市房地产估价师协会房地产估价专家委员会申请鉴定。经留置送达现场查勘通知,房地产估价专家委员会于201×年

×月×日组织专家组前往赵××户房屋进行现场勘查,但因该户无人在家,致使专家无法进入房屋。鉴于该情况,××市房地产估价师协会房地产估价专家委员会于201×年×月×日作出对赵××户房屋征收评估分户报告终止鉴定的通知。

××区房管局根据《实施细则》和《××街坊补偿方案》的规定,核定原告户被征收房屋评估价格为××元;价格补贴为××元;套型面积补贴为××元;该户其他补贴:旧城区改建补贴××元;装潢补贴××;认定建筑面积外的使用面积补贴×万元;搬家、家用设施移装费补贴××元;过渡费补贴××元,合计××元。另根据选购房屋价值按照《××街坊补偿方案》确定自行购房补贴××元。××区房管局提供了货币补偿以及××市××路居住房屋产权调换等补偿方式供原告户选择。因双方未能在征收补偿方案确定的签约期内达成补偿协议,××区房管局于2015年×月××日向××区政府报请作出补偿决定。××区政府于次日受理后通知当事人于同年×月××日、×月×日召开审理调解会,经送达通知,原告称因事未出席调解会。××区政府延期审理后,审查核实了相关证据材料及房屋征收补偿方案,认定××区房管局提出的以房屋产权调换方式安置原告户、结算差价并给予相关补贴等具体安置方案合法、适当,遂依据《征补条例》第二十六条、《实施细则》第四十二条、×府发[201×]××号文之规定,于2015年×月×日作出被诉补偿决定。××区政府于2015年×月××日将房屋征收补偿决定书送到原告户后,并在房屋征收范围内公告张贴。

原告收悉后不服,于201×年×月×日向市政府申请行政复议。市政府受理后,于同月9日通知××区政府提交复议答复,××区政府收到后于同月21日提交了《行政复议答复意见书》及相关证据材料。市政府经过审理后,根据《行政复议法》第二十八条第一款第(一)项的规定,于2015年×月××日作出被诉复议决定,维持了被诉补偿决定。原告收悉后仍不服,在法定期限内向本院提起行政诉讼。

以上事实,由被诉补偿决定书、行政复议申请书、行政复议答复通知书、行政复议答复意见书、被诉复议决定书、×府房征[201×]×号房屋征收决定、××区××街坊旧城区改建房屋征收与补偿方案、关于××区××街坊房屋征收与补偿协议生效的公告、房屋征收委托协议书、征收部门组织机构代码证、××市××第二房屋征收服务事务所有限公司企业法人营业执照、征收工作人员工作证及委托书、租用房屋凭证、户籍资料摘录、户口簿复印件、房地产登记簿信息、××街坊旧城区改建项目评估机构的公告、房地产估价机构营业执照及资质证书、××街坊居住房屋评估均价的公告、估价师资质查阅名单、居住房屋征收评估分户报告单及送达回执、专家鉴定现场查勘通知及送达回证、居住房屋征收评估分户报告终止鉴定的通知、谈话记录、看房单存根、安置房源房地产权证、估价报告及优惠定价情况说明、关于作出房屋征收补偿决定的报告、受理通知书、两次审理调解通知及相关送达回证、原告的情况说明、两次调解会笔录、延期审理决定、房屋征收补偿决定书的送达回证及公告照片等证据以及当事人庭审陈述予以证明。

本院认为：根据《征补条例》和《实施细则》的有关规定，被告××区政府具有作出房屋征收补偿决定的行政职权。本案中，依照合法有效的×府房征[201×]×号房屋征收决定，第三人××区房管局因与原告赵××户在征收补偿方案确定的签约期内达不成协议，报请××区政府作出补偿决定。被告××区政府受理后，核实了相关材料，经两次通知当事人召开调解会，均因原告称其有事未能出席，也未委托代理人代为参加。××区政府经过延长审理期限后，在规定的延长期限内作出被诉补偿决定。故被诉补偿决定行政程序合法。被征收房屋的估价分户报告单向原告户居住地进行了留置送达，在原告户未在规定期限内申请复估和鉴定的情况下，经房屋征收部门申请鉴定，并向原告户居住地送达了现场查勘通知，也因为原告户的原因导致终止鉴定。庭审中，原告亦明确表示不愿预付鉴定费用进行鉴定，故××区政府按照相关评估价格计算征收补偿价值并无不当。××区政府依据《实施细则》以及涉案征收项目征收补偿方案的规定，对原告户以结算差价的房屋产权调换方式予以补偿安置，就近安置××市××路××××弄×号××××室房屋并结算差价，支付原告户其他应得补贴等费用，作出的被诉补偿决定认定事实清楚，证据确凿，适用法律规范正确，未损害原告户的合法权益。被告市政府受理原告的行政复议后经书面审查作出维持被诉补偿决定的行政复议决定，程序合法，适用法律正确。综上，原告要求撤销被诉补偿决定、被诉复议决定并判令××区政府重新作出房屋征收补偿决定的诉讼请求，缺乏事实根据和法律依据，依法不能成立，本院不予支持。据此，依照《中华人民共和国行政诉讼法》第六十九条之规定，判决如下：

驳回原告赵××的诉讼请求。

案件受理费人民币50元(原告已预交)，由原告负担。

如不服本判决，可以在判决书送达之日起十五日内，向本院递交上诉状，并按对方当事人的人数或者代表人的人数提出副本，上诉于××市高级人民法院。

【律师评述】

“庭审中，原告亦明确表示不愿预付鉴定费用进行鉴定，故××区政府按照相关评估价格计算征收补偿价值并无不当。”判决书中的这句话，成为这个案件的分水岭。

稍微注意一下这个案件中的几个时间节点：2012年赵先生所租赁房屋被列入征收范围，2013年×月×日该征收地块房屋征收补偿协议的签约率达到85.04%，超过85%协议生效签约率的比例，征收决定生效。2014年×月×日征收实施部门组织专家组前往赵先生房屋进行现场勘查，但因无人在家，致使专家无法进入房屋。鉴于该情况,房地产估价师协会房地产估价专家委员会于2014年×月×日作出对赵先生房屋征收评估分户报告终止鉴定的通知。2015年初,区政府做出《征收补偿决定》。从2012年到这个案件一审的2016年6月,时间跨度达近5年,即使区政府做出裁决的时间,也是在2015年年中,时间跨度也达近4年。不管是4年还是5年,房屋的价格都发生巨大变化,加之当时确实没有就针对赵先生的房屋做单独的估价,这个房屋的征收补偿的价格确定可能存在不合理之处。法庭也基本接受了这个诉讼的关键点,要求作为原告的赵先生预交鉴定费用,对房屋的价值进行委托鉴定。但无论法官如何释明,作为代理律师的我,如何劝解,赵先生都认定死理,认为就是作为被告的区、市政府有错误,不肯预付鉴定费。当庭无奈,我请求法庭给3天时间,我们将在3天内做出决定,是否申请鉴定并预交鉴定费。法庭最终同意了。

开庭结束,在回来的路上,我长时间和赵先生交流,希望他能够同意申请并预交鉴定费,而且明确和他说,这是这个案件的关键点,鉴定评估的价格一定会有变化的。但在一个多小时的路程结束,也未能最终说服他。他从我车上下去时,我建议他慎重考虑。第二天再和他电话确认。

直至最后一刻,也未能让他签署鉴定申请书,当然他也不会预先缴纳鉴定费。我已经预先和他说,这个案件的判决结果将是可以预见的。

说实话,行政案件的胜诉率是比较低的,因为随着依法行政的深入,随着政府部门工作人员法治意识的强化,尤其是政府相关工作部门、人员等的增加,行政行为的法律漏洞或者瑕疵正在逐渐减少,能从已有的程序、内容中找到瑕疵,是需要一定专业功底的,而能够让审判人员接受相应的观点和陈述,更是难上加难。

本案庭审中,作为赵先生代理人的我,重点陈述了四点:未查勘、未协商、未评估、未听证。因为查明的事实中,各方均确认,不管什么原因,确实没有能进入赵先生房屋现场查勘,亦未面对面协商,在复议中,未实际开听证会,这些均在程序和实体方面损害到了赵先生的权益。

法庭基本认可了我的观点,所以给出了是否申请对所要征收的房屋价值进行鉴定的意见;我当即回复申请,但作为原告的赵先生却执意不同意。这成了这个案件最大的遗憾。

拿到一审判决书,我仔细研读,并和赵先生交流了看法。他也认可我的判断和分析。他再三表示,不怪我,认可我的专业判断和意见。

但遗憾已经几乎无法弥补了。

我不禁暗自感叹,专业和非专业人员的区别,虽然努力专业,虽然专业努力,但却无能为力。

案例5　赵先生不服政府作出的房屋征收补偿决定、行政复议决定案(二审)

【案情介绍】

本案是案例4的延伸。一审判决下来,与赵先生面谈沟通,结果是不愿意看到的,但又不得不接受已有的结果。

按照程序,只能在15天内提起起诉,没有别的路可以走。

在与赵先生的沟通中,试图让他聘请其他律师代理。但他坚持还要由我继续代理。他相信我,不管什么结果他认可。

不得已,开始准备上诉。伴随他一起走上上诉之路。

【行政上诉状】

上　诉　人: 赵××,男,195×年×月××日生,汉族,户籍所在地××市××区××路××弄×××号。

被 上 诉 人: ××市××区人民政府。

法定代表人:×××　职务:区长。

住所:××市××区××路×××号。

被 上 诉 人: ××市人民政府。

法定代表人:×××　职务:市长。

住所:××市×××号。

原审第三人: ××市××区住房保障和房屋管理局。

法定代表人:×××　局长。

住所:××市××区××路××××号。

上诉人不服××市第×中级人民法院201×年×月××日作出的[(201×)××中行初字第×××号]行政判决书。特向××市高级人民法院提起上诉。

上诉请求:

1. 依法撤销××市第×中级人民法院2016年×月××日作出的[(201×)××中行初字第×××号]行政判决书判决。

2. 依法改判支持上诉人一审诉讼请求或者发回重审。

事实与理由：

1. 一审判决认定事实缺乏证据证明：判决书第9页："本案中……第三人××区房管局因与原告赵××户在征收补偿方案确定的签约期内达不成协议，报请××区政府作出补偿决定"与事实不符。客观事实是：程序错，严重违反法定程序，没经过协商就进入裁决。上诉人自2015年×月××日下午14:30在征收事务所213房间第一次和征收事务所商谈征收，当时有7个人在场，居委2人，其中有支部书记×××，上诉人2人，征收事务所3人（××、××、××）。这次协商后，上诉人没有和任何人商谈过。上诉人与××区房管局的人面都没见过，谈都没谈过，是在几月几号、何时、何地，与何人谈，未经协商，何来达不成协议？被上诉人提供不出协商证据。

2. 一审判决认定事实不清。判决书第9页"……经两次通知当事人召开调解会，均因原告称其有事未能出席"与事实不符。客观事实是：上诉人2015年×月××日就预定了×月××日下午去××、3月18日回××的车票，故3月16日调解会上诉人无法参加。为此，上诉人3月22日写了请假条寄至××区旧改办，因3月13日××区政府违法受理……违法送调解书，致与上诉人一起居住的年近九十高龄的岳母×××闻讯情绪激动，引发脑梗紧急入院急诊医治，年近九十高龄的岳母×××于4月3日至4月16日入院医治，上诉人电话告知××区旧改办说明情况，因照顾老人无法参加4月8日的调解会……证据××区政府工作记录第47、48页"赵声称其丈母娘生病住院……我们照常组织召开第二次审理调解会"。

3. 一审判决违反最高法院规定。判决书第9页："原告要求撤销被诉补偿决定、被诉复议决定并判令××区政府重新作出房屋征收补偿决定的诉讼请求缺乏事实根据和法律依据"与事实不符。客观事实是：××区政府决定书（201×）××号决定书称××区政府将依法申请人民法院强制执行。最高人民法院2012年4月10日施行《关于办理人民法院强制执行国有土地上房屋征收补偿决定案件若干问题的规定》为动迁中执行国家的统战政策提供了法律依据，充分考虑了对被征收人合法权益的多重保护，明确了七种情形法院裁定不准执行，特别是第七条"法律、法规、规章等规定的其他不予强制执行的情形"。统战政策规定统战对象可照顾，符合七种情形的第七条，也就是动迁统战对象受保护不能强迁的依据。上诉人将本人的家庭社会关系与统战对象证明于201×年×月×日致信给市委统战部，201×年×月×日又给市委统战部×××部长写信，×××部长还在4月22日信上作了批示，后两封信经××区统战部转至××区房管局。上诉人家庭的统战对象身份是受最高法院2015年4月10日施行《关于办理人民法院强制执行国有土地上房屋征收补偿决定案件若干问题的规定》保护的，是不能被人民法院强制执行的。

综上,在本次征收过程中,上诉人的合法权利一次又一次地被剥夺,导致其合法权益受到了严重的损害。被上诉人在每一个阶段的操作中都违法,是对上诉人合法权利的全面剥夺。

上诉人为了维护其合法权益,故上诉至贵院,望能撤销一审法院的全部判决,改判支持上诉人的一审诉讼请求或发回重审。

【法院判决】

上诉人赵××因房屋征收补偿决定一案,不服××市第×中级人民法院(201×)××中行初字第×××号行政判决,向本院提起上诉,本院受理后依法组成合议庭进行了审理,本案现已审理终结。

原审法院认定的行政行为事实如下:××市××区人民政府(以下简称××区政府)于201×年×月×日作出××府房征补[201×]××号房屋征收补偿决定(以下简称《被诉补偿决定》),主文如下:一、××区房管局以房屋产权调换的方式补偿公有房屋承租人赵××。用于产权调换房屋地址为本市××路×××弄×号××××室,建筑面积××平方米,优惠后总价为×××××××元(人民币,下同)。二、××区房管局支付公有房屋承租人赵××差价款××××××元。三、××区房管局支付公有房屋承租人赵××搬家、家用设施移装费补贴××××元(如有差异,根据《××街坊补偿方案》按实结算),过渡费补贴××××元。四、公有房屋承租人赵××应当自收到本房屋征收补偿决定书之日起15日内搬迁至上诉产权调换房屋内,并将被征收房屋腾空,与第×事务所(即××市××第×房屋征收服务事务所有限公司)办理移交手续(公有房屋承租人所得的货币补偿款、产权调换房屋归公有房屋承租人及其共同居住人共有)。

××市人民政府(以下简称市政府)于201×年×月××日作出×府复征决字(201×)第×××号行政复议决定(以下简称被诉复议决定),维持了被诉补偿决定。

原审法院查明的本案其他事实如下:被征收房屋位于本市××路×××弄×××号,该房屋性质为公房,房屋类型为旧里,房屋用途为居住。租用公房凭证载明,公有房屋承租人为赵××;独用租赁部位:二层前楼使用面积××平方米,二层后楼使用面积×平方米,换算为建筑面积为××平方米。该户在册人口×人:即户主赵××,妻×××,岳母×××。

201×年××月××日,××区政府作出×府房征[201×]×号房屋征收决定,征收范围:东至××路,南至××路,西至××路,北至××路,并于同日将征收决定及补偿方案在征收范围内进行了公告。××区房管局委托××市××第×房屋征收服务事务所有限公司承担上述××街坊旧城区改建地块房屋征收与补偿的具体工作。附生效条件的房屋征收补偿协议的签约期为四个月(201×

年××月××日至201×年×月××日)。截至201×年×月×日,该征收地块房屋征收补偿协议的签约率达到85.04%,超过85%协议生效签约率的比例,征收决定生效。经××房地产估价师事务所有限公司评估,赵××户被征收房屋于征收决定公告之日的房地产市场评估单价为×××××元/平方米,被征收范围内居住房屋的评估均价为×××××元/平方米。评估单价高于评估均价按评估单价计算。房屋征收部门于201×年××月××日向公有房屋承租人赵××户留置送达了估价分户报告单。赵××户在规定的期限内未申请复估、鉴定。经房屋征收部门申请,××区房管局 向××市房地产估价师协会房地产估价专家委员会申请鉴定。经留置送达现场查勘通知,房地产估价专家委员会于201×年×月×日组织专家组前往赵××户房屋进行现场勘查,但因该户无人在家,致使专家无法进入房屋。鉴于该情况,××市房地产估价师协会房地产估价专家委员会于201×年×月××日作出对赵××户房屋征收评估分户报告终止鉴定的通知。

××区房管局根据《××市国有土地上房屋征收与补偿实施 细则》(以下简称《实施细则》)和《××街坊补偿方案》的规定,核定赵××户被征收房屋评估价格为××××××元;价格补贴为××××××元;套型面积补贴为××××××元;该户其他补贴:旧城区改建补贴××××××元;装潢补贴×××××元;认定建筑面积外的使用面积补贴 × 万元;搬家、家用实施移装费补贴××××元;过渡费补贴××××元。合计×××××××元;另根据选购房屋价值按照《××街坊补偿方案》确定自行购房补贴××××××元。××区房管局提供了货币补偿以及本市××路居住房屋产权调换等补偿方式供原告户选择。因双方未能在征收补偿方案确定的签约期内达成补偿协议,××区房管局于201×年×月××日向××区政府报请作出补偿决定。××区政府于次日受理后通知当事人于同年×月××日、×月×日召开审理调解会,经送达通知,赵××称因事未出席调解会。××区政府延期审理后,审查核实了相关证据材料及房屋征收补偿方案,认定××区房管局提出的以房屋产权调换方式安置原告户、结算差价并给予相关补贴等具体安置方案合法、适当,遂依据《征补条例》第二十六条、《实施细则》第四十二条、×府发[201×]××号文之规定,于201×年×月×日作出被诉补偿决定。××区政府于201×年×月××日将房屋征收补偿决定书送达赵××户后,并在房屋征收范围内公告张贴。

赵××收悉后不服,于201×年×月×日向市政府申请行政复议。市政府受理后,于同月×日通知××区政府提交复议答复,××区政府收到后于同月××日提交了《行政复议答复意见书》及相关证据材料。市政府经过审理后,根据《中华人民共和国行政复议法》第二十八条第一款第(一)项的规定,于201×年×月××日作出被诉复议决定,维持了被诉补偿决定。赵××收悉后仍不服,在法定期限内向原审法院提起行政诉讼。

原审法院认为：××区政府具有作出房屋征收补偿决定的行政职权。本案中，依照合法有效的×府房征[201×]×号房屋征收决定，第三人××区房管局因与赵××户在征收补偿方案确定的签约期内达不成协议，报请××区政府作出补偿决定。××区政府受理后，核实了相关材料，经两次通知当事人召开调解会，赵××均称其有事未能出席，也未委托代理人代为参加。××区政府经过延长审理期限后，在规定的延长期限内作出被诉补偿决定。故被诉补偿决定行政程序合法。被征收房屋的估价分户报告单向该户居住地进行了留置送达，在该户未在规定期限内申请复估和鉴定的情况下，经房屋征收部门申请鉴定，并向该户居住地送达了现场查勘通知，也因为该户的原因导致终止鉴定。庭审中，赵××亦明确表示不愿预付鉴定费用进行鉴定，故××区政府按照相关评估价格计算征收补偿价值并无不当。××区政府依据《实施细则》以及涉案征收项目征收补偿方案的规定，对该户以结算差价的房屋产权调换方式予以补偿安置，就近安置××市××路××××弄×号××××室房屋并结算差价，支付该户其他应得补贴等费用，作出的被诉补偿决定认定事实清楚，证据确凿，适用法律规范正确，未损害该户的合法权益。市政府受理赵××的行政复议后经书面审查作出维持被诉补偿决定的行政复议决定，程序合法，适用法律正确。依照《中华人民共和国行政诉讼法》第六十九条之规定，判决驳回赵××的诉讼请求。赵××不服，向本院提起上诉。

上诉人赵××上诉称，××房管局没有和上诉人进行协商即作出被诉行政行为程序违法。两次调解会其未参加系事出有因。上诉人属于统战对象，应予以政策保护。其应在原××区范围内得到安置等，请求二审撤销原判。被上诉人××区政府辩称：第一次审理协调会上诉人并没有事先书面请假，第二次审理协调会的时间是与其协商确定的，但该户仍没有参加。考虑到该户的实际情况，就近安置被征收人位于××市××路××××弄×号××××室房屋一套，并无不当。请求驳回上诉、维持原判。

被上诉人市政府辩称：市政府被诉复议决定认定事实清楚，程序合法，适用法律规范正确，请求驳回上诉、维持原判。

第三人××区房管局述称：因该户坚持认为系统战对象要求特殊照顾，导致无法协商未达成补偿协议。同意被上诉人××区政府的答辩意见。

经审理查明，原审法院认定事实清楚，本院予以确认。

本院认为，××区政府具有作出房屋征收补偿决定的行政职权。市政府具有作出行政复议决定的行政职权。本案争议焦点在于被诉征收补偿决定的安置内容是否正确、程序是否合法。对此，上诉人认为被诉决定未在原××区范围内对其进行安置属实体违法，被诉决定作出前未进行协商调解属程序违法，被诉决定违反国家统战政策等；而被上诉人认为本案已经属于就近安置，有关协商调解均依法通知，但因上诉人原因未成，并无法律规定统战对象在动拆迁活动中应予以特殊照顾。对此，本院认为，××区政府所作征收补偿决定，依照征收补偿法律规定和征收补偿方案的规定，对该户以结算差价的房屋产权调换方式，安置本市××路××××弄×号××××室房屋并结算差价，支付该户其他应得补贴等费用，该决定之内容并未违反征收补偿法律法规和征收方案之规定。在作出有关决定之前，有关动迁实施单位与赵××进行过协商，××区政府两次通知当事人召开调解会，但上诉人均未参加，根据在案证据，尚不足以证实其未参加系事出有因，其关于程序违法的主张本院无法支持。房屋征收补偿活动依照法律法规和征收方案的规定一体执行，法律面前人人平等，现没有证据和依据证明被诉征收补偿决定存在违反我国统战政策的问题，上诉人以此为由主张被诉行政行为违法依据不足。综上所述，原审法院判决驳回赵××的诉讼请求并无不当。依照《中华人民共和国行政诉讼法》第八十九条第一款第(一)项之规定，判决如下：

驳回上诉，维持原判。

上诉案件受理费人民币 50 元，由上诉人赵××负担(已付)。

本判决为终审判决。

【律师评述】

代理该案，是不得已的选择，也是基于赵先生的信任，但过程却是很煎熬人的。说服别人接受我的意见，简直是无法想象的一件事情，正如所谓：世上最难的事情，是把自己的思想装入别人的脑袋。而最终也未能说服赵先生，二审依旧面临败诉的结局。

遗憾，成为代理该案的最终感受。

案例6 “史上最贵强拆”事主一审告赢司法部案

【案情介绍】

申请3亿国家赔偿“史上最贵强拆”事主一审告赢司法部

因被认定在“史上最贵强拆”中拒不受理行政复议的做法违反规定，国家司法部近日被北京市第三中级人民法院一审判决败诉。

《中国青年报》此前曾报道，2012年4月27日，上海市闵行区人民政府对一私人博物馆强制搬迁，而博物馆主人刘光嘉、朱荣周夫妇称，拆迁中，闵行区公证处公证员对数百件玉器、数千块奇石等诸多珍贵藏品并未逐一登记在册，公证视频中甚至出现工作人员疑似“当场分赃”的对话。刘朱夫妇此后提起近3亿元国家赔偿申请，引起舆论关注。

对于公证视频中疑似“分赃”的对话，上海市长宁区人民法院2015年8月26日一审判决认定其“明显有悖常理，缺乏证据佐证，不予采信”。紧接着，刘朱夫妇向上海市司法局等部门投诉闵行区公证处及有关公证员。2016年1月14日，上海市司法局《公证执业活动投诉处理答复书》称，法院认为刘朱夫妇的主张不能成立，同时该局也未发现公证员哄抢财产。

“案中案”由此产生。2月29日，刘朱夫妇向司法部申请行政复议，请求其责令上海市司法局对闵行区公证处及相关公证员的违法行为实施行政处罚。3月7日，司法部《行政复议申请处理告知函》认为，上海市司法局作出的《答复书》对刘朱夫妇的权利义务不产生实际影响，故不予受理行政复议。

……

8月10日，北京市三中院一审判决司法部败诉。判决认为，权利义务包括但不限于当事人的人身权和财产权等合法权益，举报人为维护自身合法权益而举报相关行为人、要求行政机关进行查处、对行政机关就举报事项作出的处理申请行政复议的，应当具备行政复议申请人的资格。刘朱夫妇认为闵行公证处及公证员有违反公证法的行为，向上海市司法局进行投诉，“系当事人为维护自身权益向行政机关进行举报的行为”。

判决认为，上海市司法局《答复书》系上海市司法局针对原告投诉举报依法履行职责作出的行政行为，该《答复书》与原告具有利害关系，对原告的权利义务已经产生了实际影响，原告不服该《答复书》的内容向司法部申请行政复议，系原告认为其合法权益受到侵犯而行使的法定救济权利。

判决还认定，司法部在《告知函》中认为“上海市司法局作出的《答复书》对原告的权利义务不产生实际影响”的认定，不符合《行政复议法实施条例》的有关规定，进而作出的《告知函》“不予受理的行政复议申请”的结论亦属错误。

最终，北京市三中院判决撤销司法部前述《告知函》，并责令司法部针对刘朱夫妇的行政复议申请在法定期限内重新作出处理。

（来源：《中国青年报》 发布时间：2016 年 8 月 15 日）

【律师评述】

之所以关注这个行政诉讼的案例，一开始是因为几个关键词：“申请 3 亿国家赔偿”“史上最贵强拆”“事主一审告赢司法部”。而后仔细分析阅读，却发现内容有许多可以借鉴的地方。

案件涉及基层法院——上海市长宁法院的一审案件，还涉及上海市司法局、司法部等司法行政单位，无论案件的事实方面还是案件涉及的主体，都有让我们作为执业律师研读的内容：诸如由案件引发的行政复议、行政诉讼，由诉讼引发的人们对案件本身事实的关注，由现有结果引发的人们对接下来的程序和结果的关注，也许这个案例还会成为推动行政诉讼跨行政区域管辖、设立跨行政区域行政案件专门审理法院的一个有力论据。

判决所认为的三个核心观点：一是权利义务包括但不限于当事人的人身权和财产权等合法权益，举报人为维护自身合法权益而举报相关行为人、要求行政机关进行查处、对行政机关就举报事项作出的处理申请行政复议的，应当具备行政复议申请人的资格；二是行政机关——司法局《答复书》系上海市司法局针对举报人投诉举报依法履行职责作出的行政行为，该《答复书》与当事人具有利害关系，对举报人的权利义务已经产生了实际影响，举报人不服该《答复书》的内容向司法部申请行政复议，是其认为自身合法权益受到侵犯而行使的法定救济权利；三是司法部在《告知函》中认为上海市司法局作出的《答复书》对原告的权利义务不产生实际影响的认定，不符合《行政复议法实施条例》的有关规定，进而作出的《告知函》不予受理的行政复议申请的结论亦属错误。这三个核心观点，都给我们处理类似案件给出了启示，也为行政机关行政行为法律论证提供了不同的视角，值得借鉴。

案例7　××有限公司不服首次工伤保险待遇申领办理情况回执具体行政行为案

【案情介绍】

××市社会保险事业管理中心××分中心收取了××有限公司为××职工补交的工伤保险金。

××有限公司××职工在上班期间手指受伤，后经认定为工伤。但向××市社会保险事业管理中心××分中心办理工伤保险待遇时，却被拒绝。

××有限公司不服，提起行政复议。复议维持原回执答复。

××有限公司提起行政诉讼，认为在依法缴纳了工伤保险金的情况下，员工因工受伤，被认定为工伤后，××市社会保险事业管理中心应按照《工伤保险条例》的相关规定，给予工伤保险待遇，由工伤保险基金支付相关的费用。

【行政起诉状】

原　　告：××有限公司。
地址：××市××区××镇××路××号××室。
法定代表人：×××，职务：董事长。

被　　告：××市社会保险事业管理中心。
地址：××市××路××号。
法定代表人：××，职务：主任。

原告因不服被告2014年×月××日作出的首次工伤保险待遇申领办理情况回执（流水号BB261404160××）具体行政行为，依法向××市××区人民法院提起行政诉讼。

诉讼请求：

撤销首次工伤保险待遇申领办理情况回执（流水号BB261404160××）具体行政行为，重新作出具体行政行为。

事实和理由：

原告依法为职工缴纳了工伤保险，在职工因工受伤被认定为工伤后，被告应按照《工伤保险条例》的相关规定，由工伤保险基金支付相关的赔偿。

被告拒绝了申请人的申请，作出了流水号为BB261404160××的《办理情况回执》，且未在办理情况回执中说明不能办理首次工伤保险待遇申领的理由，损害了原告和原告职工的合法权益。

原告向××市人力资源和社会保障局提出行政复议申请，××市人力资源和社会保障局作出了[×人社复决字(2015)第××号]行政复议决定书，仍未依法撤销该具体行政行为。

综上，原告为维护其合法权益，向贵院提起行政诉讼。

【法院判决】

该案审理中，将工伤员工追加为第三人。经过两次开庭审理，最终通过调解解决。

调解方案为被告××市社会保险事业管理中心为××有限公司受工伤员工办理医疗费报销和支付一次性医疗补助金及工伤鉴定费，该工伤员工作为本案的第三人也同意按照这个方案解决。

因考虑到案件已经化解，故法院仅做了笔录。在被告××市社会保险事业管理中心为第三人——××有限公司工伤员工办理了医疗费报销和支付一次性医疗补助金及工伤鉴定费费用后，××有限公司选择了撤诉。法院没有做出判决。

【律师评述】

在这个案件中，笔者代理了原告——××有限公司；审理这个案件的是受理法院行政庭的副庭长，后来没有多久，被评为了全国法院系统先进个人。

这个案件据说是截止撤诉当时，当地市唯一一个就工伤保险待遇提起起诉的案例。

开庭结束，审判长当着原、被告、第三人及很多旁听人员说，作为代理人的我很专业。我觉得也很突然，也许很少见到法院审理法官当众表扬律师的，通常会说律师太偏激，或者太难缠，总之好评不多。这次难得。

后来想想，主要可能是我就专业问题发表法律意见，没有像其他行政案件中的一些当事人(包括代理律师)一样，诉讼的主要目的就是攻击行政机关出庭人员，甚至攻击法官。我只是就法律角度谈案件，发表意见。

本案结束不久，××市社会保险事业管理中心发出了内部文件，要求各个受理工伤保险的机构，对单位为员工补交工伤保险的，员工发生工伤后，工伤保险应当给予正常的工伤保险待遇。

后来偶然得到法院人员告诉我信息，说我为全市的劳动人民做了件好事；法官也觉得原来对补交工伤保险的，在补交期间发生工伤，一概不给予工伤保险待遇的做法是有待商榷的，但从无人提起诉讼。这次哪怕是××市社会保险事业管理中心内部的操作变化，至少已经让补交工伤保险金的该部分人员有了一定的工伤待遇，解决了单位和工伤员工的部分保险待遇问题。

其实，我只是阐述了事实，解读了法律，找到了××市社会保险事业管理中心行政行为的法律瑕疵。

虽然如果本案获得判决书，将可能成为一个里程碑。但本案的化解、调解，也让问题同样得到解决，我们追求到了双赢、多赢局面，是值得欣慰的。

促进行政机构更加依法行政，促使当事人依法诉讼，作为代理律师依法专业服务，也许是行政诉讼代理律师追求的价值目标。

案例8　×公司不服××单位不履行法定职责上诉案

【案情介绍】

×公司系由××××公司、×××××公司于199×年合资设立的合资企业,×公司是×××公司的债权人。

×公司于201×年×月×日向××单位寄送律师函,要求××单位核实原××××××单位(以下简称原××××××单位,现相应职责已整合划入××单位)是否于199×年×月收到××××公司提交的《×××××公司、××××公司要求提前解除合资合同并对合资公司进行特别清算的申请报告》(以下简称《申请报告》)?具体日期是几号?××××公司在提交《申请报告》时是否向原××××××单位提供过相关裁判文书?如××单位收到××××公司提交的《申请报告》及相关材料,那原××××××单位及××单位对××××公司提交的《申请报告》是否批准?200×年××月××日起,×××公司合营期限届满,××××公司是否可以选择普通清算?恳请××单位收到本函后及时进行核实并在7日内答复,逾期×公司将按股东责任案的民事判决书及民事裁定书,推定原××××××单位已收到××××公司的《申请报告》及相关材料,进而推定××单位在×××公司清算问题上存在行政不作为。由于××××公司等不对×××公司进行清算,直接侵犯×公司的债权;而如不清算,则系由××单位行政不作为所致,为维护自身合法权益,×公司将就××单位的行政不作为提起行政诉讼。

××单位于201×年×月××日收到×公司的律师函后,于同年×月××日向××××公司发函,要求该公司提交曾提出《申请报告》的相关证明材料。201×年×月××日,××××公司答复××单位,称不愿提供当时的申请文件。后×公司以××单位收到函件后迟迟未对×××公司的清算问题作出答复为由起诉至法院。

【行政上诉状】

上诉人(原审原告):×公司。

住所:××市××路××号××××大厦×座。

法定代表人：×××，董事长。

被上诉人(原审被告)：××单位。

住所：××市××路××号。

法定代表人：×××，主任。

上诉人不服××市××区人民法院(201×)×行初字第××号行政判决书判决，现提起上诉。

上诉请求：

依法判令撤销××市××区人民法院(201×)×行初字第××号行政判决，依法发回重审或改判支持上诉人的原审诉讼请求。

事实与理由：

上诉人认为，根据已有生效判决的认定，××××公司等于199×年向被上诉人××单位提交了《申请报告》，该报告即是要求被上诉人履行法定职责的申请。

201×年×月、×月上诉人向被上诉人邮寄律师函，是对履行法定职责的催告。

上诉人与被上诉人的行政不作为行为有法律上利害关系，因此，原审法院以上诉人的诉讼请求与曾申请行政机关履职的请求未能相对应为由判决驳回上诉人的诉讼请求错误，请求二审法院撤销原判，发回重审或改判支持上诉人的诉讼请求。

【法院判决】

上诉人×公司因诉××单位不履行法定职责一案，不服××市××区人民法院(201×)×行初字第××号行政判决，向本院提起上诉。本院于201×年×月××日立案后，依法组成合议庭，于同年××月××日公开开庭审理了本案。上诉人×公司的委托代理人×××、被上诉人××单位的委托代理人×××、×××到庭参加了诉讼。本案现已审理终结。

原审查明，×××公司系中外合资企业，由××××公司、×××××公司于199×年合资设立，×公司是××××、×××公司的债权人。×公司以信函形式于201×年×月×日向××单位邮寄律师函，要求××单位核实以下问题：1. 原××××××单位(以下简称原××××××单位，现相应职责已整合划入××单位)是否于199×年×月收到××××公司等就×××公司提前终止事宜提交的《×××××公司、××××公司要求提前解除合资合同并对合资公司进行特别清算的申请报告》(以下简称《申请报告》)？具体日期是几号？2. ××××公司是否在提交《申请报告》的同时向原××××××单位提供过相关裁判文书？3. 如确实收到××××公司提交的《申请报告》及相关材料，那原××

××××单位及贵会为何至今未对××××公司提交的《申请报告》作出是否批准的决定？4. 200×年××月××日起，×××公司合营期限届满，××××公司是否可以选择普通清算？恳请贵会收到本函后及时进行核实并在7日内答复，逾期×公司将按股东责任案的民事判决书及民事裁定书，推定原×××××单位已收到××××公司的《申请报告》及相关材料，进而推定贵会在×××公司清算问题上存在行政不作为。××××公司等不对×××公司进行清算，直接侵犯×公司的债权；而假如不清算系贵会行政不作为所致。为维护自身合法权益，×公司将就贵会的行政不作为提起行政诉讼。××单位于201×年×月××日收到×公司的律师函后，于同年×月××日向××××公司发函，要求该公司提交曾提出《申请报告》的相关证明材料。201×年×月××日，××××公司答复××单位，称不愿提供当时的申请文件。现×公司以××单位收到函件后迟迟未对×××公司的清算问题作出答复为由诉至原审法院，请求判令××单位对××××公司等于199×年×月提交的《申请报告》予以批复，同意××××公司对×××公司进行清算。

原审认为，本案的争议焦点在于×公司律师函中的请求是否明确，是否能直接对应本案的诉讼请求。×公司认为其在律师函中提出四个需××单位核实的问题后要求在7日内答复，否则推定××单位已收到《申请报告》，进而推定××单位在×××公司的清算问题上存在行政不作为，该两个“推定”即是×公司要求××单位履行批复职责的请求。××单位认为，×公司的律师函既非解散×××公司的申请，亦非政府信息公开申请或信访文件，仅是一般性的问询咨询，且无法从该律师函中直接得出本案诉讼请求。原审认为，公民、法人或者其他组织请求行政机关履行法定职责的，请求必须具体、明确；若提起要求履行法定职责行政诉讼，诉讼请求必须与曾申请行政机关履职的请求相对应，起诉状应当表明并附具其已向被诉行政机关申请相应请求的事实根据。本案中，×公司的诉讼请求为要求××单位履行批复职责，该公司称其在律师函最后段陈述的××单位在7日内不答复相关问题的则推定该委收到《申请报告》，进而推定××单位存在行政不作为。该推定即是要求××单位履行批复《申请报告》的职责即本案诉讼请求，这一主张缺乏必要的事实和法律依据，尚难以支持；且××单位在庭审中明确表示，×公司欲了解相关信息情况，可通过正式政府信息公开方式获得，已明确向×公司告知了相应获取途径。遂判决驳回×公司的诉讼请求。×公司不服，上诉于本院。

上诉人×公司上诉称：根据生效判决的认定，××××公司等于199×年向被上诉人××单位提交了《申请报告》，该报告是要求被上诉人履行法定职责的申请；201×年×月、×月上诉人向被上诉人邮寄律师函，是对履行法定职责的催告；上诉人与被上诉人的行政不作为行为有法律上利害关系，因此，原审法院以上诉人的诉讼请求与曾申请行政机关履职的请求未能相对应为由判决驳回上诉人的诉讼请求错误，请求二审法院撤销原判，发回重审或改判支持上诉人的诉讼请求。

被上诉人××单位辩称：上诉人的律师函既非履行法定职责的申请，又非政府信息公开申请和来信来访，内容亦不明确，但被上诉人已做了相应调查工作。原审判决正确，请求二审法院驳回上诉，维持原判。

二审庭审中，被上诉人××单位仍以一审中已向原审法院提供的事实证据和法律依据证明上诉人×公司的律师函性质不明，但其已尽可能解答了律师函中的问题。本院听取了双方当事人的举质证和诉辩称意见后查明，原审查明的事实无误，本院予以确认。

本院认为，根据最高人民法院《关于执行〈中华人民共和国行政诉讼法〉若干问题的解释》第二十七条第(二)项的规定，在起诉被告不作为的案件中，原告对其提出申请的事实承担举证责任。本案中，上诉人×公司向原审法院起诉被上诉人××单位行政不作为，请求判令被上诉人对××××公司等于199×年×月提交的《申请报告》予以批复，同意××××公司对×××公司进行清算，并认为××××公司于199×年×月提交的《申请报告》即是履行法定职责的申请，且其于201×年向被上诉人邮寄律师函催告了被上诉人履行法定职责。但本院认为，上诉人所称案外人××××公司的《申请报告》显然不能作为上诉人要求被上诉人履行法定职责的申请，且上诉人于201×年邮寄给被上诉人的律师函仅是对有关问题的咨询核实，亦不能作为要求被上诉人履行法定职责的申请。因此，上诉人未能提供证据证明其已就本案起诉事项向被上诉人提出过履行法定职责的申请，原审判决驳回上诉人×公司的诉讼请求并无不当，本院应予维持。上诉人的上诉请求及理由缺乏事实根据和法律依据，本院不予支持。据此，依照《中华人民共和国行政诉讼法》第六十一条第(一)项之规定，判决如下：

驳回上诉，维持原判。

上诉案件受理费人民币50元，由上诉人×公司负担(已付)。

本判决为终审判决。

【律师评述】

本案中×公司的律师函是一个要求行政机关履行审批法定职责的申请，还是政府信息公开申请，抑或是一个信访文件，如何定性，这是一个关键点。

一审法院认为无法从该律师函中直接得出本案诉讼请求，认为上诉人针对行政机关的请求必须具体、明确。

提起要求行政机关履行法定职责行政诉讼，诉讼请求应与先前申请行政机关履职的申请相一致，且要有证据证明已向行政机关申请过。

本案中，×公司的诉讼请求为要求××单位履行批复职责，该公司称其在律师函最后段陈述的××单位在7日内不答复相关问题的，则推定收到《申请报告》，进而认定存在行政不作为，显然属于过于主观了。

×公司欲了解相关信息情况，亦可通过政府信息公开方式获得。

在起诉行政不作为的行政诉讼案件中，原告需要对所提出申请的事实举证。本案中，上诉人×公司向原审法院起诉××单位行政不作为，请求判令××单位对××××公司等于199×年×月提交的《申请报告》予以批复等，并自认为××××公司于199×年×月提交的《申请报告》即是对××单位履行法定职责的申请，也过于机械，更是没有对行政行为的依法性和行政程序的严格性有充分的认识，最终导致二审依旧败诉。

案例9　童××不服××规划和土地管理局建设工程规划许可纠纷上诉案

【案情介绍】

201×年×月×日，××公司就位于××区×镇×路×侧、×路×侧、××路×侧的×号地块×期北地块，向××规划和土地管理局提出建设工程规划许可申请，递交了《××市建设工程规划许可证申请表[建(构)筑物工程]》以及建设项目选址意见书、建设用地规划许可证、建设用地批准书、××市建设工程施工图设计文件审核合格书、建设项目日照分析报告等材料。

经规划和土地管理局审核，××公司递交的材料齐全，规划和土地管理局根据《中华人民共和国城乡规划法》第四十条规定，于201×年×月××日向××公司发放××建(201×)××××××××《建设工程规划许可证》。

童先生认为，规划和土地管理局颁发建设工程规划许可未组织听证，且××公司建设项目遮挡童先生所有的房屋，致使其房屋的日照时间达不到《××市城市规划管理技术规定(土地使用、建筑管理)》的日照要求。

童先生经与相关部门多次沟通、交涉后，仍不服，遂提起诉讼。一审判决后仍不服又提起上诉。

【行政上诉状】

上诉人(原审原告)：童××，196×年×月×日出生，住××省××市××县××镇××大厦×××室。

被上诉人(原审被告)：××规划和土地管理局。

住所：××市××路×××号。

法定代表人：×××，局长。

原审第三人：××公司。

住所：××市××路×××号××室。

法定代表人：×××，董事长。

上诉请求：

请求二审法院撤销原审判决，改判撤销被上诉人作出《规划许可证》的具体行政行为。

事实与理由：

上诉人认为，《××市城市规划管理技术规定（土地使用、建筑管理）》第十五条规定，居住建筑的建筑容积率上限为1.8，原审第三人填报的《申请表》上记明的建筑容积率为1.935，违反上述规定。

《××市城市规划管理技术规定（土地使用、建筑管理）》第二十七条、第四十五条规定，低层独立式住宅的居室冬至日满窗日照的有效时间应不少于连续两小时；应保证受遮挡的居住建筑的居室冬至日满窗日照的有效时间不少于连续一小时。

日照影响时间统计表显示，《规划许可证》所涉房屋建成后，将造成上诉人房屋日照有效时间平均数降低至“0.31”，不符合上述规定。因此，被上诉人向第三人颁发《规划许可证》的具体行政行为错误。

为维护上诉人的合法权益，故诉讼至贵院，请求贵院依法查明事实，支持上诉人诉讼请求。

【法院判决】

上诉人童××因建设工程规划许可一案，不服××市××区人民法院(201×)×行初字第××号行政判决，向本院提起上诉。本院于201×年×月×日立案后，依法组成合议庭，于201×年×月××日公开开庭审理了本案。上诉人童××的委托代理人×××，被上诉人××规划和土地管理局（以下简称规土局）的委托代理人×××、×××，第三人××公司的委托代理人×××到庭参加了诉讼。本案现已审理终结。

原审查明，201×年×月×日，××公司就位于××区×镇×路×侧、×路×侧、××路×侧的×号地块×期北地块，向规土局提出建设工程规划许可申请，同时，递交了《××市建设工程规划许可证申请表[建(构)筑物工程]》（以下简称《申请表》）以及建设项目选址意见书、建设用地规划许可证、建设用地批准书、××市建设工程施工图设计文件审核合格书、建设项目日照分析报告等材料。经规土局审核，××公司递交的材料齐全，日照分析报告结论为：“基地内及基地外所有客体建筑均满足《××市城市规划管理技术规定》的日照要求。”且该报告的制作单位×××公司具有工程技术设计证书（甲级），故规土局根据《中华人民共和国城乡规划法》第四十条规定，于201×年×月××日向××公司位发放××建(201×)××××××××《建设工程规划许可证》（以下简称《规划许可证》），根据《中华人民共和国城乡规划法》第四十条规定，许可××公司在××区×镇×路×侧、×路×侧新建建设项目，建设规模×××××平方米（其中含地下××××平方米）。童××不服，诉至原审法院。童××认为，规土局颁发建设工程规划许可未组织听证，且××公司建设项目遮挡童××房屋，致使其房屋的日照时间达不到《××市城市规划管理技术规定(土地使用、建筑管理)》(以下简称《技术规定》)的日照要求，故请求撤销规土局为××公司颁发的《规划许可证》。

原审认为，根据《中华人民共和国城乡规划法》第十一条第二款、《××市城市规划条例》第五十四条第二款的规定，规土局作为本行政区域内城乡规划主管部门，具有负责建设工程规划许可管理工作，依法审批除××市规划和国土资源管理局负责审批的建设项目以外的其他建设项目工程规划许可的行政职权。××公司填写《申请表》，并按照规定附送有关文件、图纸，规土局受理后，经审核同意，向××公司发放建设工程规划许可证，符合《中华人民共和国城乡规划法》第四十条第二款及《××市城市规划条例》第五十九条、第六十条的规定。童××对此法律依据和程序依据没有异议，但其主张规土局未听取其意见，依法组织听证，违反了《中华人民共和国行政许可法》第三十六条、第四十七条的规定。而规土局所依据的日照分析报告结论符合有关日照有效时间要求，故辩称其在核发《规划许可证》时未涉及申请人与他人之间重大利益，与客观事实相符。《技术规定》第二十七条规定："高层居住建筑与低层独立式住宅的间距，在规定范围内保证受遮挡的低层独立式住宅的居室冬至日满窗日照的有效时间不少于连续两小时；与其他居住建筑的间距，应保证受遮挡的居住建筑的居室冬至日满窗日照的有效时间不少于连续一小时。"童××主张××公司申请建设工程规划许可时，提供的《建设项目日照分析报告》并不符合《技术规定》"冬至日满窗日照的有效时间不少于连续两小时"的规定。×××公司设计人员解释：《技术规定》中的"低层独立式住宅"是指别墅类建筑，"其他居住建筑"是指多层商品房等建筑。因此，日照要求为"冬至日满窗日照的有效时间不少于连续一小时"，童××对此解释未持异议。故原审法院对童××的该主张不予采信。至于童××主张实际日照时间只有32分钟，认为××公司提供的日照分析报告的结论与事实不符，因童××未能提供可以证明日照分析报告结论错误的相应的合法有效证据，故原审法院不予采信。童××对×××公司的建筑工程设计资质没有异议，规土局对××公司提供的日照分析报告，审查设计单位具备相应的资质、日照分析报告结论满足技术要求及其他报送材料，已经尽到审查义务。至于××公司项目建成后，童××认为对其日照时间产生实际影响的，其可以通过其他合法途径解决。综上，规土局作出《规划许可证》的具体行政行为，认定事实基本准确、证据确凿、适用法律正确、程序合法，原审法院遂依据最高人民法院《关于执行〈中华人民共和国行政诉讼法〉若干问题的解释》第五十六条第(四)项的规定，判决驳回童××的诉讼请求；案件受理费人民币50元，由童××负担。童××不服，上诉至本院。

上诉人童××上诉称：《技术规定》第十五条规定，居住建筑的建筑容积率上限为1.8，第三人填报的《申请表》上记明的建筑容积率为1.935，违反上述规定。《技术规定》第二十七条、第四十五条规定，低层独立式住宅的居室冬至日满窗日照的有效时间应不少于连续两小时；应保证受遮挡的居住建筑的居室冬至日满窗日照的有效时间不少于连续一小时。日照影响时间统计表显示，《规划许可证》所涉房屋建成后，造成上诉人房屋日照有效时间平均数降低至“0.31”，不符合上述规定。因此，被上诉人向第三人颁发《规划许可证》的具体行政行为错误。故请求二审法院撤销原审判决，改判撤销被上诉人作出《规划许可证》的具体行政行为。

被上诉人规土局辩称：被上诉人在法定职责范围内颁发《规划许可证》，具有事实依据和法律依据，行政程序合法。关于《建设项目日照分析报告》，出具该报告的×××公司具有相应设计资质，被上诉人对该报告已尽审核义务；上诉人提交日照影响时间统计表，但没有提供制作报告的主体资质及相关人员的资质证书，该报告不能否定《建设项目日照分析报告》的效力。故请求二审法院驳回上诉，维持原判。

第三人××公司述称：同意被上诉人规土局的诉讼意见。××房地(200×)出让合同第××号、××房地(200×)出让合同补字第×××号《××市国有土地使用权出让合同》出让土地总面积为××××平方米，其中约定容积率不低于1.8的部分为××××平方米，该部分又分为南地块以及《规划许可证》涉及的北地块，根据相关建设用地规划许可证，两地块系同一建筑基地即“×××住宅小区”，其容积率应当合并计算。结合《规划许可证》附件总平面布置图，南地块计容面积××××平方米，北地块计容面积××××平方米，总面积××××平方米，实际计算容积率小于1.8，符合上述国有土地使用权出让合同的约定，也不违反《技术规定》的规定。此外，上诉人原审提交的日照影响时间统计表形式上不符合法律规定，不应采纳。故请求二审法院驳回上诉，维持原判。

二审审理中，被上诉人规土局仍以一审时向原审法院提交的职权、事实、法律和程序方面的证据和依据证明其核发《规划许可证》的具体行政行为合法。本院就被上诉人作出的具体行政行为进行了全面审查，查明原审判决认定的事实无误，本院予以确认。

本院认为，被上诉人规土局按照规定权限负责本行政区域城市规划工作，具有依法审批建设工程规划许可的行政职责。《中华人民共和国城乡规划法》第四十条第二款规定，申请办理建设工程规划许可证，应当提交使用土地的有关证明文件、建设工程设计方案等材料；《××市城市规划条例》第六十条规定，建设单位或者个人申请建设工程规划许可证，应当填报《建设工程规划许可证申请表》，并按照规定附送有关文件、图纸。本案中，第三人××公司向被上诉人申请建设工程规划许可证，填报《申请表》，根据该表要求，提交建设项目选址意见书、国有土地使用权出让、转让合同、其他计划批文、建设用地规划许可证、建设工程规划设计方案批复、建设用地批准书、建设工程初步设计方案批复及地形图、施工图等材料，符合上述法律法规的规定。被上诉人根据第三人提交的材料，于法定期间内进行审查，向第三人核发《规划许可证》，认定事实清楚，符合《××市城市规划条例》第五十九条、第六十条等规定，行政程序合法。上诉人童××提出，第三人申请《规划许可证》所提交的材料中，《申请书》所载明的容积率违反相关规定，《建设项目日照分析报告》关于建设项目对上诉人房屋接受日照的影响程度与实测数据不符且违反相关规定，因此被上诉人核发《规划许可证》错误。关于容积率问题，本院认为，第三人××公司在二审庭审中已结合××房地(200×)出让合同第××号、××房地(200×)出让合同补字第×××号××市国有土地使用权出让合同、总平面布置图等证据作出详尽合理解释，本院予以确认，上诉人以容积率违反规定为由主张被上诉人核发《规划许可证》错误，缺乏事实依据，本院不予支持。关于《建设项目日照分析报告》问题，本院认为，出具该报告的×××公司具有相应资质，被上诉人在行政程序中已尽审查义务。《建设项目日照分析报告》描述房屋建造前对其他房屋日照可能造成的影响，而日照影响时间统计表则统计房屋建成后对其他房屋日照实际造成的影响。房屋建成后对其他房屋日照的实际影响与《建设项目日照分析报告》是否相符，并不影响《建设项目日照分析报告》的真实性、合法性，也不影响被上诉人核发《规划许可证》的合法性。上诉人若认为第三人未按《规划许可证》建造相关房屋，从而对上诉人房屋的光照产生不利影响，应另行解决，并非本案审理范围。故上诉人以《建设项目日照分析报告》与实测数据不符且违反相关规定为由主张被上诉人颁发《规划许可证》错误，缺乏事实依据，本院亦不予支持。

综上，原审法院判决驳回上诉人童××的诉讼请求并无不当，本院应予维持。上诉人童××的上诉请求及理由，缺乏事实根据和法律依据，本院不予支持。据此，依照《中华人民共和国行政诉讼法》第六十一条第(一)项之规定，判决如下：

驳回上诉，维持原判。

上诉案件受理费人民币50元，由上诉人童××负担(已付)。

本判决为终审判决。

【律师评述】

本案中，上诉人始终不服的，一是其认为建筑容积率上限为1.8，第三人填报的《申请表》上记明的建筑容积率为1.935，违反规定。因此认为行政机构发给第三人《规划许可证》的行政行为错误；二是其认为第三人的建筑对其日照时间产生实际影响。其实这两个问题，都不是行政机构核发《规划许可证》行政行为本身所致。

如上诉人认为的行为客观存在，则是第三人违反《规划许可证》许可内容建造房屋，擅自增加容积率，违规建设而致，应通过向相关部门反映或提起本案以外的其他诉讼请求解决。如果第三人的建筑完成后，确实不符合建筑相关要求，实际影响到上诉人房屋的光照，应另行通过相邻权等民事侵权诉讼解决，非行政诉讼审理范围。

纵观本案，可以看出，提起行政诉讼还是其他诉讼，需要仔细分析相关法律关系。依法理清相对方，而不是一味以行政诉讼，将行政机关置于被上诉人(被告)，一味提出行政机关无法满足的请求或者要求，实际也是浪费精力和耽误时间，有时可能会激化矛盾。

案例 10　冯××诉××市××区城市管理行政执法局要求履行法定职责纠纷上诉案

【案情介绍】

冯先生为××市××路×××弄×××号×××室业主。

几年前的一天，冯先生发现住自己家隔壁的邻居，在其购买的与冯先生隔壁和楼下的两套房屋阳台、房间等处大楼外墙面搭建突出墙面的不锈钢框架。冯先生便以书面形式向所在区城管局反映，要求城管局行使行政管理职权，责令邻居拆除和改正违法搭建。城管局收到冯先生的书面申请后，到现场查看，认定冯先生邻居搭建的构筑物为不锈钢材质的防盗设施，分别安装在其自己房屋的窗户外侧。之后，城管局电话答复冯先生，说冯先生申请事项不属于城管局的法定职责，城管局无权管理和责令拆除。

得到电话答复后，冯先生认为城管局未依法履行其法定职责，向法院起诉，请求判令城管局履行法定职责，依法对邻居实施的违章搭建进行处理。一审判决后仍不服，遂提起上诉。

【行政上诉状】

上诉人（原审原告）：冯××，196×年×月×日出生，住××省××市××路××号××××室。

被上诉人（原审被告）：××市××区城市管理行政执法局。

住所：××市××路××号。

法定代表人：×××，局长。

上诉请求：

请求二审法院撤销原审判决，改判支持上诉人一审诉请。

事实与理由：

上诉人认为，原审认定事实错误。

×××室、×××室业主在窗外搭建设施的行为系擅自搭建建筑物、构筑物的行为，属于严重破坏房屋外貌和占用共用部位的违法行为，根据《××市城市管理行政执法条例》第十一条之规定，被上诉人具有查处该违法行为的法定职责。

被上诉人应当对上诉人的申请作出书面答复，但上诉人至今未收到被上诉人任何形式的答复，被上诉人未依法履行法定职责。

为维护上诉人的合法权益，故诉讼至贵院，请求贵院依法查明事实，支持上诉人诉讼请求。

【法院判决】

上诉人冯××因要求履行法定职责一案，不服××市××区人民法院(201×)×行初字第×××号行政判决，向本院提起上诉。本院受理后，依法组成合议庭，公开开庭对本案进行了审理。上诉人冯××，被上诉人××市××区城市管理行政执法局(以下简称××城管局)的委托代理人×××、×××到庭参加诉讼。本案现已审理终结。

原审认定，冯××系本市××路×××弄×××号×××室业主。201×年×月××日，冯××以书面形式向××城管局反映××路×××弄×××号×××室、×××室(以下简称×××、×××室)业主擅自在其自家阳台、房间等处大楼外墙面搭建突出墙面的不锈钢框架搭建物，要求××城管局行使行政管理职权，责令该楼×××室、×××室业主拆除和改正违法搭建。×月××日，××城管局收到冯××的书面申请后，经现场查看，认为×××室、×××室业主搭建的构筑物为不锈钢材质的防盗设施，分别安装在×××室、×××室的窗户外侧。同年×月×日，××城管局电话答复冯××，其申请事项不属于××城管局的法定职责。冯××认为××城管局不履行其法定职责，诉至原审法院，请求判令××城管局履行法定职责，依法对××路×××弄×××号×××室、×××室业主实施的违章搭建进行处理。

原审认为，根据《××市城市管理行政执法条例》《××市拆除违法建筑若干规定》的规定，本市违法建筑的拆除，按照市人民政府确定的职责分工，分别由规划管理部门、房屋管理部门和城管部门负责。×府办[200×]××号《××市人民政府办公厅关于同意进一步明确本市拆除违法建筑相关部门职责分工意见的通知》(以下简称×府办××号文)明确，已实行物业管理区域内违法建筑的拆除，城管部门负责公共绿化、道路或者其他场地违法建筑的拆除，并不包含对建筑物本体内违法建筑的拆除。在本案中，××路×××弄×××号×××室、×××室业主搭建的设施，固定于建筑物本体，安装于窗户外，故不属于××城管局负责处理的违法建筑。根据“法无明文规定不可为”的行政法治原则，目前并无相关规定界定业主在窗外搭建设施的行为属于破坏房屋外貌，故××路×××弄×××号×××室、×××室业主在窗外搭建设施的行为，不属于××城管局负责处理的破坏房屋外貌行为。××城管局在收到冯××申请后，对冯××

进行了电话答复，诉讼中又再次予以详细说明。现冯××起诉××城管局不履行法定职责，理由不能成立。冯××争议的事项，可通过其他途径解决。原审遂判决：驳回冯××的诉讼请求。判决后，冯××不服，上诉于本院。

上诉人冯××上诉称，×××室、×××室业主在窗外搭建设施的行为系擅自搭建建筑物、构筑物，破坏房屋外貌和占用共用部位的违法行为，根据《××市城市管理行政执法条例》第十一条之规定，被上诉人具有查处该违法行为的法定职责。被上诉人应当对上诉人的申请作出书面答复，但上诉人至今未接到被上诉人任何形式的答复，被上诉人未履行法定职责，上诉人要求撤销原判，改判支持其一审诉请。

被上诉人××城管局辩称，×××、×××室业主是在建筑物本体上进行的搭建，不属于被上诉人的执法范围；×建交联[200×]×××号××市建设交通委、市城管执法局、市房地资源局、市规划局《关于进一步明确职责分工完善查处违法搭建行为工作机制的意见》规定，破坏房屋外貌主要指擅自改变房屋原始色调、在房屋底楼外墙(含围墙)上开门、开窗行为等，故×××、×××业主的行为不是破坏房屋外貌的行为，不属于被上诉人的法定职责范围。根据被上诉人提供的电话查询单等证据，能够证明被上诉人向上诉人作出过电话答复。故请求二审法院驳回上诉，维持原判。

经审理查明，原审法院认定的事实有上诉人提交的××路×××弄×××号×××室房地产权证、上诉人要求被上诉人履行法定职责的申请书及邮政快递凭证、照片；被上诉人提供的"关于对冯××同志信访诉求进行答复告知的情况说明"、一周工作记录、通话记录查询单等证据及当事人的庭审陈述证实，本院依法予以确认。

本院认为，根据《××市城市管理行政执法条例》第十一条第一款第(八)项之规定，对擅自搭建建筑物、构筑物的违法行为和物业管理区域内破坏房屋外貌的违法行为，被上诉人具有按照××市人民政府确定的职责分工实施行政处罚的职权。×府办××号文对城市管理行政执法部门和房屋管理部门拆除已实行物业管理区域内违法建筑的分工予以了明确：城市管理行政执法部门负责公共绿化、道路或者其他场地违法建筑的拆除。"其他场地"指除公共绿地、道路范围外的各种室外公共场所和场地；房屋管理部门负责对建筑物本体内违法建筑的拆除，包括屋顶、阳台、天井内违法建筑。本案中，上诉人申请要求查处的×××、×××室业主在自家外墙面搭建不锈钢框架的行为，是在建筑物本体上的搭建行为，不属于×府办××号文确定的应由被上诉人实施拆除的违法建筑范围。关于上诉人要求查处的行为是否属破坏房屋外貌的违法行为，《××市城市管理行政执法条例》等有关法律文件未规定在窗外搭建不锈钢框架的行为属于破坏房屋外貌，×建交联[200×]×××号文中"破坏房屋外貌"的含义也不包括上诉人要求查处的行为。上诉人认为被上诉人应当对×××、×××室业主实施破坏房屋外貌的行为进行查处,缺乏法律依据。被上诉人认定上诉人所举报的×××、×××室业主的行为不属于其执法权限范围,并无不当。关于被上诉人是否作出电话答复,被上诉人提供的情况说明、一周工作记录、通话记录查询单等证据能够相互印证,证明被上诉人收到上诉人的书面申请后向其作出了电话答复,告知上诉人其反映的情况不属于被上诉人执法范围,上诉人称未收到过任何答复,与相关证据证明的事实不符,本院不予采信。综上,上诉人请求判令被上诉人履行依法对×××、×××室实施的违章搭建进行处理的诉请缺乏事实和法律依据,原审判决驳回冯××的诉讼请求正确,应予维持。据此,依据《中华人民共和国行政诉讼法》第六十一条第(一)项之规定,判决如下:

驳回上诉,维持原判。

二审案件受理费人民币50元,由上诉人冯××负担。

本判决为终审判决。

【律师评述】

行政诉讼中需要明确所诉行政行为的相对性(属于被诉行政机关职权范围)。本案中,上诉人所诉的行政行为即上诉人申请要求查处×××、×××室业主在自家外墙面搭建不锈钢框架的行为,是在建筑物本体上的搭建行为,但不属于×府办××号文确定的应由被上诉人实施拆除的违法建筑范围,故上诉人实际诉错了行政机关。当然前提——其前期申请所递交的机构也是有问题的。实际上,上诉人在接到被诉行政机关的答复后,应该向有关的行政机构咨询了解,上诉人所要反映的内容,到底归哪个部门的职权范围(管理职责),准确确定并完成诉讼前的证据收集后,提起诉讼才有胜诉的可能。

其实,本案具有一定的典型意义:诸多行政诉讼中,都是原告(上诉人)当然地认为其所反映、申请提交的单位或者提起起诉被诉的行政机构为具有处理其诉求的行政职权行政机构,但经过审理查明,发现恰恰不是,造成诉累。

因此,在开始提出一个行政行为、提起一个行政诉讼前,需要明确论证和咨询了解清楚,自己要主张的事情,到底需要针对哪个行政机关,针对哪一级的行政机关,否则就是浪费自己的时间,也造成问题迟迟不能有效解决。而这,也是造成诸多民众对政府机构抱怨的来源之一。

行政机构也需要在更多范围、以更多方式公开其职责和管辖事项,以便于百姓知道并选择合适的渠道解决,避免不必要的资源浪费。

案例 11　××餐饮管理有限公司诉××市××规划和土地管理局行政处罚决定纠纷案

【案情介绍】

××餐饮管理有限公司与业主邓××签订合同，邓××将自有的××路××号房产租赁给××餐饮管理有限公司开餐馆。

合同签订交付房产后，××餐饮管理有限公司将所租赁房屋及边上的建筑进行了装修。

××市××规划和土地管理局在例行检查中，发现餐饮公司使用违章建筑。在立案调查后，于201×年×月×日向××餐饮管理有限公司发出第××××号《行政处罚决定书》，载明："经查，你单位于200×年×月租赁本市××路××号后，在××号房屋擅自搭建建筑物的行为，违反《中华人民共和国城乡规划法》第四十条、《××市城乡规划条例》第三十四条的规定。根据《中华人民共和国城乡规划法》第六十四条、《××市城乡规划条例》第五十八条等有关规定，我局决定对你单位作出如下行政处罚决定：限你单位于201×年×月×日前自行拆除××路××号房屋间违法建筑物"。

××餐饮管理有限公司认为××市××规划和土地管理局在未查清事实情况下，对其做出行政处罚决定书，缺乏事实依据。故提起本案行政诉讼，要求判决撤销××市××规划和土地管理局向其作出的第××××号《行政处罚决定书》。

【行政起诉状】

原　　告：××餐饮管理有限公司。
地址：××市××路××号××室。
法定代表人：×××，董事长。

被　　告：××市××规划和土地管理局。
地址：××市××北路×××号。
法定代表人：×××，局长。

诉讼请求：

撤销被告向原告作出的第××××号《行政处罚决定书》。

事实与理由：

原告与××路××号房产的业主邓××签订合同后，原告为开展经营，自行出资将依据合同使用的经营用房屋及边上的原有建筑进行了装修。装修实施前告诉了业主邓××，邓××知道并且同意原告装修。

原告依据合同使用的××路××号房屋中间的原有建筑在原告经营之前就已经存在，并非原告搭建。

被告在未查清事实情况下对原告做出行政处罚决定书，缺乏事实依据。故请求撤销被告向原告作出的第××××号《行政处罚决定书》。

【法院判决】

原告××餐饮管理有限公司不服行政处罚决定诉被告××市××规划和土地管理局一案，于201×年×月×日向本院提起诉讼。本院受理后依法组成合议庭，于201×年×月××日公开开庭审理了本案。原告××餐饮管理有限公司委托代理人×××、×××，被告委托代理人×××、×××到庭参加诉讼，本案现已审理终结。

被告××市××规划和土地管理局立案调查后，于201×年×月×日对××餐饮管理有限公司发出第××××号《行政处罚决定书》，载明：经查，你单位于200×年×月租赁本市××路××号后，在××号房屋擅自搭建建筑物的行为，违反《中华人民共和国城乡规划法》第四十条、《××市城乡规划条例》第三十四条的规定。根据《中华人民共和国城乡规划法》第六十四条、《××市城乡规划条例》第五十八条等有关规定，我局决定对你单位作出如下行政处罚决定：限你单位于201×年×月×日前自行拆除××路××号房屋间违法建筑物。

原告诉称，原告与××路××号房产的业主邓××签订合同后，将该房屋及边上的原有建筑进行了装修，业主邓××知道并且允许。××路××号房屋中间的原有建筑在原告经营之前就已存在，并非原告违章搭建。被告在未查清事实情况下对原告做出行政处罚决定书，缺乏事实依据。故请求撤销被告向原告作出的第××××号《行政处罚决定书》。

被告辩称，首先，原告擅自搭建建筑物的行为有现场检查情况记录、现场拍摄照片及执法人员的调查等材料证实，因此原告违法建设事实、证据确凿；其次，原告的行为违反了《中华人民共和国城乡规划法》及《××市城乡规划条例》，被告作出处罚决定适用法律正确；第三，被告执法程序合法，依据《中华人民共和国行政处罚法》的相关规定，告知了原告作出行政处罚决定的事实、理由及依据，并愿意听取其陈述和申辩。故请求法院判决驳回原告的诉讼请求。

庭审中被告出示了以下证据和依据以证明其具体行政行为的合法性：1. 201×年××月××日立案审查表；2.《现场检查记录》以及相关示意图、照片；3. 被告执法人员与邓××、刘××的询问笔录;4. 邓××、刘××关于拆除违章建筑的请求;5. 被告向××餐饮管理有限公司发询问通知书以及国内挂号信函收据、国内邮政回执;6. ××餐饮管理有限公司授权委托书、受托人罗××身份证件、被告执法人员与罗××的询问笔录;7. ××餐馆承包合同;8. ××餐饮管理有限公司承包××餐馆时的该处房屋状态照片 3 张和承包以后现状照片 5 张;9. ××餐饮管理有限公司提供的××××××委员会××分会(201×)××仲字第××××号关于×××号《××市××××餐馆承包合同》争议仲裁案仲裁材料以及该案仲裁裁决书;10. ××市××住房保障和房屋管理局违法建筑的房屋认定书;11. 邓××、刘××名下的房地产登记信息;12. 被告向原告发出行政处罚告知书以及相应的国内挂号信函收据、国内邮政回执;13. 第××××号《行政处罚决定书》及相应国内挂号信函收据、国内邮政回执。被告提供的法律依据是《中华人民共和国城乡规划法》第四十条及第六十四条;《××市城乡规划条例》第三十四条和第五十八条。

经质证,原告对第 3 组证据询问笔录的真实性有异议,认为邓××、刘××与本案有利害关系,笔录中前后有矛盾之处;对第 4 组证据有异议,认为原来的行政处罚决定责令邓××等拆除,邓××为了推卸责任才称是原告搭建;对第 9 组证据有异议,认为其仅仅对部分建筑进行了装修。原告对其他证据均无异议。

综合庭审质证意见,本院确认以下事实:邓××、刘××系××市××路××号房屋产权人,经营××市××餐馆,后于 200×年×月×日与原告签订合同,原告经营至今。201×年××月××日,被告××市××规划和土地管理局立案调查原告在××路××号房屋间违法建筑物一案。被告于 201×年×月××日向原告发出询问通知书并于同年×月×日向原告进行询问。同年×月××日,被告向原告作出《行政处罚告知书》并邮寄送达给原告。201×年×月×日,被告向原告发出第××××号《行政处罚决定书》,限令原告自行拆除××路××号房屋间违法建筑物。

本院认为,根据《中华人民共和国城乡规划法》第十一条、第六十四条,《××市城乡规划条例》第六条,《××市拆除违法建筑若干规定》第三条规定,被告作为规划管理部门有依法拆除违法建筑的职权。被告通过向原告询问、现场检查等方式,认定××市××路××号房屋间系原告擅自搭建的违法建筑,但原告认为其系对原有建筑的装修。

对此,本院认为,根据 201×年×月×日被告与原告经理罗××的询问笔录、××××仲裁委员会××分会(201×)××仲字第××号关于××××号《××市××餐馆合同》争议仲裁案材料以及该仲裁裁决书可知,原告认可其将××市××路××号房屋间原简易棚原部分墙壁未动,拆除简易棚三面与房顶的阳光板,重新在三面与房顶安装了玻璃这一节事实,故原告的行为系违建而非装修。行政处罚的对象应是违法行为的实际实施人，而实施人不一定是合法建筑的所有人，两者不能混淆。本案中，原告提出业主邓××对其装修系知晓，本院认为即使双方存在合意，亦不能通过自行的民事约定来改变行政法律关系，特别是对于行政相对人的身份。原告作为承包方，系该违法建筑的搭建人以及实际使用受益方，而业主邓××、刘××对依附于合法建筑物的违法建筑并无实际权利，也没有强制执行权。被告依据《中华人民共和国行政处罚法》及《××市拆除违法建筑若干规定》等相关规定向原告作出行政处罚决定，事实清楚，适用法律正确。

另外，被告根据《××市拆除违法建筑若干规定》第八条、第九条、第十条规定，在对违法建筑进行调查取证后，拟作出责令限期拆除决定后，使用统一的事先告知书，告知原告有陈述、申辩的权利等，程序合法。原告提出被告应一并处理第 2 层与第 1 层建筑以减少原告经济损失，与本案并无关联，故本院对此不予采纳。

综上，原告起诉要求撤销被告于 201×年×月×日对××餐饮管理有限公司发出第××××号《行政处罚决定书》的诉讼请求缺乏法律、法规依据，本院难以支持。依照《最高人民法院关于执行〈中华人民共和国行政诉讼法〉若干问题的解释》第五十六条第(四)项之规定，判决如下：

驳回原告××餐饮管理有限公司的诉讼请求。

本案受理费人民币 50 元，由原告负担。

如不服本判决，可在判决书送达之日起十五日内，向本院递交上诉状，并按对方当事人的人数提出副本，上诉于××市第×中级人民法院。

【律师评述】

到底谁具有行政相对人的身份？是原告××餐饮管理有限公司还是业主邓先生等？这是本案的一个焦点，也是认定本案作为被告的行政机关行政行为的合法与否的关键。

原告××餐饮管理有限公司作为承包方，是涉案建筑的实际搭建人和实际使用人、受益方，业主邓××、刘××对依附于合法建筑物的违法搭建的建筑不拥有所有权，更无实际权利，也没有强制执行权，违法搭建的建筑由××餐饮管理有限公司搭建并装修，其也是实际使用和控制人。因此，就本案来看，行政机关针对××餐饮管理有限公司做出行政处罚，依法制作并送达《行政处罚决定书》，无论从其职权、法律规定还是事实来看，都是合法和正确的。

案例12　李××等诉××市××区人民政府等房屋征收补偿决定纠纷上诉案

【案情介绍】

××市××路×××号旧里公房原承租人为刘××。刘××于201×年×月××日死亡后，承租人未发生变更。

刘××租赁部位为底层北间和二层亭子间，居住面积平方××米，核定建筑面积××平方米。房屋内有户口簿两本，一本户籍户主为蒋××，另有在册户口一人即蒋×。另一本户籍户主刘××报死亡后，在册户口只有李××一人。

××区政府于201×年×月×日作出×府征[201×]×号房屋征收决定，对原承租人为刘××房屋所在地块的房屋决定征收，并公布了征收补偿方案，确定的签约期限为201×年×月××日至201×年××月××日。

××房管局作为房屋征收部门委托××市××第×房屋服务事务所有限公司作为房屋征收实施单位。

201×年×月××日，××房管局与李××、蒋××等在征收补偿方案确定的签约期限内未能达成房屋征收补偿协议。

房管局遂报请区政府作出补偿决定，并提交了相关材料。区政府受理后，通知召开协调会，刘××、蒋××户出席会议但仍未能达成协议。

后区政府作出征房屋征收补偿决定，李××、蒋××、蒋×不服，提起行政复议。市政府作出行政复议决定，维持了征收补偿决定。李××、蒋××、蒋×不服，起诉要求撤销房屋征收补偿决定，一审经过审理后，驳回了李××、蒋××、蒋×的起诉。李××、蒋××、蒋×仍不服，提起了上诉。

【行政上诉状】

上诉人(原审原告)：李××，194×年××月×日生，汉族，住××省××市××区××路××××号××室。

上诉人(原审原告)：蒋××，194×年×月×日生，汉族，住××省××市××区××路××××号××室。

上诉人(原审原告)：蒋×，196×年××月××日生，汉族，住××省××市××

区××路××××号××室。

被上诉人(原审被告)：××市××区人民政府。

住所：××省××市××路××号。

法定代表人：×××，区长。

原审第三人：××市××区住房保障和房屋管理局。

住所：××省××市××路××号。

法定代表人：×××，局长。

上诉请求：

请求裁定撤销原判，发回原审法院重新审理。

事实与理由：

原审法院未根据行政案件审理规范开庭审理，导致查明案件事实的任务没有完成，案件审理违反法定程序；二审开庭前，上诉人与征收部门已经达成协议，不需要二审法院再对征收补偿事宜作出判决。故请求裁定撤销原判，发回原审法院重新审理。

【法院判决】

上诉人李××、蒋××、蒋×因房屋征收补偿决定一案，不服××市××区人民法院(201×)××行初字第×××号行政判决，向本院提起上诉。本院依法组成合议庭，于201×年×月××日公开开庭审理了本案。上诉人李××、蒋××、蒋×，被上诉人××市××区人民政府(以下简称××区政府)的委托代理人×××、×××，原审第三人××市××区住房保障和房屋管理局(以下简称××房管局)的委托代理人×××到庭参加诉讼。本案现已审理终结。

原审认定，××市××路×××号旧里公房(以下简称系争房屋)原承租人为刘××。刘××于201×年×月××日报死亡后，承租人未发生变更。该租赁户租赁部位为底层北间和二层亭子间，居住面积平方××米，核定建筑面积××平方米。该房屋内有户口簿两本，一本户籍户主为蒋××，另有在册户口一人即蒋×；另一本户籍户主刘××报死亡后，在册户口为一人即李××。××区政府于201×年×月×日作出×府征[201×]×号房屋征收决定，对系争房屋所在××地块(西块)的房屋决定征收，并公布了征收补偿方案，该方案确定的签约期限为201×年×月××日至201×年××月××日。至201×年×月××日签约率达到80.1%，征收决定继续执行。××房管局作为房屋征收部门委托××市××第×房屋服务事务所有限公司作为房屋征收实施单位。201×年×月××日，××房管局以其与李××、蒋××等在征收补偿方案确定的签约期限内达不成房屋征收补偿协议为由，报请××区政府作出补偿决定，并提交了相关材料。××区政府受理后，通知于201×年×月××日召开协调会，刘××、蒋××户出席会议却未能达成协议。××区政府遂于201×年×月×日作出××府房征补[201×]×××号房屋征收补偿决定,该决定查明系争征收房屋经××××房地产估价有限公司评估,底层北间单价为每平方米人民币(以下币种均为人民币)×××××元,二层亭子间单价为每平方米人民币×××××元,××市房地产估价师协会房地产估价专家委员会作出的鉴定报告维持了上述估价结果。×××地块(西块)项目评估均价为每平方米×××××元,该户被征收房屋的货币补偿金额合计为×××××××元;另可得不选购本项目安置房源补贴××××××元,无认定建筑面积以外使用面积补贴××××××元,面积奖励费××××××元,搬家补助费×××元等。另用于房屋产权调换时以×人计算。××府房征补[201×]×××号房屋征收补偿决定内容如下:一、房屋征收部门××房管局以房屋产权调换的方式补偿公有房屋承租人刘××、蒋××户。用于产权调换房屋地址为本市××区××路×××弄×××号×××室,建筑面积××平方米,价值××××××元,基地优惠价××××××元和×××路×××弄×××号×××室,建筑面积××平方米,价值××××××元,基地优惠价××××××元;××路×××弄×××号×××室,建筑面积××平方米,价值××××××元,基地优惠价××××××元。产权调换房屋价值同被征收房屋补偿金额×××××××元结算差价,刘××、蒋××户支付××房管局差价款××××××元;二、××房管局给予刘××、蒋××户不选购本项目就近安置房源补贴××××××元,无认定建筑面积以外使用面积补贴××××××元,面积奖励费××××××元,搬家补助费×××元,家用设施移装费按实结算,签约搬迁奖励费按搬迁日期结算;三、刘××、蒋××户应当在收到该房屋征收补偿决定书之日起15日内搬迁至上述产权调换房屋地址,将被征收房屋腾空,与××市××第×房屋征收服务事务所有限公司办理移交手续。李××、蒋××、蒋×不服,提起行政复议。××市人民政府于201×年××月××日作出×府复征决字(201×)第××号行政复议决定,维持了上述房屋征收补偿决定。李××、蒋××、蒋×仍不服,起诉要求撤销××府房征补[201×]×××号房屋征收补偿决定。

原审法院认为,××区政府具有作出房屋征收补偿决定的行政职权。本案中,××房管局因与李××、将××、蒋×户在征收补偿方案确定的签约期限内达不成协议,向××区政府报请作出补偿决定。××区政府受理后,核实了相关材料,组织召开审理协调会,并在法定期限内作出被诉房屋征收补偿决定,其行政程序合法。××区政府依据房屋征收与补偿的法规政策以及涉案项目的征收补偿方案的规定,对该户以结算差价的房屋产权调换方式予以补偿安置,并支付其他应得补贴及奖励费用,该补偿决定认定事实清楚,证据确凿,适用法律规范正确,未损害该户的合法权益。李××、蒋××、蒋×虽提出相应异议,但其就房屋征收决定提出的意见不属于本案的审理范围，也未能对被诉房屋征收补偿决定形成有效质疑，故李××、蒋××、蒋×的诉讼请求，缺乏事实根据和法律依据，难以支持。原审法院遂依照《最高人民法院关于执行〈中华人民共和国行政诉讼法〉若干问题的解释》第五十六条第(四)项之规定，判决驳回李××、蒋××、蒋×的诉讼请求。李××、蒋××、蒋×不服，上诉于本院。

上诉人李××、蒋××、蒋×上诉称：原审法院未根据行政案件审理规范开庭审理，导致查明案件事实的任务没有完成，案件审理违反法定程序；二审开庭前，上诉人与征收部门已经达成协议，不需要二审法院再对征收补偿事宜作出判决。请求裁定撤销原判，发回原审法院重新审理。

被上诉人××区政府辩称：被上诉人作出的房屋征收补偿决定认定事实清楚，适用法律正确，程序合法。上诉人与房屋征收部门至今未签订房屋征收补偿协议，且该事宜与本案无关。原审判决正确，请求驳回上诉，维持原判。

原审第三人××房管局述称：同意被上诉人的意见，请求驳回上诉，维持原判。

本院经审理查明，原审判决认定的事实清楚，本院予以确认。

本院认为，被上诉人××区政府具有作出被诉房屋征收补偿决定的职权。上诉人与房屋征收部门未达成房屋征收补偿协议，原审第三人××房管局向被上诉人报请作出补偿决定。被上诉人经过协调，双方仍未达成协议，被上诉人在此情形下作出房屋征收补偿决定，程序合法。被诉房屋征收补偿决定对上诉人户被征收房屋的面积、补偿金额等事实认定清楚，征收补偿的相关内容符合该地块房屋征收补偿方案。原审法院对本案依法进行审理，查明了案件事实。上诉人认为原审判决程序违法的主张不能成立。上诉人提出的一审判决后其与房屋征收部门达成了协议的主张与被诉房屋征收补偿决定的合法性无关。综上，上诉人的上诉请求缺乏事实证据和法律依据，本院不予支持。原审判决并无不当。据此，依据《中华人民共和国行政诉讼法》第六十一条第(一)项之规定，判决如下：

驳回上诉，维持原判。

上诉案件受理费人民币 50 元，由上诉人李××、蒋××、蒋×负担。

本判决为终审判决。

【律师评述】

本案的一个特殊之处在于上诉人提出与第三人××住房保障和房屋管理局在本案一审判决后达成了征收补偿协议，故其上诉二审法院请求裁定撤销原判，发回原审法院重新审理。

其实从逻辑上来看，一审法院的判决是无可挑剔的。一审之后，二审之前，上诉人与第三人××住房保障和房屋管理局达成征收补偿协议，则应该采取撤回上诉的方式处理，如果还没有提起上诉，则不应该再提起上诉。

比较好的做法是，上诉人与第三人××住房保障和房屋管理局就达成的征收补偿协议中做出约定，被上诉人及第三人××住房保障和房屋管理局均不再依据××区政府于201×年×月×日作出××府房征补[201×]×××号房屋征收补偿决定及一审判决执行，由被上诉人、第三人做出确认即可。

本案上诉人提起上诉主要是想就××区政府于201×年×月×日作出××府房征补[201×]×××号房屋征收补偿决定及一审判决做一个明确和定性。其实，通过协议约定或者备忘录的方式都可以达到目的。

案例13 沈××等诉××市××区人民政府房屋征收补偿决定上诉案

【案情介绍】

××路×××弄×××号前客、后客、灶间、顶阁楼房屋原承租人为林××。林××死亡后，租赁户名于201×年×月×日起变更为沈××。

区政府作出房屋征收决定，并将征收决定及补偿方案在征收范围内进行了公告。房管局作为房屋征收部门委托房屋征收服务事务所承担房屋征收与补偿的具体工作。

××路×××弄×××号前客、后客、灶间、顶阁楼房屋，在房屋征收决定的征收范围内，房屋性质为执行政府规定租金标准的公有出租居住房屋，承租人为沈××，房屋类型为旧里，用途为居住，租用公房凭证记载的居住面积为前客××平方米、后客×平方米、灶间×平方米、顶阁楼××平方米。征收决定公告之日，该户常住户口有房屋承租人沈××、妻、女、大弟、大弟媳、侄子、侄媳、侄孙女、小弟、小弟媳、侄女、二弟、二弟媳、侄女14人。

因未能协商达成征收补偿协议，房管局向区政府提出作出房屋征收补偿决定的报告。区政府组织征收双方审理调解会，双方仍未达成一致意见。区政府查明情况后，作出征收补偿决定。收到房屋征收补偿决定后，沈先生的儿子沈××向市政府提起行政复议。市政府作出行政复议决定书，维持了区政府对作出的征收补偿决定。沈先生的儿子沈××不服，遂向法院提起行政诉讼，要求撤销房屋征收补偿决定。

一审判决驳回了沈先生的儿子沈××的起诉，但沈先生的儿子不服，提起了上诉。

【行政上诉状】

上诉人(原审原告)：沈×，196×年××月×日生，汉族，住××市××区××路×××号××室。

上诉人(原审第三人)：沈××，19××年×月×日生，汉族，住××市××区××路×××号××室。

被上诉人(原审被告)：××市××区人民政府。

住所：××市××路××号。

法定代表人×××，区长。

原审第三人：××市××区住房保障和房屋管理局。

住所：××市××路××号。

法定代表人：×××，局长。

上诉请求：

请求法院撤销原判并依法改判。

事实与理由：

上诉人认为被诉征收补偿决定认定被征收人错误，被征收房屋改为由上诉人父亲沈××承租的依据不足，并且该决定剥夺了上诉人对产权调换房屋的选择权，请求二审法院撤销原判并依法改判。

【法院判决】

上诉人沈×、沈××因房屋征收补偿决定一案，不服××市××区人民法院(201×)×行初字第××号行政判决，向本院提起上诉。本院依法组成合议庭，公开开庭审理了本案。上诉人沈×、上诉人沈××，被上诉人××市××区人民政府(以下简称××区政府)的委托代理人×××、×××，原审第三人××市××区住房保障和房屋管理局(以下简称××房管局)的委托代理人×××到庭参加诉讼。本案现已审理终结。

原审认定：××区政府于201×年×月××日作出《××市××区人民政府房屋征收决定》[×府房征(201×)×号]，并将征收决定及补偿方案在征收范围内进行了公告。签约期限为201×年×月××日至201×年××月××日止。截至201×年××月××日，签约率超过规定的协议生效的签约比例。××房管局作为房屋征收部门委托××市××第×房屋征收服务事务所有限公司承担房屋征收与补偿的具体工作。本市××路×××弄×××号前客、后客、灶间、顶阁楼房屋，在上述房屋征收决定的征收范围内，房屋性质为执行政府规定租金标准的公有出租居住房屋，公有房屋承租人为沈××，房屋类型为旧里，用途为居住，租用公房凭证记载的居住面积为前客××平方米、后客×平方米、灶间×平方米、顶阁楼××平方米，换算成建筑面积合计为××平方米。征收决定公告之日，该户常住户口为××人，即公有房屋承租人沈××、妻×××、女沈××、弟沈××、弟媳×××、侄子×××、侄媳××、侄孙女沈××、弟沈××、弟媳××、侄女沈×、弟沈××、弟媳×××、侄女×××。经××××房地产土地估价有限公司评估，该被征收房屋房地产市场评估单价分别为前、后客人民币(以下币种均为人民币)×××××元/平方米、灶间×××××元/平方米、顶阁楼

×××××元/平方米(该地块评估均价为×××××元/平方米),估价时点为201×年×月××日。房屋征收部门已于201×年×月××日向该户送达了评估报告。因该户未在规定的期限内申请复估、鉴定,故房屋征收部门向××市房地产估价师协会房地产估价专家委员会申请了鉴定。在对该户房屋评估价格进行鉴定的意愿征询时,该户明确表示对评估单价无异议,不需要鉴定,房地产估价专家委员会于201×年××月××日决定终止沈××户居住房屋征收估价鉴定。经沈××申请,区住房保障机构经核查后认定该户符合居住困难户条件并已公示,该户居住困难对象共14人,分别为沈××……201×年×月××日,××房管局向××区政府提出作出房屋征收补偿决定的报告,同年×月××日,××区政府制作审理通知,并于同年×月××日将该审理通知送达征收双方。同年×月×日,××区政府组织征收双方调查调解会,双方未达成一致意见。××区政府查明被征收房屋评估价格为×××××××元,价格补贴为××××××元,套型面积补贴为××××××元,该户房屋补偿金额为×××××××元,居住困难保障补贴为××××××××元。按该基地补偿方案,该户若全部选择外区房屋产权调换的奖励为××××××元、无违法建筑奖励×××××元,搬家补助费、家电设施移装费等费用,依据征收补偿方案按实结算。征收部门提出以房屋产权调换的方式补偿公有房屋承租人户,并同房屋承租人结清产权调换房屋价值与被征收房屋补偿金额、居住困难保障补贴的差价款。产权调换房屋地址为本市××区××路×××弄×××号×××室、×××号×××室、×××号×××室、×××号×××室,建筑面积分别为××平方米、××平方米、××平方米、××平方米;评估单价分别为×××××元/平方米、×××××元/平方米、×××××元/平方米、×××××元/平方米,四套房屋市场总价值为×××××××元,上述产权调换房屋归公有房屋承租人沈××及其共同居住人共有;被征收房屋补偿金额、居住困难保障补贴计×××××××元,同产权调换房屋价值的差价款为××××××元,公有房屋承租人沈××可支付其中超出人均建筑面积××平方米部分的房价款计××××××元。征收部门另向其发放按本基地方案全部选择外区房屋产权调换的奖励××××××元、无违法建筑奖励×××××元、搬家补助费、家电设施移装费等费用。同年××月××日,××区政府作出系争房屋征收补偿决定:一、房屋征收部门以房屋产权调换的方式补偿公有房屋承租人沈××户。用于产权调换房屋地址为本市××区××路×××弄×××号×××室、×××号×××室、×××号×××室、×××号×××室,建筑面积分别为××平方米、××平方米、××平方米、××平方米;评估单价分别为×××××元/平方米、×××××元/平方米、×××××元/平方米、×××××元/平方米,四套房屋市场总价值为×××××××元。沈××在征收部门交付房屋时向征收部门支付产权调换房屋超出人均建筑面积××平方米部分的房价款计××××××元，四套产权调换房屋归沈××及其共同居住人共有；二、房屋征收部门在沈××户搬迁交房后的30日内向其发放全部选择外区房屋产权调换的奖励××××××元、无违法建筑奖励×××××元、搬家补助费、家电设施移装费等费用；三、公有房屋承租人沈××应当在收到本房屋征收补偿决定书之日起15日内携使用人一起腾退本市××路×××弄×××号前客、后客、灶间、顶阁楼被征收房屋，并与××市××第×房屋征收服务事务所有限公司办理移交手续。同年××月×日，××区政府向征收双方送达该决定书。同日，××区政府将该份决定张贴于基地公示栏中。收到房屋征收补偿决定后，沈××的儿子沈××向××市人民政府提起行政复议。××市人民政府作出×府复征决字(201×)第××号《行政复议决定书》，维持了××区政府对沈××户作出的征收补偿决定。沈××不服，遂向法院提起行政诉讼，要求撤销×府房征补(201×)××号房屋征收补偿决定。

原审另查明，本市××路×××弄×××号前客、后客、灶间、顶阁楼房屋原承租人为林××，林××死亡后，该户租赁户名于201×年×月×日起变更为沈××。

原审法院认为：××区政府具有作出房屋征收补偿决定的行政职权。××区政府在收到××房管局的房屋征收补偿决定报告后，核实了相关材料，并组织召开了审理调解会。因调解不成，××区政府在法定期限内作出被诉房屋征收补偿决定，××区政府行政程序合法。××区政府依据相关房屋征收补偿法规规章以及××区政府的征收补偿方案，对沈××户以房屋产权调换的方式进行补偿安置，相关补贴、奖励费用以及结算差价的计算正确，被诉房屋征收补偿决定认定事实清楚，证据充分，适用法律正确。关于沈××认为××区政府对被征收人认定错误一节，因被征收人以租用公房凭证所载明的承租人为准，故××区政府根据租赁凭证认定沈××为被征收人并无不妥，且房屋征收补偿决定是以房屋租赁合同计户，按户进行补偿，该决定未侵犯沈××的合法权益，故对于沈××的诉讼请求，不予支持。原审遂依照《最高人民法院关于执行若干问题的解释》第五十六条第(四)项之规定，判决驳回沈××的诉讼请求。判决后，沈×、沈××不服，上诉至本院。

上诉人沈×上诉称：被诉征收补偿决定认定被征收人错误，被征收房屋改为由沈××承租的依据不足，并且该决定剥夺了上诉人对产权调换房屋的选择权，请求二审法院撤销原判并依法改判。

上诉人沈××上诉称：沈××是合法的承租人，上诉人与征收单位已经签订了征收补偿协议，仅仅因为沈×不同意，导致原审第三人对此协议不予认可。上诉人对产权调换的房屋不予认可，至少要求一套××区的房屋。请求二审法院撤销原判并撤销被诉房屋征收补偿决定。

被上诉人××区政府辩称：系争房屋由××物业管理公司依法变更为上诉人沈××承租，被上诉人将其作为被征收人，依法有据。原审第三人从未与该户签订过任何征收补偿协议。请求驳回上诉，维持原判。

原审第三人××房管局辩称：同意被上诉人的意见，请求驳回上诉，维持原判。

经审理查明，原审判决认定的事实清楚，本院依法予以确认。

本院认为，被上诉人××区政府具有作出被诉房屋征收补偿决定的职权。上诉人与房屋征收部门未达成房屋征收补偿协议，原审第三人××房管局向被上诉人报请作出补偿决定。经被上诉人协调，双方仍未达成协议，被上诉人在此情形下作出房屋征收补偿决定，程序合法。被诉房屋征收补偿决定对上诉人户被征收房屋的面积、补偿金额等事实认定清楚，征收补偿的相关内容符合该地块房屋征收补偿方案。被上诉人以租用公房凭证所载明的承租人沈××为被征收人，依法有据，且被诉房屋征收补偿决定对该户的补偿到位，并未侵犯上诉人沈×的合法权益。上诉人沈×、沈××的上诉主张，均缺乏相应的事实证据和法律依据，对其上诉请求，本院不予支持。原审判决认定事实清楚，适用法律正确，应予维持。据此，依照《中华人民共和国行政诉讼法》第六十一条第(一)项的规定，判决如下：

驳回上诉，维持原判。

二审案件受理费人民币50元，由上诉人沈×、沈××分别负担人民币25元。

本判决为终审判决。

【律师评述】

本案中，沈先生之子认为房屋的承租人变更为其父亲，导致区政府对被征收人认定错误，也损害其合法权益。这是沈先生之子提起诉讼的根本原因。

我们知道，征收补偿认定承租人的唯一依据是公房租赁凭证，俗称蓝卡。卡上载明的承租人是谁，被征收人即依据租赁卡而认定为谁。其他享有权利的人员则是户籍在租赁的公房内的共同居住人。沈先生之子的户籍不在承租的公房内，故不能得到补偿。

沈先生的儿子之外的其他人员(沈先生弟弟两家)等都获得了征收补偿，而与沈先生血缘更近的儿子不能获得征收补偿，在本案的审理中是多次被提及的问题。但法律有明确的规定，征收补偿也有清晰的红线。我们需要理性和审慎地看待所遇到的问题和现象。

在公房承租中，承租人的变更、户籍的迁入和迁出是需要非常慎重处理的问题，也是需要前瞻性地考虑的问题。

案例14 刘××等与××市××区住房保障和房屋管理局确认责令限期整改通知无效纠纷上诉案

【案情介绍】

刘先生夫妇是××市××区××路××弄××号×××室房屋业主。

201×年×月××日，××区住房局现场检查房屋租赁违规情况时发现刘先生夫妇所有的房屋原始设计为二室二厅二卫，经分割为房间五间：其中将客厅分割一间、餐厅分割一间、厨房分割两间、储藏室与卫生间合并为一间，改变了房屋原始设计结构。不同隔断间的空调前分别安装了6个电表，以便分别计算用电量。现场还发现承租人四人及大量生活用品。

刘先生夫妇从未做过房屋出租事宜向相关部门完登记备案。

区住房局认定刘先生夫妇在房屋租赁中，将原始设计为厨房、卫生间、阳台和地下储藏室等其他空间，出租供人员居住，违反了《商品房屋租赁管理办法》第八条、《××市居住房屋租赁管理办法》第九条；租赁合同订立后30日内未办理租赁合同登记备案，违反《商品房屋租赁管理办法》第十四条、《××市居住房屋租赁管理办法》第十三条的规定，向刘先生夫妇发出《责令限期整改通知书》，限刘先生夫妇自接到通知之日起十日内改正，逾期不改正的，将依法予以处罚。《责令限期整改通知书》中告知了复议诉讼的权利。刘先生夫妇不服，向原审法院起诉，请求依法确认区住房局所作通知书无效，诉讼所产生的费用及损失由区住房局承担。

一审判决驳回了刘先生夫妇请求，刘先生夫妇即提起了本案上诉。

【行政上诉状】

上诉人(原审原告)：刘××，196×年××月×日生，汉族，住××市××区××路×××号××室。

上诉人(原审原告)：吴××，196×年××月×日生，汉族，住××市××区××路×××号××室。

被上诉人(原审被告)：××市××区住房保障和房屋管理局。

住所：××市××路××号。

法定代表人：×××，局长。

上诉请求：

请求二审法院撤销原判，改判支持上诉人原审诉讼请求。

事实与理由：

上诉人认为，被上诉人不具有相关职权，根据《××市居住房屋租赁管理办法》第三十五条的规定应由公安部门进行管理。

被上诉人进行现场调查未通知上诉人及租客。上诉人吴××未参与房屋出租事宜；《责令限期整改通知书》所署日期不对，给予十天整改期限不合理；上诉人将涉案房屋租给两人，其中一人在上诉人不知情的情况下进行了转租，装修进行的改建不是为了给他人居住，上诉人没有将房屋群租的意图，不应由上诉人办理出租登记。故上诉请求二审法院撤销原判，支持上诉人原审诉讼请求。

【法院判决】

上诉人刘××、吴××因要求确认责令限期整改通知无效一案，不服××市××区人民法院（201×）×行初字第×号行政判决，向本院提起上诉。本院于201×年×月××日立案后，依法组成合议庭，于201×年×月×日公开开庭审理了本案。上诉人吴××的委托代理人及上诉人刘××，被上诉人××市××区住房保障和房屋管理局（以下简称××区住房局）的委托代理人×××、×××到庭参加了诉讼。本案现已审理终结。

经审理查明，刘××、吴××系××市××区××路××弄××号×××室（以下简称涉案房屋）业主。201×年×月××日，××区住房局现场检查房屋租赁违规情况时发现，涉案房屋原始设计为二室二厅二卫，经分割为房间五间：其中将客厅分割一间、餐厅分割一间、厨房分割两间、储藏室与卫生间合并为一间，改变了房屋原始设计结构；不同隔断间的空调前分别安装了6个电表，以便分别计算用电量；现场另发现承租人四人及大量生活用品。刘××、吴××亦未就房屋出租事宜向相关部门完成登记备案。××区住房局遂于201×年×月××日向刘××、吴××发出××房责改字［201×］第××××号《责令限期整改通知书》（以下简称《通知书》），认定刘××、吴××在涉案房屋租赁中，有下列违法行为：1. 将原始设计为厨房、卫生间、阳台和地下储藏室等其他空间，出租供人员居住，违反了《商品房屋租赁管理办法》第八条、《××市居住房屋租赁管理办法》第九条；2. 租赁合同订立后30日内未办理租赁合同登记备案，违反《商品房屋租赁管理办法》第十四条、《××市居住房屋租赁管理办法》第十三条的规定。限刘××、吴××户自接到通知之日起十日内改正上述行为，逾期不改正的，将依法予以处罚。《通知书》中告知了复议诉讼的权利并送达刘××、吴××。刘×

××、吴××不服，向原审法院起诉，请求依法确认××区住房局所作《通知书》无效，诉讼所产生的费用及损失由××区住房局承担。

以上事实有201×年×月××日《××市××区住房保障和房屋管理局现场笔录》、房屋分隔简图、现场检查照片、201×年×月××日××市××区×街道××居民委员会提供的××房屋租赁房东及承租人情况登记表、201×年×月××日××区××社区人口综合服务和管理中心出具的证明、《通知书》及送达回证等证据为证。

原审认为，××区住房局具有对居住房屋租赁进行行政执法的法定职责。刘××、吴××将原始设计为客厅、餐厅、厨房、储藏室、卫生间等空间进行改建隔断，出租供人居住，并分别安装电表，亦未就房屋出租向相关部门完成登记备案的上述行为，显然违反了《商品房屋租赁管理办法》《××市居住房屋租赁管理办法》的相关规定。刘××、吴××辩称将房屋作上述改建是为了改善居住质量和环境且并未有人员居住在其中的说法，明显与事实不符，不予采信。《通知书》存在年号未填写完整的瑕疵，××区住房局应在今后工作中应加强工作责任心。但该《通知书》落款日期为201×年×月二十三日，双方对此并无歧义和争议，因此以上瑕疵并不足以构成撤销××区住房局作出的具体行政行为。××区住房局执法行为职权正当，认定事实清楚，适用法律法规规章正确，程序合法。原审法院遂依照最高人民法院《关于执行〈中华人民共和国行政诉讼法〉若干问题的解释》第五十六条第(四)项之规定，判决驳回刘××、吴××的诉讼请求。判决后，刘××、吴××不服，上诉于本院。

上诉人刘××、吴××诉称，被上诉人不具有相关职权，根据《××市居住房屋租赁管理办法》第三十五条的规定应由公安部门进行管理；被上诉人进行现场调查未通知上诉人及租客；上诉人吴××未参与房屋出租事宜；《通知书》年号不对，给予十天整改期限不合理；上诉人将涉案房屋租给两人，其中一人在上诉人不知情的情况下进行了转租，装修进行的改建不是为了给他人居住，上诉人没有将房屋供群租的意图，不应由上诉人办理出租登记。故上诉请求二审法院撤销原判，支持上诉人原审诉讼请求。

被上诉人××区住房局辩称，坚持原审辩称意见，不同意上诉人的上诉请求，被上诉人依法作出《通知书》，原审判决认定事实清楚、适用法律正确，请求二审法院维持原判。

本院认为，根据《商品房屋租赁管理办法》第二十二条、第二十三条的规定，被上诉人作为区人民政府建设(房地产)主管部门具有对商品房屋租赁中的违反本办法的行为进行行政执法的法定职责。根据被上诉人提供的现场笔录及现场检查照片、房屋分隔简图、居委会提供的房东及承租人情况登记表等证据材料，可以证明涉案房屋改变了房屋原始设计结构，原始设计为二室二厅二卫的房间被改建分隔为房间五间，分别安装空调及小电表，具有《通知书》认定的将原始设计为厨房、卫生间等空间出租供人员居住的事实，违反了《商品房屋租赁管理办法》第八条以及《××市居住房屋租赁管理办法》第九条的规定。

《商品房屋租赁管理办法》第十四条规定，房屋租赁合同订立后三十日内，房屋租赁当事人应当到租赁房屋所在地直辖市、市、县人民政府建设(房地产)主管部门办理房屋租赁登记备案。上诉人系涉案房屋所有人，上诉人刘××亦认可其与承租人签订房屋租赁合同，现因涉案房屋未办理房屋租赁登记备案，被上诉人责令予以改正，并无明显不当。关于《通知书》上文号年份不清的问题，原审法院已予指出，被上诉人应在以后工作中予以注意，但《通知书》的落款时间明确，并要求在收到通知之日起十日内改正违法行为，不致引起歧义。

被上诉人经 201×年×月××日现场检查并经调查取证，根据上诉人房屋租赁过程中的违法事实，于 201×年×月××日向上诉人作出《通知书》并送达上诉人，程序并无不当。

综上，原审判决驳回上诉人的诉讼请求并无不当，本院应予维持。上诉人的上诉请求，缺乏依据，难以支持。据此，依照《中华人民共和国行政诉讼法》第六十一条第(一)项之规定，判决如下：

驳回上诉，维持原判。

上诉案件受理费人民币 50 元，由上诉人刘××、吴××负担(已付)。

本判决为终审判决。

【律师评述】

本案中刘先生夫妇分割出租房屋是事实。具体细节事实各方陈述稍有差异，但基本事实是一致的。因此在查处群租中，行政机构予以依法处罚，是维护城市管理和人身财产安全的法定职责所在。

值得注意的是，《责令限期整改通知书》存在年号未填写完整的瑕疵，虽然法院认定《责令限期整改通知书》落款年份并无歧义和争议，该瑕疵并不足以构成撤销××区住房局作出的具体行政行为。但同时一、二审法院都指出，××区住房局在今后工作中应加强工作责任心。

行政机构出具的行政法律文本，具有严肃性，将产生法律后果，行政机关人员需要慎之又慎，不仅要在出具前论证事实，找准法律依据，行文过程中要校验准确，还要在发出时仔细核对，避免出现瑕疵，成为被诉的证据，给行政机关的行政行为带来风险。

案例 15　华××与××市××区××镇人民政府规划行政许可上诉案

【案情介绍】

原××县人民政府向华女士的公公金××颁发了《××市农村宅基地使用证》，土地坐落×乡×村×队，地号××，核定使用面积×××平方米。

宅基地使用权审查表的记载户主为金××，华女士为该户立基人口。

201×年×月××日，华××向××区××镇××村民委员会提出原址分户翻建申请，镇政府作出《不予行政许可决定书》。

华女士不服，提起行政诉讼，要求撤销上述不予行政许可决定。

经过一、二审诉讼，法院作出终审判决，确认镇政府作出的不予行政许可决定主要证据不充分、法律适用错误，一审判决撤销并责令××镇政府在判决生效后 20 日内重新作出具体行政行为，二审给予了维持。华××胜诉。

一、二审后，镇政府依据一、二审的情况，经过调查后重新做出具体行政行为认定：华女士于 201×年×月××日向镇政府提出农民自建房分户翻建申请及提交申请材料，经审查，华女士申请原地分户翻建地址位于金××户宅基地所在位置，金××户宅基地位置以 199×年宅基地使用权登记时为准。根据 200×年×月××日××市水务局向原区水务局下发《关于行业审核意见的通知》附件《××镇水系规划控制要素表》载明：×××号河属于××镇三级河道规划，规划河道规模的陆域控制宽度为 10 m×2，即河道两岸各 10 米，华女士申请原址分户翻建位置位于×××号河的陆域控制范围内，与《××市河道管理条例》第三十六条的规定相悖。根据《××市农村村民住房建设管理办法》等有关规定，决定对华女士的农民自建房分户翻建不予行政许可，便另行做出《不予行政许可决定书》。

华女士不服，再次诉至原审法院，要求撤销上述决定并重作。兹此，本案又一次经历一审之后的二审。

【行政上诉状】

上诉人(原审原告)：华××，女，汉族，196×年××月×日生，住××市××区××镇××路×××号××室。

被上诉人(原审被告)：××市××区××镇人民政府。

住所：××市××区××镇××路×××号。

法定代表人：×××，镇长。

上诉请求：

请求二审法院撤销原审判决，改判支持上诉人原审诉讼请求。

事实与理由：

上诉人认为原审判决认定事实不清，遗漏重要事实。

在原审时，被上诉人××镇政府并未举证证明××区××镇水利规划经××区人民政府批准依法生效，被上诉人也未能举证证明×××号河的蓝线范围是经过规划部门批准依法生效。

另外，《××市河道管理条例》中所规定的河道管理范围应针对现有河道，而非本案中所涉规划中的河道，本案不能适用《××市河道管理条例》第三十六条的规定。

被上诉人所作被诉不予许可决定，认定事实错误，适用法律不正确，故请求二审法院撤销原审判决，改判支持上诉人原审诉讼请求。

【法院判决】

上诉人华××因规划行政许可一案，不服××市××区人民法院(201×)×行初字第×××号行政判决，向本院提起上诉。本院于201×年×月××日立案后，依法组成合议庭，于201×年×月×日公开开庭审理了本案。上诉人华××的委托代理人×××，被上诉人××市××区××镇人民政府(以下简称××镇政府)的委托代理人×××、×××到庭参加了诉讼。本案现已审理终结。

原审查明，199×年××月原××县人民政府向华××的公公金××颁发了《××市农村宅基地使用证》，土地坐落×乡×村×队，地号××，核定使用面积×××平方米。根据该户宅基地使用权审查表的记载：户主为金××，华××为该户立基人口。201×年×月××日，华××向××区××镇××村民委员会提出原址分户翻建申请，经行政复议等救济程序后，××镇政府于201×年××月×日作出编号201×1200××《不予行政许可决定书》。华××不服，提起行政诉讼，要求撤销上述不予行政许可决定。201×年××月××日，××市第×中级人民法院作出终审判决，确认××镇政府作出的编号201×1200××不予行政许可决定主要证据不充分、法律适用错误，一审判决撤销并责令××镇政府在判决生效后20日内重新作出具体行政行为的判决结果应予维持。××镇政府于201×年××月××日作出编号201×1100××《不予行政许可决定书》(以下简称不予许可决定)，认定：华××于201×年×月××日向××镇政府提出农民自建房分户翻建申请及提交申请材料。经审查,其申请原地分户翻建地址位于金××户宅基地所在位置,金××户宅基地位置以199×年宅基地使用权登记时为准。根据200×年×月××日××市水务局向原××区水务局下发《关于行业审核意见的通知》附件《××镇水系规划控制要素表》载明:×××号河属于××镇三级河道规划,规划河道规模的陆域控制宽度为10m×2,即河道两岸各10米。其申请原址分户翻建位置位于×××号河的陆域控制范围内,与《××市河道管理条例》第三十六条的规定相悖。根据《××市农村村民住房建设管理办法》(以下简称《管理办法》)等有关规定,决定对华××的农民自建房分户翻建不予行政许可。华××不服,诉至原审法院,要求撤销上述决定并重作。

原审另查明,200×年×月××日××市水务局向原××区水务局下发《关于行业审核意见的通知》,该通知原则同意《××区××镇水利规划(修改稿)》的水系布局,通知还附有《××镇水系规划控制要素表》,其中载明:×××号河属于××镇三级河道规划,规划河道规模的口宽26米、陆域控制宽度为10 m×2,即河道两岸各10米。之后,××市××区水务局编制了×××号河河道蓝线,金××户宅基地房屋在上述规划蓝线范围内。201×年××月××日,××市××区水务局作了×××号河河道蓝线说明,其中包括本段×××号河河道规划控制规模,与《××镇水系规划控制要素表》的记载一致。

原审认为,××镇政府具有对××区××镇辖区内村民建房的管理职责。××镇政府根据生效的行政判决,在重新作出具体行政行为的过程中,调查收集了新证据,并在判决生效后20日内作出被诉不予许可决定,程序并无不当。《××市河道管理条例》第三十六条规定,在河道管理范围内不得搭建房屋、棚舍等建筑物或者构筑物。本案中,××镇政府在启动作出被诉不予许可决定程序后,进行了现场勘查丈量,并调取了金××户199×年宅基地登记的原始记录及水务主管部门制作的×××号河河道蓝线图,能够形成证据锁链,证明金××户宅基地位置即华××现申请建房位置位于×××号河河道规划蓝线范围内,属于×××号河河道管理范围内。据此,华××的建房申请有违《××市河道管理条例》第三十六条的规定。××镇政府依据《管理办法》第十三条、《中华人民共和国行政许可法》(以下简称《行政许可法》)第三十八条第二款等规定作出被诉不予许可决定,适用法律并无不当。鉴于××镇政府作出被诉不予许可决定前,重新进行调查取证,并调取了新证据,故华××以被诉不予许可决定与前次不予行政许可决定依据的事实无差异为由主张被诉不予许可决定认定事实错误的意见不能成立,其要求撤销被诉不予许可决定并重作的诉讼请求依法不予支持。综上,依照最高人民法院《关于执行〈中华人民共和国行政诉讼法〉若干问题的解释》第五十六条第(四)项之规定,判决驳回华××的诉讼请求。华××不服,上诉至本院。

上诉人华××上诉称：原审判决认定事实不清，遗漏重要事实。在原审时，被上诉人××镇政府并未举证证明××区(原××区)××镇水利规划经××区人民政府批准依法生效，被上诉人也未能举证证明×××号河的蓝线范围是经过规划部门批准依法生效。另外，《××市河道管理条例》中所规定的河道管理范围应针对现有河道，而非本案中所涉规划中的河道，本案不能适用上述条例第三十六条的规定。被上诉人所作被诉不予许可决定，认定事实错误，适用法律不正确，故请求二审法院撤销原审判决，改判支持其原审诉讼请求。

被上诉人××镇政府辩称：《××市河道管理条例》第七条、第三十六条明确规定在河道管理范围之内不得进行任何房屋的搭建，包括其他一切棚舍等建筑物、构筑物的建设活动。上诉人申请原址分户翻建的位置处于×××号河的蓝线范围内，故被上诉人作出的不予许可决定认定事实清楚，适用法律正确，请求二审法院驳回上诉，维持原审判决。

二审审理期间，被上诉人××镇政府仍以一审时已向原审法院提供的职权、事实、法律和程序方面的证据和依据证明其作出被诉不予许可决定合法。本院对被上诉人提供的证据和依据进行了全面审查，并听取了各方当事人的诉讼意见，查明原审判决认定的事实无误，本院予以确认。

本院认为，被上诉人××镇政府依法具有对××市××区××镇辖区内村民建房的管理职能，具有受理和处理本案翻建房屋申请的行政职责。《××市河道管理条例》第三十六条规定，在河道管理范围内不得搭建房屋、棚舍等建筑物或者构筑物。本案中，被上诉人向法院提供了金××户宅基地资料、现场勘察丈量情况、宅村图、×××号河道规划蓝线图等证据，证明×××号河规划已经××市水务局行业审核，上诉人申请翻建的房屋位于××市××区水务局的×××号河河道蓝线范围内，故被上诉人作出的被诉不予许可决定证据充分，认定事实基本清楚。被上诉人据此认定上诉人房屋翻建申请有悖《××市河道管理条例》第三十六条的规定，遂依据《管理办法》第十三条、《行政许可法》第三十八条第二款等规定作出不予许可决定，适用法律并无不当。诉讼中，上诉人对被上诉人认定的事实和适用的法律提出了异议，但未能提供充分的证据证明被上诉人作出被诉不予许可决定违法，故上诉人关于被诉不予许可决定认定事实不清、适用法律错误的主张，本院不予采纳。

综上，原审法院判决驳回上诉人华××的诉讼请求并无不当，本院应予维持。上诉人的上诉请求及理由，缺乏事实和法律依据，本院不予支持。据此，依照《中华人民共和国行政诉讼法》第六十一条第(一)项之规定，判决如下：

驳回上诉，维持原判。

上诉案件受理费人民币50元，由上诉人华××负担(已付)。

本判决为终审判决。

【律师评述】

本案判决书中的这一段，让我们完整了解了这个案件看起来短暂但实际案件却经历了漫长过程："199×年××月原××县人民政府向华××的公公金××颁发了《××市农村宅基地使用证》，土地坐落×乡×村×队，地号××，核定使用面积×××平方米。根据该户宅基地使用权审查表的记载：户主为金××，华××为该户立基人口。201×年×月××日，华××向××区××镇××村民委员会提出原址分户翻建申请，经行政复议等救济程序后，××镇政府于201×年××月×日作出编号201×1200××《不予行政许可决定书》。华××不服，提起行政诉讼，要求撤销上述不予行政许可决定。201×年××月××日，××市第×中级人民法院作出终审判决，确认××镇政府作出的编号201×1200××不予行政许可决定主要证据不充分、法律适用错误，一审判决撤销并责令××镇政府在判决生效后20日内重新作出具体行政行为的判决结果应予维持。××镇政府于201×年××月××日作出编号201×1100××《不予行政许可决定书》(以下简称不予许可决定)，认定：华××于201×年×月××日向××镇政府提出农民自建房分户翻建申请及提交申请材料。经审查，其申请原地分户翻建地址位于金××户宅基地所在位置，金××户宅基地位置以199×年宅基地使用权登记时为准。根据200×年×月××日××市水务局向原××区水务局下发《关于行业审核意见的通知》附件《××镇水系规划控制要素表》载明：×××号河属于××镇三级河道规划，规划河道规模的陆域控制宽度为10m×2，即河道两岸各10米。其申请原址分户翻建位置位于×××号河的陆域控制范围内，与《××市河道管理条例》第三十六条的规定相悖。根据《××市农村村民住房建设管理办法》(以下简称《管理办法》)等有关规定，决定对华××的农民自建房分户翻建不予行政许可。华××不服，诉至原审法院，要求撤销上述决定并重作。"

从以上内容中，我们知道华女士的诉讼实际经历了两次一审、两次二审，本案例展现的是其第二次上诉的案件的二审。

从案件内容中，我们可以看出，华女士在经历了第一次起诉，第一次一审、二审的胜诉，但在镇政府根据第一次诉讼的情况，依据判决依法重新做出了不予行政许可的行政行为之后，华女士的诉讼请求就没有像第一次那样得到一审、二审法院的支持。

从本案中，我们需要借鉴法院对行政案件中的被诉行政行为审查条件，以提高行政行为的质量，尤其是行政行为的合法性，避免做出行政行为的主要证据不充分、法律适用错误，导致法院判决撤销的严重后果。

而行政行为的相对人，在提起行政诉讼时，也需要进行论证。本案中，经历两次的起诉，四次的审理判决，前后结果迥然不同。作为提起诉讼的行政相对人，也需要根据案件情况，认理但不认死理。在行政机关依法纠正自己的行为后，也要及时息诉，以避免浪费自己的大量时间和精力，有时可能也会严重影响自己的工作和生活，给自己的正常生活蒙上阴影。

案例16　牟××与××市公安局××分局行政赔偿上诉案

【案情介绍】

牟女士和辛先生是多年的朋友，双方有多次商业往来。两人之间进行了多次原石交易。现双方因货款支付问题产生纠纷。

201×年××月××日晚，牟女士等人向派出所报案。派出所依法受理，进行了调查。

201×年××月××日，××市公安局××分局对辛先生以涉嫌诈骗予以刑事拘留。

201×年××月××日，公安××分局经侦查后认为，辛先生涉嫌诈骗一案没有犯罪事实，撤销该案，并将辛先生释放。

后经当地人民调解委员会调解，牟女士就一块10千克原石书面承诺于201×年××月××日前准备好人民币×××万元后再行协商。

201×年××月××日，该原石实际持有人柴先生将该10千克原石交派出所代为保管；因牟女士未能在约定时间带钱进行协商，派出所将10千克原石还给了柴先生。

之后，牟女士等人携款前往派出所要求换回10千克原石，派出所告知原石已交还柴先生。

201×年×月××日，牟女士向公安分局提出国家赔偿申请，要求赔偿因违法行政而遭受的原石损失、交通费、住宿费、误工费。公安分局做出行政赔偿决定，认为牟女士与辛先生之间因原石交易引发经济纠纷，牟女士无证据可以证明其所受损失系由公安分局侵犯所致，决定对牟女士的国家赔偿申请不予赔偿。牟女士不服，提起本案诉讼。一审法院判决驳回牟女士起诉。牟女士不服，提起上诉。

【行政上诉状】

上诉人(原审原告)：牟××，女，汉族，196×年××月×日生，住××市××区××镇××路×××号××室。

被上诉人(原审被告)：××市公安局××分局。

住所：××市××路××号。

法定代表人：×××，局长。

上诉请求：

请求二审法院撤销原审判决，支持上诉人原审诉讼请求。

事实与理由：

上诉人与辛××两人之间进行了多次原石交易。

上诉人与辛××双方因货款支付问题产生纠纷。

201×年××月××日晚牟××等人向××市公安局××分局××路派出所报案。派出所依法受理，进行了调查。

201×年××月××日，××市公安局××分局对辛××以涉嫌诈骗予以刑事拘留。

201×年××月××日，公安××分局经侦查后认为，辛××涉嫌诈骗一案没有犯罪事实，撤销该案，并于201×年×月××日将辛××释放。

上诉人认为辛××行为符合合同诈骗罪的构成要件，被上诉人怠于行使刑事司法权，将该刑事案件转化为民事纠纷违法，且被上诉人滥用行政权力，参与该起纠纷。被上诉人未依承诺保管10千克原石，导致该原石无法追回，造成上诉人损失，应当予以赔偿。故请求二审法院撤销原审判决，支持上诉人原审诉讼请求。

【法院判决】

上诉人牟××因行政赔偿一案，不服××市××区人民法院(201×)×行赔初字第×号行政赔偿判决，向本院提起上诉。本院于×月×日立案后，依法组成合议庭对本案进行了审理。本案现已审理终结。

原审查明，201×年×月，牟××结识了案外人辛××，两人之间进行了多次原石交易。201×年××月，双方因货款支付问题产生纠纷。201×年××月××日晚，××市公安局××分局××路派出所(以下简称××路派出所)接牟××等人报案，依法受理并进行调查。201×年××月××日，××市公安局××分局(以下简称公安××分局)对辛××以涉嫌诈骗予以刑事拘留。201×年××月××日，公安××分局经侦查后认为，辛××涉嫌诈骗一案没有犯罪事实，决定撤销该案，并于201×年×月××日将辛××释放。201×年××月××日，经××市××区××路街道人民调解委员会调解，牟××就一块10千克原石书面承诺于201×年××月××日前集齐人民币×××万元后再行协商。201×年××月××日，该原石实际持有人柴××(案外人)将该10千克原石交付××路派出所代为保管，因牟××未能如约携带钱款再次进行协商，且柴××多次催促，××路派出所于201×年×月×日将10千克原石交还给了柴××。

之后，牟××等人携×××万元前往××路派出所要求换回10千克原石，被告知该原石已交还柴先生。201×年×月××日，牟××向公安××分局提出国家赔偿申请，请求赔偿因违法行政而遭受的原石损失×××万元，以及交通费、住宿费、误工费×××万元。公安××分局于同年×月××日作出了×公(×)行赔字[201×]×××号行政赔偿决定(以下简称被诉行政赔偿决定)，认为牟××与辛××之间系因原石交易引发经济纠纷，牟××并无证据可以证明其所受损失系由公安××分局侵犯所致，遂根据《中华人民共和国国家赔偿法》第二条第一款及第十三条第一款的规定，决定对牟××的国家赔偿申请不予赔偿。同年×月×日、×月××日，公安××分局两次以挂号信方式将上述决定书邮寄送达牟××。牟××不服，诉至原审法院，请求撤销被诉行政赔偿决定并赔偿其原石损失×××万元及交通费、住宿费、误工费×××万元。

原审认为，《中华人民共和国国家赔偿法》第二条第一款规定："国家机关和国家机关工作人员行使职权，有本法规定的侵犯公民、法人和其他组织合法权益的情形，造成损害的，受害人有依照本法取得国家赔偿的权利。"故当事人有权取得行政赔偿的前提是国家机关或其工作人员实施了《中华人民共和国国家赔偿法》第三条、第四条规定的侵犯当事人合法权益的行为，并造成当事人的损害，且该行为与损害之间应有直接因果关系。××路派出所接牟××等人报案指控辛××涉嫌诈骗犯罪，当日××路派出所即依法受理并进行调查，对辛××以涉嫌诈骗予以刑事拘留，公安××分局经侦查后认为，辛××涉嫌诈骗一案没有犯罪事实，故决定撤销该案，并释放了辛××，这是公安机关依照《中华人民共和国刑事诉讼法》的有关规定所作出的处理结果，牟××和辛××之间因原石交易所引发的经济纠纷，可以通过民事诉讼途径予以解决。本案中涉及的10千克原石问题，系柴××自愿交到××路派出所，该所予以保管并出面调解的本意在于解决纠纷，对于该原石的归属，公安机关无权作出判定。牟××有书面承诺，因牟××未如期携带钱款前去协商，××路派出所将该原石交还柴××并无不妥。牟××要求就原石损失、交通费、住宿费、误工费等予以赔偿，但上述费用并非公安××分局的行为所致，且未能提供充分证据证明公安××分局的行为与其损害之间存在直接的因果关系。公安××分局所作的不予赔偿决定并无不当，牟××要求公安××分局赔偿各项损失合计××××万元，缺乏事实证据和法律依据。原审法院依照《中华人民共和国国家赔偿法》第二条第一款、第十五条第一款和最高人民法院《关于审理行政赔偿案件若干问题的规定》第三十三条之规定，判决驳回牟××的诉讼请求。牟××不服，向本院提起上诉。

上诉人牟××诉称，辛××行为符合合同诈骗罪的构成要件，被上诉人公安××分局怠于行使刑事司法权，将该刑事案件转化为民事纠纷违法，且被上诉人滥用行政权力，参与该起纠纷。被上诉人未依承诺保管10千克原石，导致该原石无法追回，造成上诉人损失，应当予以赔偿。故请求二审法院撤销原审判决，支持其原审诉讼请求。

被上诉人公安××分局辩称，上诉人牟××提出辛××行为构成合同诈骗犯罪的意见不属于行政赔偿案件的处理范围；上诉人与辛××因原石买卖发生的争议系民事纠纷，可以通过民事诉讼解决。被上诉人为化解纠纷，维护社会稳定，参与调解，因上诉人未按约定时间携带×××万元至××路派出所，10 千克原石由柴××取回，被上诉人未实施侵害上诉人的行为，上诉人要求被上诉人承担行政赔偿责任的理由不能成立。故请求二审法院驳回上诉，维持原判。

经审理查明，原审判决认定事实基本无误，本院予以确认。

本院认为，赔偿请求人单独提起行政赔偿诉讼的，应当符合《中华人民共和国国家赔偿法》和最高人民法院《关于审理行政赔偿案件若干问题的规定》的相关规定。

根据最高人民法院《关于审理行政赔偿案件若干问题的规定》第一条规定，行政违法行为指与行政机关及其工作人员行使行政职权有关的，给公民、法人或者其他组织造成损害的，违反行政职责的行为。上诉人提出辛××行为符合合同诈骗罪，被上诉人不予追究刑事责任，造成其损失。本院认为，被上诉人作为公安机关在本案中是否应当履行刑事侦查职责，并非其行政职责范围，不属于行政审判权限范围，不能构成行政赔偿的前提条件。因此，上诉人据此提出行政赔偿请求，不符合法律规定。

根据最高人民法院《关于审理行政赔偿案件若干问题的规定》第二十一条第(四)项规定，赔偿请求人单独提起行政赔偿诉讼，应当提交相应的证据证明被上诉人实施了加害行政行为，且该行为已被确认为违法的事实。上诉人对此并未提交相应的证据予以证明。因此，上诉人单独提起本案行政赔偿诉讼，缺乏相应的事实根据。

综上，原审法院判决驳回上诉人要求撤销被诉行政赔偿决定并要求对其原石损失及相关损失予以赔偿的请求，并无不当，本院可予维持。上诉人的上诉请求及理由，缺乏事实根据和法律依据，本院不予支持。据此，依照《中华人民共和国行政诉讼法》第六十一条第(一)项、最高人民法院《关于审理行政赔偿案件若干问题的规定》第一条、第二十一条第(四)项之规定，判决如下：

驳回上诉，维持原判。

一、二审案件受理费各计人民币 50 元，均退还上诉人牟××。

本判决为终审判决。

【律师评述】

本案需要区分行政行为与刑事侦查的不同，需要界定公安机关在本案中的行为是行政行为还是刑事侦查行为，这两个行为的法律依据不同。行政行为则受《中华人民共和国行政诉讼法》规范，刑事侦查则应依据《中华人民共和国刑事诉讼法》而为。

《中华人民共和国国家赔偿法》第二条第一款规定："国家机关和国家机关工作人员行使职权，有本法规定的侵犯公民、法人和其他组织合法权益的情形，造成损害的，受害人有依照本法取得国家赔偿的权利。"故当事人有权取得行政赔偿的前提是国家机关或其工作人员实施了《中华人民共和国国家赔偿法》第三条、第四条规定的侵犯当事人合法权益的行为，并造成当事人的损害，且该行为与损害之间应有直接因果关系。

而本案中派出所接牟女士等人报案指控辛先生涉嫌诈骗犯罪，当日派出所即依法受理并进行调查，对辛先生以涉嫌诈骗予以刑事拘留。公安分局经侦查后认为，辛先生涉嫌诈骗一案没有犯罪事实，决定撤销该案，并释放了辛先生。这是公安机关依照《中华人民共和国刑事诉讼法》的有关规定所作出的处理结果，并非行政行为。

牟女士和辛先生之间因原石交易所引发的经济纠纷，系民事纠纷，应通过民事诉讼途径予以解决。对于原石的归属，公安机关无权作出判定，应由法院依法认定。

同时，我们需要明确，公安机关是否应当履行刑事侦查职责，并非其行政职责范围，不属于行政审判权限范围，不能构成行政赔偿的前提条件。因此，上诉人据此提出行政赔偿请求，不符合法律规定，法院判决其败诉也就顺理成章了。

案例 17　肖××与××市公安局××分局交通警察支队道路交通行政处罚决定上诉案

【案情介绍】

肖先生驾驶轿车至××市××区××路××路西约 80 米，将车停下后离开，该处并未画停车泊位。交警支队执勤交警巡逻中发现驾驶人不在现场，便开具《违法停车告知单》并粘贴在车上，要求驾驶员于 3 日后 15 日内到交警支队接受处理。

交警支队告知肖先生拟作出行政处罚的事实、理由及依据，并告知其依法享有的权利。肖先生提出陈述申辩。交警支队经复核后作出《公安交通管理行政处罚决定书》，依旧认定肖先生实施机动车违反规定停放、临时停车且驾驶人不在现场，妨碍其他车辆、行人通行的违法行为，违反了《中华人民共和国道路交通安全法》第五十六条、《中华人民共和国道路交通安全法实施条例》第六十三条的规定，决定处以人民币 200 元罚款。

肖先生缴纳罚款，但对此不服，向区人民政府提起行政复议。复议维持交警支队处罚决定。肖先生不服，诉至法院。法院一审，驳回肖先生起诉。肖先生仍不服，提起上诉。

【行政上诉状】

上诉人(原审原告)：肖××，男，汉族，197×年××月×日生，住××市××区××镇××路×××号××室。

被上诉人(原审被告)：××市公安局××分局交通警察支队。

住所：××市×××路××号。

法定代表人：×××，支队长。

上诉请求：

请求二审法院撤销一审判决，改判支持上诉人原审诉讼请求。

事实与理由：

上诉人认为，上诉人当天停放车辆的道路上没有禁止停车标识，亦未收到过《违法停车告知单》，被上诉人更未提供作出《违法停车告知单》的证据；被上诉人对所谓违章停车照片来源解释不一，对上诉人违法时间的认定不一；被上诉人在行政复议和行政诉讼中对粘贴《违法停车告知单》和拍照取证的顺序陈述不一，对按简易程序还是按一般程序作出被诉处罚决定陈述不一；被上诉人提供的照片只有一人参与调查，违反一般程序要求两名以上警察参与调查的规定；被上诉人未按照法定程序将复核结果在笔录中予以注明，且作出被诉处罚决定距离上诉人接受处罚之时超过二十四小时；上诉人对执法人员的执法资质亦有异议；根据《中华人民共和国行政处罚法》第 27 条“违法行为轻微并及时纠正，没有造成危害后果的，不予处罚”的规定，被上诉人对上诉人处于罚款 200 元的处罚不当。故上诉请求二审法院撤销一审判决，改判支持上诉人原审诉讼请求。

【法院判决】

上诉人肖××因道路交通行政处罚决定一案，不服××市××区人民法院(201×)×行初字第×××号行政判决，向本院提起上诉。本院于 201×年××月×日立案后，依法组成合议庭，于 201×年××月××日公开开庭审理了本案。上诉人肖××，被上诉人××市公安局××分局交通警察支队(以下简称××交警支队)的委托代理人×××、×××到庭参加了诉讼。本案现已审理终结。

原审查明，肖××于 201×年×月××日××时许驾驶××小型轿车至××市××区××路××路西约 80 米，其将该车停放于此后离开，该处并未画停车泊位。××交警支队执勤交警巡逻至此，发现驾驶人不在现场，交警随即开具《违法停车告知单》(以下简称《告知单》)并粘贴在车上，要求驾驶员于 3 日后 15 日内到××交警支队接受处理。201×年×月×日，××交警支队告知肖××拟作出行政处罚的事实、理由及依据，并告知其依法享有的权利。肖××提出陈述申辩。××交警支队经复核后于×月×日作出××公交决字[201×]第××××××号《公安交通管理行政处罚决定书》(以下简称被诉处罚决定)并邮寄送达肖××，认定肖××实施机动车违反规定停放、临时停车且驾驶人不在现场，妨碍其他车辆、行人通行的违法行为，违反了《中华人民共和国道路交通安全法》(以下简称《交通安全法》)第五十六条、《中华人民共和国道路交通安全法实施条例》第六十三条的规定，依据《交通安全法》第一百一十四条、第九十三条第二款的规定，决定处以人民币 200 元罚款。肖××缴纳罚款，但对此不服，向××市××区人民政府提起行政复议，因复议维持，故诉至法院。

肖××原审诉称，被诉处罚决定程序不合法，被上诉人未按照规定粘贴《告知单》；其无恶意停车之故意，客观上也未妨碍其他车辆或行人通行，情节轻微，××交警支队作出被诉处罚决定显失公平，处罚过重，故起诉请求撤销被诉处罚决定并判令××交警支队返还 200 元罚款。

××交警支队原审辩称，肖××违法停车侵犯其他交通通行者的道路使用权，事发地点路幅较窄，不具备设置停车泊位的条件，××交警支队在特定时段指挥社会车辆在该路段停车。执勤交警在车辆左侧挡风玻璃上粘贴了《告知单》，被诉处罚决定认定事实清楚，适用法律正确，程序合法，处罚合理，请求维持被诉处罚决定。

原审认为，××交警支队依法具有对其辖区内道路交通安全违法行为予以处罚的行政职权。

本案双方对201×年×月××日××时许肖××将某小型轿车停放在××市××区××路××路西约80米处且道路并未画停车泊位的事实无争议，双方争议焦点在于××交警支队执法程序是否合法、行政处罚是否显失公正。

肖××所驾车辆停放处无停车泊位，交警发现后因驾驶人并不在现场，无法对其进行口头警告并责令其立即驶离，遂当场粘贴《告知单》并采取拍照方式固定相关证据后，依照《交通安全法》第九十三条第二款规定，对肖××作出被诉处罚决定，认定事实基本清楚、适用法律正确。违法行为发生地靠近学校附近，道路通行顺畅与否对于确保周围学生的安全尤为重要，肖××作为机动车驾驶人，理应遵守相关道路交通法律、法规，不影响其他车辆和行人的正常通行，尤其不能在没有停车泊位的情况下违反规定将车辆停放在学校周边道路旁。××交警支队根据违法行为发生的地点、行为的性质及情节等因素的考量，对肖××处以罚款200元，裁量幅度合理。原审法院同时指出，××交警支队在相关行政处罚告知笔录中记载肖××的违法行为系被电子监控设备抓拍，与事实不符。××交警支队应在以后的执法工作中对于相关法律文书的制作更加规范和严谨，以提高执法水平。

××交警支队依照《道路交通安全违法行为处理程序规定》第十二条、第四十六条、第四十九条的规定，适用一般程序进行处罚，并告知肖××违法行为的事实、拟作出的行政处罚的内容及依据，听取其陈述和申辩，并进行复核后在法定期限内作出被诉处罚决定并予以送达，并无明显不当。肖××以××交警支队在复议过程中陈述适用的程序依据与本案被诉处罚决定适用的程序依据不符为由，认为××交警支队执法程序不合法的意见，不予采纳。

原审法院认为肖××起诉要求撤销××交警支队作出被诉处罚决定的诉讼请求缺乏事实证据及法律依据。因具体行政行为并无违法之处，肖××一并提出的行政赔偿请求，亦不予支持。原审法院遂依照最高人民法院《关于执行〈中华人民共和国行政诉讼法〉若干问题的解释》第五十六条第（四）项、最高人民法院《关于审理行政赔偿案件若干问题的规定》第三十三条之规定，判决驳回肖××的诉讼请求。判决后，肖××不服，向本院提起上诉。

上诉人肖××诉称，当天停放车辆的道路上没有禁止停车标识，其未收到过

《告知单》，被上诉人亦未提供作出《告知单》的证据；被上诉人对照片来源解释不一，对上诉人违法时间的认定不一；被上诉人在行政复议和行政诉讼中对粘贴《告知单》和拍照取证的顺序陈述不一，对按简易程序还是按一般程序作出被诉处罚决定陈述不一；被上诉人提供的照片只有一人参与调查，违反一般程序要求两名以上警察参与调查的规定；被上诉人未按照法定程序将复核结果在笔录中予以注明，且作出被诉处罚决定距离上诉人接受处罚之时超过 24 小时；上诉人对执法人员的执法资质有异议；根据《中华人民共和国行政处罚法》第二十七条"违法行为轻微并及时纠正，没有造成危害后果的，不予处罚"的规定，被上诉人对上诉人处于罚款 200 元的处罚不当。故上诉请求二审法院撤销一审判决，改判支持上诉人原审诉讼请求。

被上诉人××交警支队辩称，上诉人停车处未画停车泊位，照片可以证明执勤民警在上诉人车辆上粘贴了《告知单》；执勤民警所携计时设备与照片拍摄设备的时间设置存在差异致被诉处罚决定认定时间与照片时间不完全一致；执勤民警具有执法资质；被上诉人将复核结果记入复核结果告知笔录，并向上诉人予以了电话告知，符合规定；上诉人于周六接受处理，被上诉人于周一作出被诉处罚决定，没有违反办案期限的规定；被诉处罚决定认定事实清楚、程序适当、适用法律正确，请求二审法院驳回上诉，维持原判。

二审庭审中，被上诉人××交警支队仍以一审时已向原审法院提供的职权、事实、法律和程序方面的证据、依据证明其作出被诉处罚决定的行政行为合法。本院对被上诉人作出被诉处罚决定的行政行为进行了全面审查，并听取了当事人的诉、辩称意见后查明，原审查明的事实无误，本院予以确认。

本院认为，根据《交通安全法》第五条第一款规定，国务院公安部门负责全国道路交通安全管理工作；县级以上地方各级人民政府公安机关交通管理部门负责本行政区域内的道路交通安全管理工作。据此，被上诉人××交警支队作为本市××区公安机关交通管理部门具有作出本案被诉处罚决定的法定职权。

根据《交通安全法》第五十六条及第三十三条的规定，机动车应当在规定地点停放，禁止在人行道上停放机动车；除在城市道路范围内，在不影响行人、车辆通行的情况下，政府有关部门画停车泊位的除外。《交通安全法》第九十三条第二款规定，机动车驾驶人不在现场或者虽在现场但拒绝立即驶离，妨碍其他车辆、行人通行的，处 20 元以上 200 元以下罚款。本案中，上诉人对其于 201×年×月××日××时××分许在××区××路××路西约 80 米停放车辆、驾驶人不在现场、该路段并无画停车泊位等事实无异议，上诉人的行为违反了车辆停放的相关规定。上诉人于 201×年×月×日到被上诉人处接受处理，被上诉人适用一般程序对上诉人进行了行政处罚事先告知，听取了上诉人的陈述申辩，在经复核并告知上诉人复核结果后，于 201×年×月×日作出被诉处罚决定并送达上诉人，认定上诉人的行为妨碍其他车辆、行人通行，依据上述法律等规定罚款200元，事实清楚、适用法律正确，程序并无明显不当。上诉人作为机动车驾驶人应明知违法停车的法律后果，裁量幅度的问题，原审法院已作详尽阐述，本院不再赘述。

行政处罚告知笔录中记载上诉人的违法行为“被电子监控设备抓拍”，诉讼中被上诉人明确上诉人的违法行为由执勤交警拍摄而固定，行政处罚告知笔录中“被电子监控设备抓拍”的记载表述不当。关于被诉处罚决定与《告知单》认定上诉人肖××：××分停放车辆，而显示车辆违法停放的照片时间为××：××分和××：××分的问题，被上诉人关于不同设备时间设置不同导致误差的辩称意见，可予采信。同时本院认为，未按规定停放车辆系持续某个时间段的违法行为，而相关文书仅记载了特定时间点，该时间的误差尚属正常范围，但被上诉人在以后的工作中应要求相关设备尽量准确、一致。根据《中华人民共和国行政诉讼法》第三十二条、第五十四条等的规定，行政诉讼中的被告应当提供作出具体行政行为时的证据，人民法院对具体行政行为作出的职权、事实证据、适用法律及程序进行审查。行政机关在行政复议中的辩称意见并非具体行政行为合法性的司法审查要件，但被上诉人作为行政机关，应严格根据证据进行陈述、反映情况，避免行政相对人对执法行为产生不必要的误解。

上诉人主张其未收到《告知单》且被上诉人未粘贴《告知单》，复核结果未记入笔录且被上诉人在其接受处理后超过24小时作出处罚决定，被诉处罚决定程序违法的意见，不予采信。上诉人于周六至被上诉人处接受处理，被上诉人听取陈述申辩并经复核后于周一作出被诉处罚决定，尚属合理，且被上诉人已将复核结果向上诉人进行了告知，故不足以此为由撤销被诉处罚决定。被诉处罚决定未被确认违法或撤销，上诉人请求返还罚款200元亦依据不足。

综上，原审判决驳回上诉人的诉讼请求，并无不当，本院应予维持。上诉人的上诉请求，缺乏事实和法律依据，本院难以支持。根据《中华人民共和国行政诉讼法》第六十一条第(一)项之规定，判决如下：

驳回上诉，维持原判。

上诉案件受理费人民币50元，由上诉人肖××负担(已付)。

本判决为终审判决。

【律师评述】

交警对违章停车的处罚，我们可能或多或少都遇到过，也基本认可和接受交警的处罚。很少质疑。

但从本案中，却被发现有很多质疑的地方。虽然结果是不能改变的，违法停车是事实，但需要警觉和吸取的是，即使是司空见惯和较为普遍认为简单的交通违法处罚,如出现程序瑕疵,对一个行政行为来讲,可能也是致命的。

分析本案,注意到本案判决书中的三段话:① 上诉人肖××诉称,当天停放车辆的道路上没有禁止停车标识,其未收到过《告知单》,被上诉人亦未提供作出《告知单》的证据;被上诉人对照片来源解释不一,对上诉人违法时间的认定不一;被上诉人在行政复议和行政诉讼中对粘贴《告知单》和拍照取证的顺序陈述不一,对按简易程序还是按一般程序作出被诉处罚决定陈述不一;被上诉人提供的照片只有一人参与调查,违反一般程序要求两名以上警察参与调查的规定;被上诉人未按照法定程序将复核结果在笔录中予以注明,且作出被诉处罚决定距离上诉人接受处罚之时超过 24 小时;上诉人对执法人员的执法资质有异议。② ××交警支队在相关行政处罚告知笔录中记载肖××的违法行为系被电子监控设备抓拍,与事实不符,××交警支队应在以后的执法工作中对于相关法律文书的制作更加规范和严谨,以提高执法水平。③ 行政处罚告知笔录中记载上诉人的违法行为"被电子监控设备抓拍",诉讼中被上诉人明确上诉人的违法行为由执勤交警拍摄而固定,行政处罚告知笔录中"被电子监控设备抓拍"的记载表述不当。关于被诉处罚决定与《告知单》认定上诉人肖××:××分停放车辆,而显示车辆违法停放的照片时间为××:××分和××:××分的问题,被上诉人关于不同设备时间设置不同导致误差的辩称意见,可予采信。同时本院认为,未按规定停放车辆系持续某个时间段的违法行为,而相关文书仅记载了特定时间点,该时间的误差尚属正常范围,但被上诉人在以后的工作中应要求相关设备尽量准确、一致。这三段内容均从不同角度对本案中交警处罚违章停车的行政行为提出了质疑和建议,说明类似交警执法、处罚违章停车等看似简单的行为,一旦上升到法律层面的诉讼,用法律的放大镜去审视,仍旧有许多需要完善和提高的地方。

案例18 于××诉××市交通委员会撤销行政许可决定及国家赔偿上诉案

【案情介绍】

于先生将车辆额度转让给了王先生,并收取了转让款。

后王先生又将该车辆额度转让给了宁先生。

宁先生向原所在市交通运输和港口管理局申请颁发出租汽车经营许可证,同时提交个体工商户名称预先核准通知书及于先生户籍证明材料、驾驶证及其他相关材料和证明、车辆转让协议、停车场地证明及出租汽车个体工商户委托管理协议、于先生的道路运输经营许可证等材料,原市交港局经审核后向××市××区宁先生所属出租汽车服务社颁发编号为交通港航准予行政许可决定书,认定提交的申请材料齐全,符合《国务院对确需保留的行政审批项目设定行政许可的决定》《建设部关于纳入国务院决定的十五项行政许可的条件的规定》及《××市出租汽车管理条例》《××市出租汽车个体工商户委托管理规定》规定的条件、标准,根据《中华人民共和国行政许可法》的规定,准予经营出租汽车客运服务。宁先生予以签收。后原市交港局又向宁先生颁发《××市出租汽车经营资格证书》。于先生诉至原审法院,主张宁先生取得行政许可侵犯了于先生的合法权益,行政许可依法应当予以撤销,并将相关的行政许可颁应当发给于先生;具体行政行为不合法导致于先生无法将运营车辆进行交易,并不得不为此支付违约金,根据国家相关法律规定,其有权请求国家赔偿。

一审判决于先生败诉。于先生不服,提起了上诉。

【行政上诉状】

上诉人(原审原告):于××,196×年×月×生,汉族,住××市××路××号×××室。

被上诉人(原审被告):××市交通委员会。

住所:××市××路×××号。

法定代表人:×××,主任。

原审第三人:宁××,196×年××月×生,汉族,住××市××路××号×××室。

上诉请求：

请求二审法院撤销××法院作出的(201×)××××行初×××号行政判决书判决，改判支持上诉人原审诉讼请求或发回重审。

事实与理由：

原审认定事实错误。被上诉人向原审第三人核发行政许可侵犯了上诉人的合法权益，行政许可依法应当予以撤销，应将相关的行政许可颁发给上诉人。被上诉人具体行政行为不合法致上诉人无法将运营车辆进行交易，并为此支付违约金，根据国家相关法律规定，上诉人有权请求国家赔偿。

被上诉人向原审第三人作出的行政许可中涉及的车辆转让协议并非上诉人和原审第三人所签订，原审第三人申请主体不合法；被上诉人作出被诉行政许可决定违反法定程序，被上诉人应向上诉人核发准予经营出租汽车客运服务的许可证；原审判决程序违法。故上诉请求二审法院撤销原判，改判支持上诉人原审诉讼请求。

【法院判决】

上诉人于××因要求撤销行政许可决定及国家赔偿一案，不服××市××区人民法院(201×)×行初字第×××号行政判决，向本院提起上诉。本院于201×年×月××日立案后，依法组成合议庭，于201×年×月××日公开开庭审理了本案。上诉人于××，被上诉人××市交通委员会(以下简称市交通委)的委托代理人×××、×××，原审第三人宁××到庭参加了诉讼。本案现已审理终结。

原审查明，两份车辆转让协议可以相互印证，证实于××有出让出租汽车额度的意思表示，已将车辆额度转让给了王××，并承认已收取人民币××万元；后王××又将该车辆额度转让给了宁××。宁××于201×年××月××日向原××市交通运输和港口管理局(以下简称原市交港局)申请颁发出租汽车经营许可证，同时提交个体工商户名称预先核准通知书及宁××的户籍证明材料、驾驶证及其他相关材料和证明、车辆转让协议、停车场地证明及出租汽车个体工商户委托管理协议、于××的道路运输经营许可证等材料，原市交港局经审核后于201×年×月×日向××市××区宁××所属出租汽车服务社颁发编号为×交(市容)许字(201×)第××××号××市交通港航准予行政许可决定书(以下简称被诉行政许可决定)，认定提交的申请材料齐全，符合：《国务院对确需保留的行政审批项目设定行政许可的决定》《建设部关于纳入国务院决定的十五项行政许可的条件的规定》《××市出租汽车管理条例》《××市出租汽车个体工商户委托管理规定》规定的条件、标准，根据《中华人民共和国行政许可法》(以下简称《行政许可法》)第三十四条第一款、第三十八条第一款的规定，准予经营出租汽车客运服务。宁××予以签收。201×年×月×日，原市交港局又向宁××颁发《××市出租汽车经营资格证书》，有效期为×个月，至201×年×月×日止。201×年×月底，于××诉至原审法院，主张向宁××核发行政许可侵犯了于××的合法权益，行政许可依法应当予以撤销，并将相关的行政许可颁发给于××；具体行政行为不合法致于××无法将运营车辆进行交易，并不得不为此支付违约金，根据国家相关法律规定，其有权请求国家赔偿。故起诉请求：1. 撤销市交通委作出被诉行政许可决定的具体行政行为；2. 判令市交通委作出准予于××经营出租汽车客运服务的行政许可决定，并颁发相应的经营资质证；3. 判令市交通委赔偿××××××元。

原审认为，《××市出租汽车管理条例》第四条第一款、第十三条规定，××市城市交通管理局是本市出租汽车行业的行政主管部门，从事客运服务的企业或个人，应当向××市城市交通管理局提出申请。后经机构改革，××市城市交通管理局的职责归入原市交港局，后行政机构调整，原市交港局组建为市交通委，相关职责整合划入市交通委。因此，原市交港局行政职权由市交通委承受。市交通委是本案的适格被告。市交通委根据于××与宁××之间出租汽车额度转让协议而颁发行政许可，因此，于××与被诉具体行政行为有法律上的利害关系，具有诉讼主体资格。市交通委根据《××市出租汽车管理条例》第十条、第十一条、第十三条、第十四条规定，同时结合《行政许可法》及《国务院对确需保留的行政审批项目设定行政许可的决定》之行政许可目录第112项以及其他相关的规定，对宁××提交的相关材料进行了审核，其中的车辆转让协议虽不是双方直接签订，但于××确已将该出租汽车的额度转让他人。在市交通委收取的材料中，有于××的道路运输经营许可证等材料，因此，市交通委有理由相信，于××已将该车辆额度予以转让，市交通委向宁××核发被诉行政许可决定并无不当，也未侵害于××的合法权利。于××提出的要求市交通委向其颁发经营出租汽车客运服务的行政许可决定和相应的经营资质证的诉讼请求不属本案审理范围，不予处理。另外，关于国家赔偿的问题，于××未能出示有效证据，证明市交通委的具体行政行为侵害了其合法的财产权利，造成其财产损失，因此，于××主张国家赔偿的诉讼请求也难以支持。原审法院遂依照最高人民法院《关于执行〈中华人民共和国行政诉讼法〉若干问题的解释》第五十六条第（四）项、《中华人民共和国国家赔偿法》第二条第一款之规定，判决驳回于××要求撤销被诉行政许可决定的诉讼请求；驳回于××要求市交通委作出国家赔偿以及作出准予于××经营出租汽车客运服务的行政许可决定，并颁发相应的经营资质证的诉讼请求。判决后，于××不服，上诉于本院。

上诉人于××诉称，原审认定事实错误，被上诉人向第三人作出的行政许可中涉及的车辆转让协议并非上诉人和第三人所签订，第三人申请主体不合法；被上诉人作出被诉行政许可决定违反法定程序，被上诉人应向上诉人核发准予经营出租汽车客运服务的许可证；原审判决程序违法。故上诉请求二审法院撤销原判，改判支持上诉人原审诉讼请求。

被上诉人市交通委辩称，坚持原审辩称意见。根据申请材料，被上诉人有理由相信上诉人已将客运车辆运营额度予以了转让，被上诉人向第三人作出的是有效期三个月的行政许可，有效期内完成真实的转让交易才能取得后续的车辆运营证，被上诉人并不审核车辆转让交易是否实际完成；对第三人的行政许可期限已经届满，上诉人再请求撤销该许可无意义；向上诉人核发许可和向第三人核发许可并无直接关联；上诉人提出过货转客申请，该申请审批通过后可以进行出租汽车客运服务经营行政许可申请，但上诉人未单独提出出租汽车客运服务经营行政许可申请。请求二审法院维持原判。

第三人宁××述称，坚持原审述称意见，原审判决认定事实清楚、适用法律正确，第三人按要求向被上诉人提交申请，被上诉人向第三人所作被诉行政许可行政行为合法，请求予以维持。

二审开庭审理中，被上诉人仍以其向原审法院提交的职权、事实、法律、程序等方面的证据和依据证明其作出被诉行政许可行政行为合法。本院就被上诉人作出的被诉行政许可行政行为合法性进行了全面审查，并在审理中充分听取了各方当事人的举、质证意见。经审理查明，原审判决认定的事实无误，本院依法予以确认。

本院认为，被上诉人作为目前市交通运输管理部门，承继原市交港局等的行政职权，具有对本市出租汽车客运予以日常管理和监督、对从事客运服务或者车辆租赁服务的企业和个人的申请经审核作出是否许可的职权。

《××市出租汽车管理条例》第十条和第十一条规定了从事客运服务的个体工商户和出租汽车驾驶员必须符合的条件。根据《××市出租汽车管理条例》第十三条的规定，从事客运服务或者车辆租赁服务的企业和个人，应当提出申请并且提供有关的文件和资料；交通行政管理部门应当在收到申请和有关的文件、资料后三十日内，根据本市出租汽车行业发展的计划以及申请者的条件作出审核决定。核准的，发给许可凭证；不核准的，书面通知申请人。201×年××月××日，第三人向被上诉人提交了行政许可申请书、第三人个体工商户名称预先核准通知书、居民户口本复印件及户籍证明、身份证、驾驶证、准营证、初中毕业证书、无犯罪记录证明、安全驾驶信用情况、停车场地证明、客运汽车转让协议等材料，被上诉人结合上诉人的道路运输经营许可证、准予上诉人个体工商户注销登记通知书、注销税务登记通知书等，经审核后认为第三人的申请符合规定，根据《行政许可法》第三十四条第一款、第三十八条第一款等的规定，于201×年×月×日作出准予第三人的个体工商户经营出租汽车客运服务的行政许可，并向第三人的个体工商户核发有效期至201×年×月×日的《××市出租汽车经营资格证书》，证据充分、适用法律正确、程序并无不当。根据《出租汽车个体工商户营运车辆过户办理流程》的规定，个体工商户在取得三个月有效期的个体工商户营运资格证书后需要与出让方至产权交易所办理交易手续，该环节系对车辆转让协议以及交易真实性的验证。另本案中，被上诉人向第三人核发的经营资格证有效期至上诉人向原审法院起诉时已经届满，上诉人再请求撤销缺乏依据，不予支持。

根据《中华人民共和国国家赔偿法》第二条的规定，当事人有权取得行政赔偿的前提是国家机关或其工作人员实施了《中华人民共和国国家赔偿法》第三条、第四条规定的侵犯当事人合法权益的行为，并造成当事人的损害，且该行为与损害之间应有直接因果关系。行政赔偿以行政行为的违法性为归责标准。上诉人要求被上诉人赔偿经济损失与法不符，难以支持。本案中，上诉人同时诉请判令被上诉人作出准予其经营出租汽车客运服务的行政许可并颁发相应资质证书，但该诉请与上诉人要求撤销被上诉人向第三人作出被诉行政许可决定非同一法律关系，不属本案审理范围，原审判决驳回上诉人该项诉请并无不当。综上，原审判决并无不当，本院予以维持。上诉人的上诉请求，缺乏依据，难以支持。据此，依照《中华人民共和国行政诉讼法》第六十一条第(一)项之规定，判决如下：

驳回上诉，维持原判。

上诉案件受理费人民币50元，由上诉人于××负担(已付)。

本判决为终审判决。

【律师评述】

本案中，于先生提出请求有三项：① 撤销市交通委作出被诉行政许可决定的具体行政行为；② 判令市交通委作出准予于先生经营出租汽车客运服务的行政许可决定，并颁发相应的经营资质证；③ 判令市交通委赔偿其支付的违约金损失。

其中，于先生要求市交通委向其颁发经营出租汽车客运服务的行政许可决定和相应的经营资质证的请求，应当另行申请，待交通委作出具体行政行为后，如其不服，方可提起诉讼。这个请求本身与于先生的第一个请求也不属于同一法律关系。本案中，法院认定不属本案审理范围，不予处理，是符合法律规定的。关于国家赔偿的问题，于先生需要有直接证据，证明市交通委的具体行政行为侵害了其合法的财产权利，造成其财产损失，才可能获得法院支持。同时获得国家赔偿的前提是于先生主张的第一个请求得到法院支持，撤销了被诉的具体行政许可行为，证明交通委的行政许可行为错误，且与于先生有证据证明的损失之间有因果关系。

案例 19　汪××不服××市公安局××分局交通警察支队处罚决定上诉案

【案情介绍】

汪先生驾车上班，路口拐弯时，被交警拦下。

交警以汪先生驾车在道路高峰时段，通过拥挤堵塞的事发路口时，不按所需行进方向进入导向车道，被当场罚款 100 元，记 2 分。

汪先生认为自己行为属于轻微违法行为，交警应依法给予口头警告后放行。且当天事发路口在高峰拥堵时段有几十辆车辆均未按所需行进方向驶入导向车道，交警均未给予处罚。交警在同样情况下只对汪先生做出的行为系违法执法。另外，交警在执法时装备不全，汪先生在现场等了半个小时后由另一交警送装备到现场，执法民警才对汪先生作出处罚，行政处罚程序违法。

汪先生当场签收了处罚决定书。

汪先生申请行政复议，复议决定维持原处罚决定。

汪××不服，为此提起行政诉讼，要求撤销××市公安局××分局交通警察支队作出的上述处罚决定。一审判决后仍不服，遂提起上诉。

【行政上诉状】

上诉人（原审原告）：汪××，男，汉族，197×年×月×日生，住××市××区××路××号×××室。

被上诉人（原审被告）：××市公安局××分局交通警察支队。

住所：××市××路××号。

法定代表人：×××，支队长。

上诉请求：

请求二审法院撤销原审判决，改判支持上诉人原审诉讼请求，即撤销被上诉人对上诉人做出的行政处罚决定，或发回重审。

事实与理由：

201×年×月××日上午×时上班交通高峰期间，上诉人驾车由×××路驶入××路，被交警拦下，后交警以上诉人在道路高峰时段，通过拥挤堵塞的事发路口，不按所需行进方向驶入导向车道，当场罚款100元，记2分。

上诉人认为自己属于轻微违法行为，依据《道路交通安全法》以及公安部《交通警察道路执勤执法工作规范》的有关规定，对轻微违法行为，交警给予口头警告后放行。

根据上诉人拍摄事发路口在高峰拥堵时段有几十辆车辆实施了与上诉人同样的行为，交警均未给予处罚。因此，被上诉人在同样情况下对上诉人做出的行为系违法执法。

另外，被上诉人的交警在执法时装备不全，让上诉人在现场等候半个小时后由另一警员送装备到现场，执法民警才对上诉人作出处罚，故被上诉人的行政处罚程序违法。

综上，请求二审法院撤销原审判决，改判支持上诉人原审诉讼请求，即撤销被上诉人对上诉人做出的行政处罚决定。

【法院判决】

上诉人汪××因交通行政处罚决定一案，不服××市××区人民法院(201×)×行初字第×××号行政判决，向本院提起上诉。本院于201×年×月××日立案后，依法组成合议庭，于201×年×月××日公开开庭审理了本案。上诉人汪××，被上诉人××市公安局××分局交通警察支队的委托代理人××、×××到庭参加诉讼。本案现已审理终结。

原审查明，201×年×月××日上午×时××分，汪××驾驶号牌为××××××的机动车辆在本市××路××路南约×米，实施机动车通过有灯控路口时，不按所需行进方向驶入导向车道，被××分局交通警察支队的交警拦下。交警随后向汪××告知了其违法行为并作出了处罚决定，编号为×××××××《公安交通管理简易程序处罚决定》载明：被处罚人汪××于201×年×月××日×时××分，在××路××路南约×米实施机动车通过有灯控路口时，不按所需行进方向驶入导向车道的违法行为(代码：××××××)，违反了《中华人民共和国道路交通安全法实施条例》(以下简称《道路交通安全法实施条例》)第五十一条第(一)项的规定。根据《中华人民共和国道路交通安全法》(以下简称《道路交通安全法》)第九十条，决定处以人民币100元罚款，记2分。汪××当场签收了处罚决定书。汪××后申请行政复议，××市公安局××分局复议决定维持交通警察支队作出的处罚决定。汪××不服，为此提起行政诉讼，要求撤销××市公安局××分局交通警察支队作出的上述处罚决定。

原审认为，××市公安局××分局交通警察支队作为其辖区内负责道路交通安全管理工作的交通管理部门，对违反道路交通安全的违法行为有权查处。根据《道路交通安全法实施条例》第五十一条第一项的规定，机动车通过有交通信号灯控制的交叉路口，应当按照下列规定通行：在画有导向车道的路口，按所需行进方向驶入导向车道。本案中，汪××驾驶机动车辆在×××路南约×米通过有灯控路口时，不按所需行进方向驶入导向车道，违反了上述规定。《道路交通安全法》第一百零七条规定，对道路交通违法行为人予以警告、200元以下罚款，交通警察可以当场作出行政处罚决定，并出具行政处罚决定书。××分局交通警察支队对汪××作出行政处罚，认定事实清楚，适用法律适当，符合法定程序。据此，依照《中华人民共和国行政诉讼法》第五十四条第(一)项之规定，判决维持××分局交通警察支队于201×年×月××日作出的编号为××××××××《公安交通管理简易程序处罚决定》的具体行政行为。判决后，汪××不服，向本院提起上诉。

上诉人汪××诉称，201×年×月××日上午×时××分许上班交通高峰期间，上诉人驾车由×××路驶入××路，被交警拦下，并以上诉人在道路高峰时段，通过拥挤堵塞的事发路口，不按所需行进方向驶入导向车道，当场罚款100元，记2分。上诉人认为自己属于轻微违法行为，依据《道路交通安全法》以及公安部《交通警察道路执勤执法工作规范》的有关规定，对轻微违法行为，交警给予口头警告后放行。且据上诉人拍摄事发路口在高峰拥堵时段有几十辆车辆实施了“不按所需行进方向驶入导向车道”，交警均未给予处罚。因此，被上诉人在同样情况下对上诉人做出的行为系违法执法。另外，被上诉人的交警在执法时装备不全，让上诉人在现场等候半个小时后由另一警员送装备到现场，执法民警才对上诉人作出处罚，故被上诉人的行政处罚程序违法。请求二审法院撤销原审判决，改判支持上诉人原审诉讼请求，即撤销被上诉人对上诉人做出的行政处罚决定。

被上诉人××市公安局××分局交通警察支队辩称，上诉人违反《道路交通安全法》的事实清楚，该违法行为是否属于情节轻微，应根据执法交警在现场视具体情况而定。从执勤交警反映的现场情况看，上诉人驾车从右转弯车道突然变道直行带左转弯车道等候通行，影响直行带左转弯车道其他车辆的正常行驶，执勤交警对上诉人违法行为予以处罚并无不当。法律未规定对上诉人的上述违法行为应当适用口头警告，而不可处以罚款。《道路交通安全法》第九十条规定的处罚幅度为警告或者20元以上200元以下罚款。被上诉人对上诉人做出罚款100元在法定处罚幅度之内。执勤交警已对上诉人人性化执法，让上诉人先送孩子再回来接受处罚，即使发生执勤交警使用的机器坏了也不属执法程序违法。请求二审法院维持原审判决，驳回上诉人上诉请求。

经审理查明，原审认定的事实无误，本院依法予以确认。

本院认为，被上诉人××市公安局××分局交通警察支队具有对违反道路交通安全的违法行为予以处罚的法定职权。被上诉人认定上诉人驾驶机动车违反道路通行规定，通过有灯控路口时不按所需行进方向驶入导向车道的违法事实，有执勤交警出具的处罚决定书以及工作情况予以证明，上诉人本人对此亦予以认可。被上诉人依据《道路交通安全法》第九十条“机动车驾驶人违反道路交通安全法律、法规关于道路通行规定的，处警告或者二十元以上二百元以下罚款”的规定，对上诉人做出100元罚款，记2分，适用法律正确。

关于上诉人违法行为是否属于轻微违法行为，以及交警是否应当对上诉人违法行为适用口头警告后放行的问题，根据《道路交通安全法》第八十七条第二款规定，“公安机关交通管理部门及其交通警察应当依据事实和本法的有关规定对道路交通安全违法行为予以处罚。对于情节轻微，未影响道路通行的，指出违法行为，给予口头警告后放行”。公安部《交通警察道路执勤执法工作规范》第四十三条规定：“对《道路交通安全法》规定可以给予警告、无记分的违法行为、未造成影响道路通行和安全的后果且违法行为人已经消除违法状态的，可以认定为轻微违法行为”；第四十四条规定：“对轻微违法行为，口头告知其违法行为的基本事实、依据，纠正违法行为并予以口头警告后放行。”本案上诉人驾车在××路由南向北行驶至交叉路口，应当按交通信号灯、交通标志、交通标线排队依次通行，上诉人不按所需行进方向驶入导向车道。上诉人的行为既影响直行带左转弯车道车辆的正常行驶，也存在路口突然变道产生的不安全因素，故被上诉人认为该行为不属于前述规定“情节轻微，未影响道路通行的”的轻微违法行为。因此，被上诉人在法定处罚幅度内对上诉人做出罚款100元的处罚并无不当。上诉人认为自己属于轻微违法行为，交警对其应适用口头警告后放行的理由，本院难以采信。上诉人在事后拍摄的其他车辆违反交通安全的行为以及反映执勤交警的装备齐全问题，有提示被上诉人的执勤交警应当严格执法、规范执法的积极意义，但不能成为上诉人要求撤销被上诉人对其作出处罚决定的正当理由。

综上，上诉人的上诉请求，缺乏事实根据和法律依据，本院不予支持。原审判决认定事实清楚，适用法律法规正确，本院应予维持。据此，依照《中华人民共和国行政诉讼法》第六十一条第(一)项之规定，判决如下：

驳回上诉，维持原判。

上诉案件受理费人民币50元，由上诉人汪××负担(已付)。

本判决为终审判决。

【律师评述】

本案中，汪先生驾车违反交通规则，是汪先生自己也确认的一个事实。无可争辩。

汪先生不服的是，同样也有几十人违法，但没有同样被处罚，自己也不应该受到处罚。这个逻辑是错误的。

也许汪先生的逻辑是我们普遍认可但实际错误的一个观点即“法不责众”，认为大家都可以，自己也可以，要处罚大家一起受罚。

我们知道，交通是一个关乎城市运行的一个非常重要的方面。如果大家都效仿违法行为，则整个交通将可能瘫痪或者事故频发。

同时，需要注意到，本案中执勤交警已对汪先生作了人性化执法，让汪先生先送孩子，之后再回来接受处罚。我们也要鼓励交警的人文思维。

案例 20　丁××因交通管理行政强制措施并要求行政赔偿上诉案

【案情介绍】

丁先生因上班匆忙，驾驶电动自行车在××路、××路交叉路口未按信号灯指示通行，对此丁先生知错并作出书面检讨，愿意接受合理处罚。而交警认定丁先生拒绝接受罚款处罚，所骑电动自行车未依法登记，上道路行驶且拒绝接受罚款属于违法行为，根据《中华人民共和国道路交通安全法》的规定，对丁先生采取扣留非机动车的行政强制措施。

丁先生对交通管理行政强制措施行政行为不服，诉至法院，要求撤销交警支队对其作出的《公安交通管理行政强制措施凭证》，退还已缴纳的罚款，赔偿停车费、拖车费、粘贴钢印费及误工费。一审判决后不服，遂提起上诉。

【行政上诉状】

上诉人(原审原告)：丁××，197×年×月××日生，汉族，住××市××区××路×××号。

被上诉人(原审被告)：××市公安局××行分局交通警察支队。

住所：××市××路××号。

法定代表人：×××，支队长。

上诉请求：

依法判令撤销××市××区人民法院作出的(201×)×行初字第××号行政判决；改判支持上诉人原审诉讼请求或发回重审。

事实与理由：

201×年×月××日×时，上诉人因上班匆忙，驾驶电动自行车在××路、××路交叉路口未按信号灯指示通行。对此，上诉人知错并作出书面检讨，上诉人愿意接受合理处罚。

上诉人拥有非机动车的合法证件，也从未拒绝缴纳罚款，被上诉人更无证据证明上诉人拒绝罚款。

被上诉人认定事实不清，在执法过程中，被上诉人所属交警执法不规范，带有严重个人情绪，非法扣留上诉人长达 7 个多小时，导致上诉人无法上班，给上诉人造成了误工等严重经济损失。

请求二审法院撤销原判，支持上诉人原审诉讼请求。

【法院判决】

上诉人丁××因交通管理行政强制措施并要求行政赔偿一案，不服××市××区人民法院(201×)×行初字第××号行政判决，向本院提起上诉。本院于201×年××月×日立案后，依法组成合议庭，于201×年××月××日公开开庭审理了本案。上诉人丁××，被上诉人××市公安局××分局交通警察支队(以下简称××交警支队)的委托代理人×××、×××到庭参加了诉讼。本案现已审理终结。

经审理查明，××交警支队于201×年×月××日作出编号为××××××的公安交通管理行政强制措施行政行为。该行政强制措施凭证载明：丁××于201×年×月××日××时××分，在××市××路××路北约×米处实施非机动车不按非机动车信号灯标示通行且拒绝接受罚款处罚和非机动车未依法登记、上道路行驶且拒绝接受罚款处罚的违法行为，根据《中华人民共和国道路交通安全法》(以下简称《道路交通安全法》)第八十九条的规定，采取扣留非机动车的行政强制措施。该行政强制措施凭证中同时载明告知了申请行政复议及诉讼的权利和期限。丁××对上述交通管理行政强制措施行政行为不服，诉至法院。

丁××原审诉称，201×年×月××日×时××分许，因上班匆忙，其驾驶电动自行车在××路、××路交叉路口未按信号灯指示通行，对此丁××知错并作出书面检讨，愿意接受合理处罚。丁××拥有非机动车的证件，且从未拒绝罚款，故××交警支队认定事实不清。执法过程中，民警执法不规范，加入个人情绪，非法扣留丁××长达7小时，给丁××造成了经济损失。故起诉要求撤销××交警支队所作××××××号《公安交通管理行政强制措施凭证》，判决××交警支队退还已缴纳的罚款人民币100元，赔偿停车费、拖车费90元，粘贴钢印费30元，赔偿丁××两日的误工费1 200元。

××交警支队原审辩称，201×年×月××日，丁××在××市××区××路、××路北约×米处实施了非机动车不按非机动车信号灯表示通行且拒绝接受罚款处罚和非机动车未依法登记、上道路行驶且拒绝接受罚款处罚的违法行为。执勤民警发现后，经确认开具强制措施凭证，扣留了丁××当日驾驶的非机动车。由于在执法过程中，丁××有涉嫌妨碍民警执行公务的行为，故被××派出所民警带至派出所，之后丁××在派出所书写了检讨书。本案涉及的行政行为系强制措施，丁××也承认其实施了非机动车不按非机动车信号灯表示通行的行为，通过录音也可以证实其存在拒绝接受罚款处罚的事实，至于丁××当日驾驶的非机动车是否经过合法登记，并不影响××交警支队采取行政强制措施。丁××要求行政赔偿的请求，缺乏事实和法律依据。综上，请求驳回丁××诉请。

原审认为，××交警支队作为交通管理部门，具有对本行政区域内道路交通安全进行管理的法定职权。《道路交通安全法》第八十九条规定，行人、乘车人、非机动车驾驶人违反道路交通安全法律、法规关于道路通行规定的，处警告或者5元以上50元以下罚款；非机动车驾驶人拒绝接受罚款处罚的，可以扣留其非机动车。本案中，丁××与××交警支队双方确认事发当日丁××存在未按照非机动车信号灯表示通行的事实，但丁××否认其所驾驶的非机动车未经依法登记，亦否认其存在拒绝罚款处罚的行为。对此，原审认为，根据××交警支队提供的录音资料可以确认，在××交警支队执勤民警指出违法行为要求丁××接受处理后，丁××不予配合，并与民警产生争执，故丁××的行为可以视为拒绝接受罚款处罚。虽然双方对丁××所驾驶的非机动车是否经过依法登记存在争议，但因本案争议行政行为系暂时性控制措施，并非对丁××违法行为的最终认定，故××交警支队民警在执法过程中对此进行指认后，依据上述规定采取强制措施并无明显不当。至于丁××提出的行政赔偿请求，根据《中华人民共和国国家赔偿法》(以下简称《国家赔偿法》)的规定，行政赔偿应以行政行为的违法性为归责标准，基于被诉行政强制措施未被确认违法，故丁××要求××交警支队赔偿因采取行政强制措施而导致的车辆牵引费、停车费、钢印粘贴费及误工损失的诉讼请求，不予支持。至于丁××要求××交警支队返还罚款的问题，因罚款基于交通行政处罚决定而交纳，故该赔偿请求不属于本案审查范围，不予处理。综上，原审法院依照《国家赔偿法》第二条、最高人民法院《关于执行〈中华人民共和国行政诉讼法〉若干问题的解释》第五十六条第(四)项之规定，判决驳回丁××的诉讼请求。判决后，丁××不服，上诉于本院。

上诉人丁××诉称，其坚持原审诉称意见，上诉人没有拒绝过罚款，被上诉人并无证据证明上诉人拒绝罚款。原审判决认定事实不清，请求二审法院撤销原判；支持上诉人原审诉讼请求。

被上诉人××交警支队辩称，其坚持原审答辩意见。从被上诉人向原审法院提交的执法录音等证据，可以证明在民警指出上诉人违章事实后，上诉人与民警争执不休，不配合民警工作，存在拒绝接受处罚的事实。原审判决认定事实清楚，适用法律正确，请求二审法院维持原判。

二审开庭审理中，被上诉人仍以一审时已向原审法院提供的职权、事实、法律和程序方面的证据和依据证明其对上诉人作出的被诉交通管理行政强制措施行政行为合法。本院在审理中充分听取了双方当事人的举、质证意见。经审理查明原审判决认定的事实无误。

本院认为，被上诉人依法具有作出本案被诉交通管理行政强制措施行政行为的职责。被上诉人向原审法院提交的录音资料、工作情况等证据能够相互印证，足以证明被诉交通管理行政强制措施行政行为所认定的事实。故被上诉人作出被诉交通管理行政强制措施行政行为的主要证据充分。被上诉人依据《道路交通安全法》第八十九条的规定，对上诉人作出扣留非机动车的行政强制措施，适用法律及执法程序并无不当。至于被上诉人对上诉人作出的交通管理行政处罚决定是否合法与本案不属同一法律关系，不属于被诉交通管理行政强制措施行政行为合法性审查范围。原审判决驳回上诉人的诉讼请求并无不当，本院应予维持。此外，原审法院针对上诉人诉请意见的判决理由，亦无不当，本院予以确认，在此不再赘述。上诉人的上诉请求，缺乏依据，本院不予支持。据此，依照《中华人民共和国行政诉讼法》第六十一条第(一)项之规定，判决如下：

驳回上诉，维持原判。

上诉案件受理费人民币50元，由上诉人丁××负担(已付)。

本判决为终审判决。

【律师评述】

根据《国家赔偿法》，行政赔偿以行政行为的违法性为归责原则，丁先生诉交警队的行政强制措施未被法院认定违法，故丁先生要求交警支队赔偿车辆牵引费、停车费、钢印粘贴费及误工损失的诉讼请求，亦不能得到法院支持。

而丁先生要求交警支队返还罚款的问题，由于丁先生缴纳的罚款基于交通行政处罚决定而交纳，与本案中的涉及的交通管理行政强制措施行政行为不属于同一法律关系，因而法院认定丁先生的赔偿请求不属于本案审查范围，不予处理也就成为当然的结果。

丁先生如认为交警支队作出的交通管理行政处罚决定不合法，亦属于另一法律关系，与本案非同一法律关系，二审判决中亦明确论述，该主张不属于被诉交通管理行政强制措施行政行为合法性审查范围，就丁先生的陈述给出了回应。

本案中，典型的意义在于，看似丁先生的行为属于一个行为，或者一个行为引发，但从法律的角度看，是需要就一个原因行为所导致的后果，做出法律分析。

本案中，丁先生驾驶电动自行车，其中有丁先生本身的驾驶行为违法、车辆未办理登记的违法、处罚行为与丁先生所述损失之间的因果关系等不同的法律关系，而且有些法律关系还以前一个法律关系的最终结果为依据，为认定另一个法律关系的证据。

因此，律师在代理行政诉讼中，一定要仔细、严格区分不同法律关系，理清看似简单的行为之间的法律关系，依法主张，才能有效解决纠纷，也才能展示专业性和法律服务的价值所在。

案例21 艾××、毕××、单××房屋拆迁裁决行政行为上诉案

【案情介绍】

艾先生、毕小姐、单先生三人居住的房屋，面临拆迁，与有关拆迁部门(简称B单位)多次协商，但都未能谈拢。

B单位遂向××市××房屋土地管理局(简称A单位)提出了裁决申请。

A单位受理B单位的申请后，作出了房屋拆迁裁决。

艾先生、毕小姐、单先生三人认为A单位所作的房屋拆迁裁决按“先拆迁腾地，后处理纠纷”为原则，以被拆房屋建安重置价结合成新结算，强行制定拆迁补偿标准，违反了《城市房屋拆迁管理条例》等，同时B单位第二次申请裁决超过了两年的有效期，A单位所作的裁决也无法确认是在两年的有效期内作出，房屋拆迁裁决违法，损害了三人的合法权益，提起本案诉讼。一审判决后，又提起了上诉。

【行政上诉状】

上诉人(原审原告)：艾××，男，196×年×月×日生，汉族，住××市××区××路×号。

上诉人(原审原告)：毕××，女，196×年××月×日生，汉族，住××市××区××路×号。

上诉人(原审原告)：单××，男，196×年×月××日生，汉族，住××市××区××路×号。

被上诉人(原审被告)：A单位。

法定代表人：×××，职务：局长。

住所：××市××区××路×××号。

原审第三人：B单位。

法定代表人：×××，职务：董事长。

住所：××市××区×××路×××号。

上诉请求：

撤销××市××区人民法院(201×)×行初字××号行政判决书判决，依法

改判支持上诉人一审诉讼请求或发回重审。

上诉理由：

三上诉人合法居住本案所涉房屋，拥有该房屋的所有权和土地使用权，按时依法缴纳各项税费。

上诉人认为A单位作出的房屋拆迁裁决按“先拆迁腾地，后处理纠纷”为原则，以被拆房屋建安重置价结合成新结算，强行制定拆迁补偿标准，明显违反了《城市房屋拆迁管理条例》、国办发(2004)46号《国务院办公厅关于控制城镇房屋拆迁规模严格拆迁管理的通知》等规定，严重侵犯了上诉人的合法权益。

被上诉人在一审中的举证材料无法证明第三人第二次申请裁决是在两年的有效期内申请，更不能证明被上诉人所作的本案裁决是在两年的有效期内作出的，被上诉人所做的房屋拆迁裁决违法。

上诉人房屋土地的性质拆迁前为国有土地，应当参照《拆迁条例》及有关规定，对房屋所有权人予以补偿安置。

原审判决中适用的对上诉人被拆迁房屋补偿安置的程序、法律依据均错误。同时，《拆迁裁决工作规程》规定，房屋灭失了是不能裁决的。而根据民事调解书，被拆迁房屋的房屋产权人变更，被拆迁房屋应为两户人家。原审认定事实错误，裁决更是严重违背事实，违法裁决。

综上，请求二审法院撤销原判，撤销被上诉人作出的被诉房屋拆迁裁决行政行为。

【法院判决】

上诉人艾××、毕××、单××因房屋拆迁裁决行政行为一案，不服××市××区人民法院(201×)×行初字××号行政判决，向本院提起上诉。本院于201×年×月××日立案后，依法组成合议庭，于201×年×月××日公开开庭审理了本案。上诉人艾××的委托代理人×××、上诉人毕××的委托代理人×××、上诉人单××的委托代理人×××，被上诉人A单位的委托代理人×××、×××，原审第三人B单位的委托代理人×××到庭参加诉讼。本案现已审理终结。

原审查明，201×年×月×日，B单位因××综合交通枢纽规划前期基础性开发(二期)项目建设需要，取得×房地拆许字(××××)第××号房屋拆迁许可证，对坐落于×××地房屋所在地块进行拆迁，拆迁实施单位为C单位(以下简称C单位)。该许可证后经批准，拆迁期限延长至201×年××月××日。在房屋拆迁过程中，因B单位与艾××户未能就×××地房屋达成拆迁补偿安置协议，由B单位先向原××市××房屋土地管理局申请“先拆迁腾地、后处理纠纷”的裁决。原××市××房屋土地管理局于201×年×月××日作出了×房地[××]××号房屋拆迁裁决。201×年×月××日，××市××人民政府作出×府强执(201×)第×号《强制执行通知书》，后艾××房屋被强制拆除。之后，B单位与艾××户就拆迁补偿安置经协商仍未能达成协议。B单位申请××市房地产估价师协会房地产估价专家委员会对×××地艾××户房屋拆迁估价报告进行鉴定，××市房地产估价师协会房地产估价专家委员会于201×年××月××日出具了鉴定结果报告，维持了××××房地产估价有限责任公司出具的估价结果。B单位于201×年×月××日向A单位提出了正式补偿安置方案，申请A单位裁决。A单位于同日受理并向艾××户送达了房屋拆迁裁决申请书副本、会议通知，A单位通知拆迁双方进行调查与调解，但因艾××户坚持该户房屋经法院调解析产，其中建筑面积××平方米归单××所有，应分别拆迁补偿安置而协商未果。A单位于201×年×月××日作出了×房管[201×]×××号房屋拆迁裁决，并向当事人进行了送达。

原审另查明，××市×××地房屋系私房，土地系集体所有土地征用。根据艾××户的《××市房地产权证》及建房批准文件记载并经认定，被拆迁房屋有证建筑面积共计×××平方米。××××房地产估价有限责任公司对上述被拆迁房屋进行了评估，估价时点为201×年×月×日，房屋的重置单价(结合成新)为房屋(1)每平方米人民币××××元，房屋(2)每平方米××××元，有关房屋拆迁估价分户报告已送达艾××户。该房屋同区域新建多层商品住房每平方米建筑面积土地使用权基价为××××元，价格补贴系数为××。B单位提供按价值标准调换房屋产权的安置房源，××市××路×××弄××号××室、××室以及××路×××弄××房屋，建筑面积分别为××平方米、××平方米、××室××平方米，三套安置房总价款为××××××元。安置房权利人系拆迁实施单位C单位。

艾××、毕××、单××原审诉称，其三人合法居住于××市×××地，拥有该房屋的所有权和土地使用权，并依法缴纳各项税费。201×年×月××日，A单位作出了×房管[201×]××号房屋拆迁裁决。艾××等人认为A单位所作的房屋拆迁裁决按“先拆迁腾地，后处理纠纷”为原则，以被拆房屋建安重置价结合成新结算，强行制定拆迁补偿标准，违反了《城市房屋拆迁管理条例》(以下简称《拆迁条例》)、建法(2004)154号文及国办发(2004)46号《国务院办公厅关于控制城镇房屋拆迁规模严格拆迁管理的通知》的规定，严重侵犯了艾××等人的合法权益。此外，艾××等人认为A单位的举证材料不能证明B单位第二次申请裁决是在两年的有效期内，也不能证明A单位所作的本案裁决是在两年的有效期内作出，故被诉房屋拆迁裁决违法。综上，艾××等人请求撤销×房管[201×]××号房屋拆迁裁决。

A单位原审辩称，其具有作出拆迁行政裁决的职权。拆迁人B单位取得了房屋拆迁许可证，委托C单位实施拆迁范围内的房屋拆迁补偿安置工作。被拆迁人艾××户的房屋位于×××地，房屋坐落在拆迁范围内。拆迁人曾于201×年×月向原××市××房屋土地管理局申请裁决，原××市××房屋土地管理局裁决被拆迁人按"先拆迁腾地，后处理纠纷"的原则先行搬迁，并提供了临时安置用房。在此后的协商中，因拆迁人与被拆迁人多次协商仍未能达成一致，拆迁人向A单位提出正式补偿安置方案申请裁决。A单位受理拆迁人的裁决申请后，组织双方当事人进行调查与调解，但拆迁双方未能达成拆迁协议，故A单位依法作出了本案被诉房屋拆迁裁决。综上，A单位所作具体行政行为认定事实清楚，程序合法，请求法院驳回艾××等人的诉讼请求。

B单位原审述称，不同意艾××等人的诉请。A单位所作拆迁裁决符合法律规定，依法应当维持。

原审认为，根据《拆迁条例》第五条第二款、第十六条第一款及《××市城市房屋拆迁管理实施细则》(以下简称《实施细则》)第六条的规定，A单位具有作出本案被诉房屋拆迁裁决的法定职权。A单位受理B单位的裁决申请后，审核了相关资料，并组织拆迁双方进行调解，在双方仍达不成协议的情况下，在经批准延长的拆迁期限内作出被诉房屋拆迁裁决，程序合法。A单位根据艾××户的《××市房地产权证》及建房批准文件的记载，认定被拆迁房屋的有证建筑面积，并以本市及××的相关规范性文件确定的同区域新建多层商品住房每平方米建筑面积土地使用权基价、价格补贴，以及估价机构的评估结果等事实为根据，计算出货币补偿金额，裁决B单位以与货币补偿金额同等价值的产权房屋调换方式安置艾××户，并要求拆迁双方结算差价，该裁决认定事实清楚，符合《××市征用集体所有土地拆迁房屋补偿安置若干规定》(以下简称《若干规定》)及有关拆迁规范的规定。

对于艾××等人认为应按国有土地上房屋的安置补偿标准裁决安置补偿问题，原审认为，艾××户被批准建造本案被拆迁房屋时，土地性质为集体所有的农村宅基地，虽在本次拆迁前，该地块已被征为国有，但并不改变此次拆迁属于征用集体所有土地房屋拆迁的性质。《实施细则》第六十七条明确规定，征用集体所有土地后拆迁房屋的补偿安置办法另行规定。《若干规定》第一条规定，为了规范征用农民集体所有土地拆迁房屋及其附属物的补偿安置活动，根据《××市实施〈中华人民共和国土地管理法〉办法》和《实施细则》，制定本规定。因此，A单位适用《若干规定》等作为对艾××户被拆迁房屋补偿安置的依据，适用法律正确。

《若干规定》第四条第二款规定，被拆迁人以合法有效的房地产权证、农村宅基地使用证或者建房批准文件计户，拆迁补偿安置按户进行。同时，《若干规定》第五条规定，被拆除房屋的用途和建筑面积，以房地产权证、农村宅基地使用证或者建房批准文件的记载为准，违章建筑、超过批准期限的临时建筑，以及征用土地公告后擅自进行房屋及其附属物新建、改建、扩建的部分，均不予补偿。故A单位以被拆迁房屋的《××市房地产权证》及建房批准文件的记载作为计户依据，对被拆迁房屋有证建筑面积所作的认定并无不当。艾××等人认为艾××父母生前向村民委员会口头申请所建的××平方米房屋应作为有证面积认定，缺乏依据，不予采纳。

艾××户被拆迁房屋由原××市××房屋土地管理局于201×年×月××日按"先拆迁腾地、后处理纠纷"的原则作出了×房地[20××]×××号房屋拆迁裁决，裁决艾××户先行搬迁，B单位迟于201×年×月××日向A单位申请房屋拆迁裁决，确有不妥。但A单位在拆迁双方就被拆迁房屋的安置补偿协商不成，且B单位提交了正式补偿安置方案的情形下予以受理，并不损害艾××等人利益。

对于艾××等人提出其房屋已灭失，根据《城市房屋拆迁行政裁决工作规程》(以下简称《拆迁裁决工作规程》)第八条的规定，A单位不应受理拆迁裁决的观点。原审认为，艾××户被拆迁房屋是因原××市××房屋土地管理局按"先拆迁腾地、后处理纠纷"的原则裁决该户先行搬迁，政府作出《强制执行通知书》后被拆除的。而《拆迁裁决工作规程》第八条规定的房屋已经灭失的房屋拆迁管理部门不予受理裁决申请并不包括上述情形，因此，艾××等人的上述观点不予采纳。

至于本案涉及的房屋拆迁许可证核发的合法性问题以及B单位用地手续的合法性问题与本案并非同一法律关系，不属本案被诉房屋拆迁裁决行政行为合法性审查范围。

综上，A单位所作被诉房屋拆迁裁决职权依据充分，认定事实清楚，适用法律正确，程序并无不当，艾××等人的诉讼请求难以支持。依照最高人民法院《关于执行〈中华人民共和国行政诉讼法〉若干问题的解释》第五十六条第(四)项之规定，判决驳回艾××、毕××、单××的诉讼请求。判决后，艾××、毕××、单××不服，上诉于本院。

上诉人艾××、毕××、单××诉称，其坚持在原审中的诉称意见。被诉房屋拆迁裁决所涉土地的性质拆迁前为国有土地，应当参照《拆迁条例》及有关规定，对房屋所有权人予以补偿安置。原审适用《若干规定》等作为对上诉人户被拆迁房屋补偿安置的依据错误；《拆迁裁决工作规程》规定，房屋灭失了是不能裁决的；根据民事调解书被拆迁房屋的房屋产权人已产生权利变更，被拆迁房屋应为两户人家。故请求二审法院撤销原判；撤销被上诉人作出的被诉房屋拆迁裁决行政行为。

被上诉人A单位辩称，其坚持原审答辩意见。上诉人的被拆迁房屋在建造时是集体所有土地上的房屋，土地性质是集体所有的农村宅基地，被诉房屋拆迁裁决适用《若干规定》是正确的；上诉人户家庭内部成员因分家析产，民事调解书确认被拆迁房屋中的××平方米归单××，但根据《若干规定》的规定，应以被拆迁房屋的农村宅基地使用证计户。原审判决认定事实清楚、适用法律正确，请求二审法院维持原判。

第三人B单位述称，其坚持原审述称意见。原审判决认定事实清楚，适用法律正确，请求二审法院维持原判。

二审审理中，被上诉人仍以其向原审法院提交的职权、事实、法律和程序方面的证据和依据证明其作出被诉房屋拆迁裁决行政行为合法。本院就被上诉人作出被诉房屋拆迁裁决行政行为进行了全面审查，并在审理中听取了各方当事人的意见。经审理查明，原审判决认定的事实无误。

本院认为，根据《拆迁条例》第十六条第一款的规定，在房屋拆迁过程中，拆迁人与被拆迁人或者房屋承租人达不成拆迁补偿安置协议的，经当事人申请，由被拆除房屋所在地的区、县房地局裁决。《实施细则》第二十六条规定，市政建设项目拆迁房屋、按照先拆迁腾地、后处理纠纷的原则办理。被拆迁人及其上级主管单位必须服从建设需要，按工程建设要求，保证按期搬迁。《××市城市房屋拆迁行政裁决若干规定》第十五条规定，市政建设项目拆迁房屋，因拆迁当事人达不成补偿安置协议已经影响工程进度的，拆迁人在做好被拆除房屋的勘查记录、提出临时安置方案后可申请裁决，裁决机关可以按照“先拆迁腾地、后处理纠纷”的原则裁决先行搬迁。拆迁当事人可以继续协商补偿安置方案，协商结论在6个月内告知裁决机关。协商不成的，裁决申请人应当向裁决机关提出正式补偿安置方案，裁决机关应当自收到该方案之日起的30日内作出补偿安置方案的裁决。本案原××市××房屋土地管理局于20××年×月××日，根据第三人的申请，按照“先拆迁腾地、后处理纠纷”原则对上诉人户作出了房屋拆迁裁决，裁决上诉人户先行搬迁，限期搬离被拆迁房屋。之后，第三人与上诉人户就拆迁补偿安置问题经协商未能达成协议，第三人于201×年×月向被上诉人提出了正式补偿安置方案，申请被上诉人裁决。被上诉人依法具有受理并作出被诉房屋拆迁裁决的职责。

根据被上诉人向原审法院提交的《××市房地产权证》、××镇村(居)民建房用地申请表及审批文件、××市××人民法院民事调解书、××村民委员会出具的证明、户籍资料、××市征用集体所有土地居住房屋拆迁估价分户报告单及送达回证、××市房地产估价师协会房地产估价专家委员会致第三人的函及《鉴定结果报告》、基地拆迁谈话笔录、看房通知单及送达回证、房地产估价报告、房屋拆迁许可证及同意延长房屋拆迁期限的批复、房屋拆迁裁决申请书、受理通知书、会议通知及送达情况等证据，被上诉人作出被诉房屋拆迁裁决行政行为的主要证据充分；被上诉人根据《拆迁条例》《若干规定》等法规、规章的相关规定，作出被诉房屋拆迁裁决行政行为，适用法律并无不当。被上诉人受理裁决后，在裁决审理过程中通知申请人与被申请人召开协调会，因协调未成，被上诉人在规定的期限内作出被诉房屋拆迁裁决行政行为，执法程序亦无不当。

《若干规定》第四条第二款规定，被拆迁人以合法有效的房地产权证、农村宅基地使用证或者建房批准文件计户，拆迁补偿安置按户进行。故被上诉人以被拆迁房屋的《××市房地产权证》及建房批准文件的记载作为计户依据并无不当。第三人申请以货币补偿金额同等价值的产权房屋调换形式按户对上诉人一户进行拆迁补偿安置，符合《拆迁条例》《若干规定》的规定，被上诉人裁决予以支持并无不当。

综上所述，原审判决驳回上诉人的诉讼请求并无不当，本院应予维持。原审法院针对上诉人诉请意见的判决理由亦无不当，本院予以确认，在此不再赘述。上诉人的上诉请求，缺乏事实和法律依据，本院不予支持。据此，依照《中华人民共和国行政诉讼法》第六十一条第(一)项之规定，判决如下：

驳回上诉，维持原判。

上诉案件受理费人民币 50 元，由上诉人艾××、毕××、单××负担(已付)。

本判决为终审判决。

【律师评述】

本案中，关键是土地性质的认定，决定了补偿安置的结果。

艾先生等人的房屋，被批准建造时的土地性质为集体所有的农村宅基地；在拆迁前，被征为国有。这是一个基本事实。

经过法院查明，本案中拆迁属于征用集体所有土地房屋拆迁的性质。

根据《××市征用集体所有土地拆迁房屋补偿安置若干规定》第四条第二款规定，被拆迁人以合法有效的房地产权证、农村宅基地使用证或者建房批准文件计户，拆迁补偿安置按户进行。第五条规定，被拆除房屋的用途和建筑面积，以房地产权证、农村宅基地使用证或者建房批准文件的记载为准，违章建筑、超过批准期限的临时建筑，以及征用土地公告后擅自进行房屋及其附属物新建、改建、扩建的部分，均不予补偿。

根据《城市房屋拆迁管理条例》第十六条第一款的规定，在房屋拆迁过程中，拆迁人与被拆迁人或者房屋承租人达不成拆迁补偿安置协议的，经当事人申请，由被拆除房屋所在地的区、县房地局裁决。

根据《××市城市房屋拆迁管理实施细则》第二十六条规定，市政建设项目拆迁房屋、按照先拆迁腾地、后处理纠纷的原则办理。

根据《××市城市房屋拆迁行政裁决若干规定》第十五条规定，市政建设项目拆迁房屋，因拆迁当事人达不成补偿安置协议已经影响工程进度的，拆迁人在做好被拆除房屋的勘查记录、提出临时安置方案后可申请裁决，裁决机关可以按照“先拆迁腾地、后处理纠纷”的原则裁决先行搬迁。拆迁当事人可以继续协商补偿安置方案，协商结论在 6 个月内告知裁决机关。协商不成的，裁决申请人应当向裁决机关提出正式补偿安置方案，裁决机关应当自收到该方案之日起的 30 日内作出补偿安置方案的裁决。

艾先生等人的房地产权证、村(居)民建房用地申请表及审批文件、调解书、村民委员会出具的证明、户籍资料均与以上的法律规定对应，艾先生的诉讼请求被驳回也就在预料之中了。

行政诉讼中，不但要非常熟悉案件基本事实，做全面分析，还要对相应的法律、法规等非常熟悉，广泛涉猎，才能做到胸有成竹。

艾先生等一直纠结的房屋拆迁许可证、B 单位用地手续的合法性问题，与艾先生等三人所诉讼的本案并非同一法律关系，当然不属艾先生提起本案所诉房屋拆迁裁决行政行为合法性审查范围。

案例22　杨××等不服要求履行法定职责上诉案

【案情介绍】

杨先生与邻居一起邮寄书面的《敦促依法行政函》，反映同一小区产权人将原房屋加高，大肆扩建，违法搭建已经持续一年，工程已近完工，投诉要求拆除违章搭建，纠正违法行为。

投诉受理单位进行调查后，发现杨先生投诉的施工单位为美术馆，房屋产权人之一为美术馆的法定代表人。

因美术馆取得了建设工程规划许可证，故投诉受理单位将案件移送规划部门。之后，规划部门又将该案件移送回了投诉受理单位查处。

规土部门制作的《案件移送单》载明美术馆未按规划核准要求，擅自进行改扩建。

投诉受理单位经过现场检查笔录并拍摄现场照片，对美术馆违法改扩建行为进行立案调查。

调查期间，美术馆并未停止建设。

投诉受理单位认定美术馆未取得建设工程规划许可证进行建设，建设面积××××平方米，违反了《中华人民共和国城乡规划法》第四十条第一款的规定，根据该法第六十四条、第六十八条的规定，作出《限期拆除决定书》，责令美术馆收到决定书之日起十五日内自行拆除，逾期不拆除的，依据《中华人民共和国城乡规划法》第六十八条的规定，申请组织强制拆除。

投诉受理单位再次至现场进行复查，发现美术馆未履行限期拆除决定，且违法改扩建建筑物已经完工，遂依程序申请拆除美术馆违法建筑。

杨先生等以投诉受理单位未履行拆除违法建筑的法定职责，提起诉讼，要求判令投诉受理单位依法履行职责，拆除所投诉的违章搭建。一审判决后，依旧不服，提起了上诉。

【行政上诉状】

上诉人(原审原告)：杨××，195×年×月×日生，汉族，住××市××区××路××号××室。

上诉人(原审原告)：白××，195×年××月×日生，汉族，住××市××区××路××号××室。

被上诉人(原审被告)：甲单位。

住所：××市××路××××号。

法定代理人：×××，局长。

上诉请求：

依法判令撤销××市××区人民法院做出的(201×)×行初字第×××号行政判决，改判支持上诉人一审诉讼请求。

上诉理由：

上诉人通过邮寄书面的《敦促依法行政函》，反映同一小区产权人未按要求施工，改建房屋，将原房屋加高，在房屋南面、东面大肆扩建，违法搭建已经持续一年，工程已近完工，要求被上诉人拆除违章搭建，纠正违法行为。

《中华人民共和国行政强制法》第二条规定，行政机关在实施行政强制执行行为时，除了申请人民法院履行之外，也可以由负有实施职责和能力的机关自行实施强制执行行为。

被上诉人作为负有实施职责和能力的行政机关和实施部门，理应拆除违法建筑。

被上诉人具有拆除违章搭建的法定职权，但未及时履行职责，未实际拆除上诉人反映属实且经被上诉人查实的违法建筑。

故请求二审法院撤销原审判决，依法改判支持上诉人原审时的诉讼请求。

【法院判决】

上诉人杨××、白××因要求履行法定职责一案，不服××市××区人民法院(201×)×行初字第×××号行政判决，向本院提起上诉。本院于201×年×月××日立案后，依法组成合议庭，于201×年×月××日公开开庭审理了本案。上诉人杨××、白××的共同委托代理人×××，被上诉人甲单位的委托代理人×××、×××到庭参加了诉讼。本案现已审理终结。

原审查明，甲单位于201×年××月起陆续接到投诉，反映××区××路××弄×××号存在违规施工。甲单位进行调查，发现违法行为人系乙美术馆，××路××弄×××号房屋产权人之一C系乙美术馆的法定代表人。因乙美术馆取得了建设工程规划许可证，故甲单位于201×年×月××日将案件移送丙单位。同年×月××日，丙单位又将该案件移送甲单位查处。丙单位制作的《案件移送单》上记载：乙美术馆未按规划核准要求，擅自进行改扩建，违法改扩建建筑面积约为××××平方米，层数为×层。同年×月×日，甲单位制作了现场检查笔录并拍摄现场照片，×月××日，甲单位对乙美术馆违法改扩建行为进行立案,并展开调查。调查期间,乙美术馆继续进行违法建设。201×年×月××日,甲单位作出(××××)城管限拆字[201×]第××××号《限期拆除决定书》(以下简称《限期拆除决定书》),认定乙美术馆未取得建设工程规划许可证进行建设,建设面积××××平方米,违反了《中华人民共和国城乡规划法》第四十条第一款的规定,根据该法第六十四条、第六十八条的规定,责令乙美术馆收到决定书之日起十五日内自行拆除,逾期不拆除的,依据《中华人民共和国城乡规划法》第六十八条的规定,申请丁单位组织强制拆除。甲单位于201×年×月××日送达上述决定书。同年×月×日,甲单位再次至现场进行复查,发现乙美术馆未履行限期拆除决定,且违法改扩建建筑物已经完工,该局遂于×月××日向丁单位申请拆除乙美术馆在××区××路××弄××号搭建的××××平方米的违法建筑。

原审另查明,杨××、白××系××区××路××××弄×××号房屋的所有权人。201×年×月××日,杨××与另一邻居邓××向甲单位邮寄书面的《敦促依法行政函》,反映同一小区×××号产权人虽取得建设工程规划许可证,但未按要求施工,改建×楼,将原房屋加高×米,在房屋南面、东面大肆扩建,违法搭建已经持续一年,工程已近完工,要求甲单位拆除违章搭建,纠正违法行为。201×年×月,杨××、白××以甲单位未履行拆除违法建筑的法定职责为由,诉至原审法院,要求判令甲单位依法履行职责,拆除本市××路××弄××号东侧的违章搭建及×楼加高部分的违章搭建。

原审认为,在起诉被告不作为的案件中,原告应当提供其在行政程序中曾经提出申请的证据材料。201×年×月××日,杨××向甲单位邮寄《敦促依法行政函》,从函的具体内容看,描述了违法搭建的时间、地点、建设情况及对其造成的影响,并明确要求甲单位依法行政,拆除违章搭建,纠正违法行为。因此,《敦促依法行政函》虽名称上未采用"申请书"字样,但反映了杨××要求甲单位履行拆除违章搭建的职责,应视作为要求履行职责的申请。

杨××、白××以及甲单位对乙美术馆在本市××路××弄××号实施未取得建设工程规划许可证,建设××××平方米,且在201×年×月已经建设完毕的事实无争议。杨××、白××认为甲单位对××区区域内的已经建设完毕的违法建筑具有拆除的法定职责,其在申请书、行政诉状及庭审中均予以明确,且提供了《××市城市管理相对集中行政处罚权暂行办法》(以下简称《暂行办法》)第十七条及《××市拆除违法建筑若干规定》(以下简称《若干规定》)第十一条作为法律依据。原审法院对此认为,《暂行办法》第十七条中规定,市和区县城管执法部门按照本办法规定对擅自搭建建筑物、构筑物的违法行为进行查处时,应当依法进行取证和认定,并作出限期拆除的决定。市和区县城管执法部门作出责令当事人限期拆除违法建筑的决定,应当采用书面形式,并送达当事人;……当事人逾期拒不履行拆除违法建筑的决定的,市和区县城管执法部门可以向市和区县人民政府申请组织强制拆除。强制拆除集中成片的违法建筑10日前或者强制拆除其他违法建筑7日前,市和区县人民政府应当发布通告。《若干规定》第十一条第二款规定,当事人未在规定的期限内拆除违法建筑的,拆违实施部门应当向市或者区、县人民政府报告,由市或者区、县人民政府责成拆违实施部门等有关部门强制拆除,并可以依法予以罚款。因此,对擅自搭建建筑物、构筑物的违法行为城管执法部门有权查处,并可以依法作出限期拆除决定。对于当事人逾期拒不履行限期拆除决定或未拆除违法建筑的,城管执法部门可以向市或区县人民政府申请或报告,由市或区县人民政府组织或责成强制拆除。可见,城管执法部门并不具有拆除的法定职权,杨××、白××要求甲单位履行拆除违法建筑的法定职责无相应的法律依据。

另外,201×年××月甲单位在接到投诉举报后,就着手对乙美术馆在××路××弄××号搭建违法建筑进行了调查、处理,并于201×年×月作出限期拆除决定且送达。因乙美术馆未在规定期限内自行拆除违法建筑,甲单位已于201×年×月向丁单位申请强制拆除。故该局对乙美术馆在××路××弄××号违法搭建××××平方米建筑物的查处已完毕。原审法院遂依照最高人民法院《关于执行〈中华人民共和国行政诉讼法〉若干问题的解释》第五十六条第(一)项之规定,判决驳回杨××、白××的诉讼请求,案件受理费人民币50元,由杨××、白××负担。判决后,杨××、白××不服,上诉于本院。

上诉人杨××、白××上诉称:根据《中华人民共和国行政强制法》第二条的规定,行政机关在实施行政强制执行行为时,除了申请人民法院履行之外,也可以由负有实施职责和能力的机关自行实施强制执行行为。被上诉人甲单位作为《若干规定》第三条第三款规定的拆违实施部门,是负有实施职责和能力的行政机关,可以实施行政强制执行行为。《暂行办法》中规定的所谓向市和区县人民政府申请,仅是被上诉人履行方式的选择途径之一,被上诉人具有拆除违章搭建的法定职权。故请求二审法院撤销原审判决,依法改判支持上诉人原审时的诉讼请求。

被上诉人甲单位辩称:根据《暂行办法》及《若干规定》的有关规定,被上诉人作为城管执法部门对于违法建筑具有查处的法定职责,并可以依法作出限期拆除决定,当事人逾期不履行的可以向有关人民政府申请或报告,由政府组织或责成强制拆除。上诉人的上诉理由均不能成立,故请求二审法院维持原审判决。

经审理查明,原审判决认定事实无误,本院予以确认。

本院认为,行政机关应当在法定的职权范围内履行职责。根据《暂行办法》第十七条及《若干规定》第十一条的有关规定,城管执法部门作出责令当事人限期拆除违法建筑的决定,当事人逾期拒不履行的,城管执法部门可以向相应人民政府申请或报告，由人民政府组织或责成强制拆除。

本案中，上诉人杨××于201×年×月××日向被上诉人甲单位邮寄书面《敦促依法行政函》，主要内容为反映××区××路××弄××号房屋产权人未按其取得的建设工程规划许可证要求施工，改建×楼，将原房屋加高×米，在房屋南面、东面大肆扩建，已接近完工，要求被上诉人依法行政，拆除上述违章搭建。然而，被上诉人早在201×年××月接到投诉举报后，已着手对该处搭建违法建筑进行调查、处理，并于201×年×月作出《限期拆除决定书》且进行了送达，因涉案当事人乙美术馆未履行限期拆除决定，被上诉人已于201×年×月××日向丁单位申请强制拆除。上诉人杨××、白××对上述事实无异议。至此，被上诉人已经履行了其对于违章搭建进行查处的法定职责，在人民政府尚未组织或责成强制拆除的情况下，被上诉人不具有拆除乙美术馆在××区××路××弄××号搭建违法建筑的法定职权。

综上，上诉人杨××、白××要求被上诉人甲单位履行拆除本市××区××路××弄××号东侧的违章搭建及×楼加高部分的违章搭建法定职责的上诉请求缺乏法律依据，本院难以支持。原审判决认定事实清楚，适用法律正确，本院可予维持。据此，依照《中华人民共和国行政诉讼法》第六十一条第(一)项之规定，判决如下：

驳回上诉，维持原判。

上诉案件受理费人民币50元，由上诉人杨××、白××负担(已付)。

本判决为终审判决。

【律师评述】

本案中，杨先生等人的诉讼请求本身是没有问题的，但属于没有了解清楚事情所处的阶段。

被上诉人已按照程序申请强制拆除，进入了后续操作程序，已经按照法定程序履行职责；在程序的范围内，人民政府尚未组织或责成强制拆除的情况下，被上诉人不具有拆除美术馆违法建筑的法定职权。

上诉人未能准确把握行政诉讼和行政行为的程序，导致本案诉讼失败。

通过本案，再次印证了行政诉讼的专业性和行政行为的法定性。行政机构既不能不作为，也不能乱作为。

案例 23 刘××与××市××区住房保障和房屋管理局房屋拆迁裁决上诉案

【案情介绍】

刘先生承租×市××路×××弄×××号后楼公房居住至今。

拆迁公司依法取得屋拆迁许可证，刘先生所租赁房屋在拆迁范围内。

拆迁期间，曾多次通过谈话、开协调会等方式协商拆迁补偿事宜，但刘先生与拆迁公司均未能达成一致意见。

拆迁公司向所在区房管局提出裁决申请，房管局受理并向刘先生送达房屋拆迁裁决申请书、受理通知书及会议通知。房管局先后召开三次审理调解会，刘先生均未出席。

之后房管局作出房屋拆迁裁决，认定：拆迁公司取得房管局核发的房屋拆迁许可证，许可证经延长，拆迁刘先生租赁房屋时是在拆迁期限内。刘先生租赁公房后楼房屋属于拆迁范围。房屋类型为旧里，系公房，租赁户名为刘先生。根据当地政府文件规定，经房地产估价有限公司评估等一系列程序，做出了拆迁裁决，给予刘先生户安置本市××区××路×××弄×××号×××室建筑面积××平方米房屋一套，要求刘先生户于裁决书做出之次日起十五日内迁出本市××路×××弄×××号后楼房屋，迁入安置房屋，并将现居住使用的房屋及其附属建、构筑物交申请人拆除，拆迁公司按规定支付刘先生户家用设备移装费。

房管局将该裁决书寄送刘先生。

刘先生不服，向所在地市住房保障和房屋管理局提起行政复议。市住房保障和房屋管理局作出行政复议决定，维持拆迁裁决。

刘先生遂向法院提起诉讼，要求撤销房屋拆迁裁决。

一审判决后，仍旧不服，提起了上诉。

【行政上诉状】

上诉人(原审原告)：刘××，男，196×年×月×日生，汉族，住××市××区××路××号×××室。

被上诉人(原审被告):××市××区住房保障和房屋管理局。

住所:××市×××路××××号。

法定代表人:×××,局长。

原审第三人:××置业有限公司。

住所:××市××区××路××号。

法定代表人:×××,董事长。

上诉请求:

判令撤销××市××区人民法院作出的(201×)×行初字第××号行政判决书判决。

事实与理由:

上诉人认为一审判决认定事实错误,被上诉人裁决错误,理应撤销:

1. 被上诉人做出的针对上诉人房屋拆迁裁决对被拆迁房屋面积认定错误,遗漏了灶间面积。

2. 原审第三人公司不具有拆迁人资格,其取得裁决安置房屋的时间晚于拆迁许可时间,且所取得该安置房屋属于已抵押房屋。

3. 被上诉人作出的房屋拆迁裁决剥夺上诉人户选择回搬安置的权利。

4. 原审判决未就事实查明,认定事实不清,适用法律错误,程序违法。

综上,请求二审法院撤销原审判决。

【法院判决】

上诉人刘××因房屋拆迁裁决一案,不服××市××区人民法院(201×)×行初字第××号行政判决,向本院提起上诉。本院依法组成合议庭审理了本案,现已审理终结。

原审查明,××置业有限公司(以下简称××公司)于201×年××月××日取得××房管拆许字(201×)第××××号房屋拆迁许可证,该证记载的拆迁范围为"××路××弄全部,××路×××弄×××号,××路××号",该拆迁基地为一期项目建设,为征询制试点,××公司在拆迁过程中就拆迁安置方案、奖励及补贴标准等事项进行了公告。拆迁期限自201×年××月××日至201×年×月××日,后经批准延长至201×年××月××日。本市××路×××弄×××号后楼房屋系公房,居住面积×平方米,租赁户名刘××。该房屋经××房房地产估价有限公司评估,以201×年××月××日为估价时点,评估单价为人民币(以下币种均为人民币)×××××元/平方米,评估报告于201×年×月××日送达刘××。被拆房屋在册户籍1人,即户主刘××。该房屋中需移装设备包括电话、煤气、空调、淋浴器、有线电视各一件,合计设备移装费××××元。本市××区××路×××弄×××号×××室房屋系专项用于基地的配套商品房,政府定价为××××元/平方米,房屋总价值为××××××元。拆迁期间,××公司曾多次通过谈话、开协调会等方式与刘××协商拆迁补偿事宜,但双方均未能达成一致意见。201×年×月××日,××公司向刘××送达了该户的拆迁安置方案和看房通知。201×年××月××日,××公司向××市××区住房保障和房屋管理局(以下简称××区房管局)提出裁决申请,××区房管局予以受理并向刘××送达房屋拆迁裁决申请书、受理通知书及会议通知。201×年××月××日、××月×日、××月××日××区房管局召开审理调解会,刘××均未出席。201×年××月××日××区房管局召集××公司与刘××协调,因刘××不愿协商致调解未成。同日,××区房管局作出×房拆裁发(201×)××号房屋拆迁裁决,该裁决认定:申请人××公司于201×年××月××日取得××区房管局核发的××房管拆许字(201×)第××××号房屋拆迁许可证,该证经延长,尚在拆迁期限内。本市××路×××弄×××号后楼房屋属于拆迁范围。该房屋类型为旧里,系公房,租赁户名刘××,面积换算系数×,经计算建筑面积为××平方米。根据×府(201×)71号《××区人民政府关于确定本区房屋拆迁套型面积补贴标准及价格补贴系数标准的通知》规定,本区套型面积补贴标准为每户××平方米,本区拆除居住房屋价格补贴系数为××%。该房屋经××房地产估价有限公司评估,房地产评估单价为×××××元/平方米,低于基地评估均价×××××元/平方米。根据×房管拆(20××)××号《关于调整完善本市城市房屋拆迁补偿安置政策试点工作的意见(征求意见稿)》的规定,评估价格、套型面积补贴和价格补贴均按评估均价×××××元/平方米计算。经计算,被申请人刘××户被拆除居住房屋价值补偿金额为××××××元(算式:×××××元/平方米×××%×××平方米+×××××元/平方米×××平方米+×××××元/平方米×××%×××平方米)。被拆房屋内有电话、煤气、空调、有线电视、淋浴器各一件,家用设备移装费合计××××元。申请人提供本市××区××路×××弄×××号×××室××平方米房屋,政府定价为××××元/平方米,经计算该房屋总价为××××××元(算式:××××元/平方米×××平方米)。裁决如下:一、被申请人刘××户安置本市××区××路×××弄×××号×××室建筑面积××平方米房屋,上述房屋总价为××××××。二、被申请人刘××户于本裁决书做出之次日起十五日内迁出本市××路×××弄×××号后楼房屋,迁入本市××区××路×××弄×××号×××室安置房屋,并将现居住使用的本市××路×××弄×××号后楼房屋及其附属建、构筑物交申请人拆除。三、申请人按规定支付被申请人户家用设备移装费。××区房管局于201×年××月××日将该裁决书寄送刘××。刘××不服,向××市住房保障和房屋管理局提起行政复议。201×年×月××日,××市住房保障和房屋管理局作出行政复议决定,维持了被诉行政行为。刘××遂向原审法院提起诉讼,要求撤销上述房屋拆迁裁决。

原审认为,根据国务院令(2001)第305号《城市房屋拆迁管理条例》(以下简称《拆迁条例》)第十六条、《××市城市房屋拆迁管理实施细则》(以下简称《实施细则》)第二十四条之规定,××区房管局有权作出房屋拆迁裁决。××公司持有合法的房屋拆迁许可证进行拆迁建设,刘××户房屋属于拆迁范围。在拆迁期限内,因××公司就拆迁安置方案多次与刘××协商未果,向××区房管局提出裁决申请,××区房管局予以受理,符合法律规定。××区房管局受理该申请后,及时向刘××进行送达,并组织了审理调解会议,在××公司与刘××未达成一致意见的情况下,××区房管局于受理申请后30日内作出被诉房屋拆迁裁决,程序合法。××区房管局在×房拆裁发(201×)××号房屋拆迁裁决书中所认定的被拆房屋、安置房屋等事实清楚、证据充分。裁决所确定的本市××区××路×××弄×××号×××室房屋属于拆迁项目的安置房源,符合安置条件,××区房管局依照《实施细则》第二十四条之规定,裁决将刘××安置于该房屋内,与法不悖。××区房管局按照×房管拆(20××)××号文第二条、×府(201×)××号文的规定,认定刘××户被拆房屋的补偿金额为××××××元、安置房屋总价为××××××元,××公司需支付刘××户差价款×××××元,经审查,法律适用及数额计算均无误。××区房管局依照《实施细则》第四十二条之规定,裁决由××公司支付刘××设备移装费正确,亦予确认。××区房管局所作裁决内容亦符合《"××区旧区改造(土地出让范围)"(试点基地)拆迁补偿安置征询方案》的基地政策,并无不当。刘××所提出之其他各项意见,亦不足以否认被诉房屋拆迁裁决的合法性。综上,××区房管局作出被诉具体行政行为,具有法定职权,认定事实清楚、证据充分,适用法律、法规正确,符合法定程序。刘××要求撤销被诉具体行政行为的诉讼请求,依法不能成立,不予支持。遂判决:驳回刘××的诉讼请求。判决后,刘××不服,向本院提起上诉。

上诉人刘××上诉称:被诉房屋拆迁裁决对被拆迁房屋面积认定错误,遗漏了灶间面积。××公司不具有拆迁人资格。××公司取得裁决安置房屋的时间晚于拆迁许可时间,且属于抵押房屋。被诉房屋拆迁裁决剥夺上诉人户选择回搬安置的权利。原审判决认定事实不清,适用法律错误,程序违法,请求二审法院撤销原审判决。

本院经审理查明,原审判决认定事实正确,本院予以确认。

本院认为,依据《国有土地上房屋征收与补偿条例》第三十五条的规定,本案所涉房屋拆迁裁决仍应适用《拆迁条例》《实施细则》的相关规定办理,故被上诉人依法具有作出被诉房屋拆迁裁决的职权。本案中,原审第三人××公司因未能与上诉人刘××户达成房屋拆迁安置补偿协议,向被上诉人申请房屋拆迁裁决,被上诉人组织双方调解,因调解不成,在法定期限内作出被诉房屋拆迁裁决,执法程序合法。被上诉人所作房屋拆迁裁决对上诉人被拆迁房屋的性质、类型、建筑面积、评估价格、套型面积补贴、应得房屋价值补偿款、安置房屋的建筑面积和评估价格的认定以及拆迁人应付差价款的计算等，均有相应的证据予以佐证，计算准确，认定事实清楚。被上诉人根据被拆迁房屋租用公房凭证记载的居住面积，按照基地规定换算系数计算被拆迁房屋建筑面积依法有据，上诉人关于裁决遗漏灶间面积的主张，无事实证据和法律依据，本院不予采信。关于上诉人认为原审第三人不具有拆迁人资格的问题，根据被上诉人提供的原审第三人的营业执照、组织机构代码证、法定代表人身份证明等证据，可以证明原审第三人系企业法人，依法取得系争地块的房屋拆迁许可，其作为拆迁人实施拆迁活动，于法有据。关于上诉人认为裁决剥夺上诉人户选择回搬安置权利的问题，因该拆迁基地并无回搬安置房源，上诉人要求选择回搬安置方式，缺乏依据，本院不予支持。关于上诉人对裁决安置房源提出的异议，该房屋于201×年×月以调拨形式用于本案拆迁基地的房屋安置，被上诉人于201×年××月××日作出被诉房屋拆迁裁决时，该房屋已调拨给本案拆迁基地，裁决安置并无不当，且现该房屋上并未设定抵押，可用于安置上诉人户。综上，上诉人的上诉请求及理由缺乏事实证据和法律依据，本院不予支持。原审判决并无不当。据此，依照《中华人民共和国行政诉讼法》第六十一条第(一)项之规定，判决如下：

驳回上诉，维持原判。

上诉案件受理费人民币50元，由上诉人刘××负担。

本判决为终审判决。

【律师评述】

刘先生上诉关注的核心是三个问题：裁决遗漏灶间面积；拆迁人不具有拆迁人资格；裁决剥夺他选择回搬安置权利。

二审法院根据查明事实，就刘先生关注的三个问题一一作出了回应：① 根据被拆迁房屋租用公房凭证记载的居住面积，按照基地规定换算系数计算被拆迁房屋建筑面积依法有据，上诉人关于裁决遗漏灶间面积的主张，无事实证据和法律依据，法院未予采信。② 关于上诉人认为拆迁公司不具有拆迁人资格的问题，根据营业执照、组织机构代码证、法定代表人身份证明等证据，可以证明拆迁公司系企业法人，依法取得系争地块的房屋拆迁许可，其作为拆迁人实施拆迁活动，法院认定其实施拆迁，于法有据。③ 关于上诉人认为裁决剥夺上诉人户选择回搬安置权利的问题，因该拆迁基地并无回搬安置房源，刘先生要求选择回搬安置方式，缺乏依据，法院亦不予支持。

而关于刘先生对裁决安置房源提出的异议，则法院查明，用于安置的该房屋以调拨形式用于本案拆迁基地的房屋安置，作出房屋拆迁裁决时，该房屋已调拨给本案拆迁基地，裁决安置并无不当，且经查现该房屋上并未设定抵押，可用于安置刘先生户。

从以上抽丝剥茧中，可以看出，刘先生本身的主张似乎看起来合理合法，但却因为刘先生未能了解全部的信息，导致其诉讼主张被一一击破，终未能得到支持。因此，行政诉讼需要在启动诉讼时，尽可能了解或者委托律师调取、分析必要的基本证据，预判诉讼的支撑点是否足够，获得依法支持的可能有多大把握，以避免费时费力却无法获得自己想要的结果，等到程序结束，发现有些诉讼基本没有太大的实际价值。

案例24　郭××与××市房地产登记处行政登记上诉案

【案情介绍】

郭先生与一有限公司(以下简称公司)持《房屋抵押借款合同》、身份证及营业执照、房地产权证向当地房地产登记处申请办理公司所有的部分房产的抵押登记。

就在当地登记处受理郭先生与公司申请的当日下午,登记处又收到法院出具的《协助执行通知书》及民事裁定书等法律文书,因财产保全,要求查封公司名下包括郭先生与公司申请抵押登记的房产。

登记处同日作出查封登记。后登记处向郭先生告知,其申请办理的房地产抵押登记,由于司法限制,根据房地产登记条例规定,决定不予登记。

郭先生不服,向市住房保障和房屋管理局提起行政复议。市住房保障和房屋管理局于作出维持决定,郭先生仍不服,提起诉讼,请求撤销市登记处作出的不予登记决定。

一审行政判决后,郭先生仍旧不服,提起上诉。

【行政上诉状】

上诉人(原审原告):郭××,男,195×年×月×日生,汉族,住××市××路××号×××室。

被上诉人(原审被告):××市房地产登记处。

住所:××市××路××号。

法定代表人:×××,主任。

上诉请求:

判令撤销××市××区人民法院作出的(201×)×行初字第××号行政判决书判决,依法改判撤销被诉具体行政行为。

上诉理由:

上诉人于201×年×月××日上午办理了本市××区××路×××弄×××号×××套房屋抵押登记申请,并缴纳了相关费用。被上诉人于当日下午才收到原审法院的财产保全裁定与协助执行通知,且被上诉人未按民事裁定书中载明的财产保全金额××××万元的范围协助执行，实际查封本市××区××路×××弄×××号、×××号全部房产。该违法行为造成上诉人申请抵押房屋被查封，无法完成抵押，严重损害了上诉人的利益。为此，提出上诉，请求撤销原审判决和被诉具体行政行为。

【法院判决】

上诉人郭××因房地产登记一案，不服××市××区人民法院(201×)×行初字第××号行政判决，向本院提起上诉。本院受理后，依法组成合议庭公开开庭审理了本案。上诉人郭××的委托代理人××，被上诉人××市房地产登记处(以下简称市登记处)的委托代理人×××、×××到庭参加诉讼。本案现已审理终结。

原审认定：201×年×月××日上午，郭××与案外人××有限公司持《房屋抵押借款合同》、身份证及营业执照、×房地×字(201×)第××××××号××市房地产权证向市登记处申请办理××有限公司位于本市××区××路×××弄×××号部分房产的抵押登记。市登记处同日受理，并于当日下午收到原审法院出具的《协助执行通知书》及民事裁定书等法律文书，因财产保全，要求查封××有限公司名下位于××区××路×××弄×××号、×××号楼的房产。市登记处同日作出查封登记。201×年×月××日，市登记处向郭××告知其申请办理的坐落于××路×××弄×××号房地产抵押登记，由于司法限制，根据《××市房地产登记条例》第十四条之规定，决定不予登记，并将不予登记告知书发送郭××。郭××不服，向××市住房保障和房屋管理局提起行政复议。××市住房保障和房屋管理局于同年×月×日作出维持决定，郭××仍不服，遂提起诉讼，请求撤销市登记处作出的不予登记决定。

原审法院认为：根据《××市房地产登记条例》规定，市登记处具有作出房地产抵押权登记的职权，其在受理郭××抵押登记申请后的审查期间内，收到协助执行通知书，要求对××有限公司名下的位于本市××区××路×××××弄×××号、×××号房产作出查封登记，市登记处据此认为郭××申请登记的事项与房地产登记簿的记载有冲突，遂依据《××市房地产登记条例》第二十条第(五)项之规定，作出不予登记的决定，认定事实清楚，适用法律正确。抵押登记虽然不是“过户、转让”，但抵押权的实现会直接影响到房屋的产权状况，故市登记处以郭××所申请抵押登记的房地产已被司法机关查封为由作出不予登记的决定，并无不当。针对郭××提出的送达异议，从市登记处提供的邮寄凭证、查单以及郭某某已收到告知书的事实来看，市登记处按郭××申请时所提供身份证记载的住址寄送告知书符合送达要求。原审遂依照《最高人民法院关于执行〈中华人民共和国行政诉讼法〉若干问题的解释》第五十六条第(四)项之规定,判决驳回郭××的诉讼请求。判决后,郭××不服,向本院提起上诉。

上诉人郭××上诉称:上诉人于201×年×月××日上午办理了本市××区××路×××弄×××号×××套房屋抵押登记申请,并缴纳了相关费用。被上诉人于当日下午才收到原审法院的财产保全裁定与协助执行通知,且被上诉人未按民事裁定书中载明的财产保全金额××××万元的范围协助执行,实际查封本市××区××路×××弄×××号、×××号全部房产。该违法行为造成上诉人申请抵押房屋被查封,无法完成抵押,损害了上诉人的利益。故请求撤销原审判决和被诉具体行政行为。

被上诉人市登记处辩称:《××市房地产登记条例》第五十条规定房地产登记机构应在受理登记申请之日起7天内完成审核,对符合规定条件的予以登记。201×年×月××日仅是受理上诉人提出的抵押登记申请,并未审核完毕。在被上诉人在法定审核期限内,收到法院的协助执行通知书,要求查封本市××区××路×××弄×××号、×××号楼全部房产,被上诉人作为登记机构应予协助执行,被上诉人也未超出协助执行范围。被上诉人系依法作出不予登记的决定,原审法院判决正确,请求维持原判。

本院经审理查明:原审判决认定的事实清楚,本院予以确认。

本院认为:根据《××市房地产登记条例》第五条规定,市房屋、土地行政管理部门负责本市房地产登记管理工作。市登记处负责本市房地产登记的日常工作。区县房地产登记处受市登记处委托,具体办理房地产登记事务。第十七条规定,房地产抵押权、地役权和其他依法可以申请登记的房地产权利的登记证明,由市登记处颁发。因此,被上诉人市登记处具有受理房地产抵押登记申请,并作出处理决定的法定职权。《××市房地产登记条例》第五十条规定,房地产登记机构应当自受理房地产抵押权登记申请之日起7日内完成审核。符合规定条件的,应当将有关事项记载于房地产登记簿,并通知房地产抵押权人领取登记证明;不符合规定条件的,不予登记,并书面告知申请人。上诉人郭××于201×年×月××日向被上诉人市登记处提出房地产抵押登记申请,市房地产登记处于当日受理。因当日下午,被上诉人收到原审法院的民事裁定及协助执行通知书,要求查封本市××区××路×××弄×××号、×××号楼房产。被上诉人经审查认为上诉人申请抵押登记与房地产登记簿的记载有冲突,遂依据《××市房地产登记条例》第二十条第(五)项的规定,作出不予登记决定。关于上诉人认为其已按照房地产抵押登记流程规定的步骤完成申请内容,司法限制情形发生在上诉人申请之后的主张,因房地产登记机构接待窗口功能设置不包括审核业务,按照《××市房地产登记条例》第五十条的规定,审核部门尚在审核过程中。在此过程中,被上诉人收到相关法院查封系争房地产的协助执行通知书,被上诉人据此以上诉人提出的房地产抵押登记申请因发生了限制登记的法定事由，作出不予登记决定，认定事实清楚，适用法律正确。上诉人要求撤销该不予登记决定缺乏事实及法律依据，本院不予支持。上诉人的上诉请求和理由难以成立，原审判决可予维持。据此，依照《中华人民共和国行政诉讼法》第六十一条第（一）项之规定，判决如下：

驳回上诉，维持原判。

二审案件受理费人民币 50 元，由上诉人郭××负担。

本判决为终审判决。

【律师评述】

区县房地产登记处受市登记处委托，具体办理房地产登记事务。

根据当地相关规定，房地产登记机构应当自受理房地产抵押权登记申请之日起 7 日内完成审核。符合规定条件的，应当将有关事项记载于房地产登记簿，并通知房地产抵押权人领取登记证明；不符合规定条件的，不予登记，并书面告知申请人。

郭先生向登记处提出房地产抵押登记申请，房地产登记处于当日受理。而当日下午，法院的民事裁定及协助执行通知书也到了房地产登记处，要求查封房产。

登记处经审查认为郭先生申请抵押登记与房地产登记簿的记载有冲突，遂依据规定，作出不予登记决定。

关于郭先生认为其已按照房地产抵押登记流程规定的步骤完成申请内容，司法限制情形发生在其申请之后，因此其抵押登记应先于法院查封。其实，房地产登记机构接待窗口功能设置不包括审核业务，按照规定，审核部门有 7 日的审核期限，故法院的民事裁定及协助执行通知到达时，郭先生提交的抵押申请尚在审核过程中，在正常审核期限内，尚未核准，而法院的民事裁定及协助执行通知则是送达即要立即执行。

在此过程中，登记处收到相关法院查封系争房地产的协助执行通知书，登记处据此以郭先生提出的房地产抵押登记申请因发生了限制登记的法定事由，作出不予登记决定，无论是从认定事实还是从适用法律角度看，都是正确的。

也许郭先生的行为也是在与法院的民事裁定及协助执行赛跑，如果是这样，郭先生的抵押登记行为动机，更是值得怀疑。当然我们不得而知，只是猜想。

案例25　冯××诉××市房地产登记处等房地产抵押登记纠纷上诉案

【案情介绍】

本案系争房屋的权利人登记为张某。

张某、李某至房地产交易中心，填写了房地产登记申请书，共同向房地产登记部门提出系争房屋抵押登记的申请，提供了系争房屋的房产抵押借款合同、房地产权证等材料。

房地产登记处受理后，经审核作出系争房屋的抵押登记。

后人民法院就系争房产涉及的民间借贷纠纷案作出了民事调解书。调解书确定的期限届满，未能履行，借款债权人提出了强制执行申请。

冯先生获悉后，提出了针对系争房产的执行异议诉讼。人民法院就冯先生诉×××、×××、×××执行异议之诉作出民事判决书，判决冯先生为系争房屋共同共有人，对冯先生要求停止执行民间借贷案件及撤销执行情况告知书的诉讼请求，不予支持。判决后，冯先生等均未提起上诉。

依据以上判决，冯先生就市房地产登记处对系争房屋作出的抵押登记行政行为提起诉讼。

一审判决冯先生败诉后，冯先生提起了上诉。

【行政上诉状】

上诉人(原审原告)：冯××，男，197×年×月×日生，汉族，住××市××区××路××号××××室。

被上诉人(原审被告)：××市房地产登记处。

住所：××市××路××号。

法定代表人：×××，职务：主任。

原审第三人：张某，196×年×月×日生，回族，住××市××区××路××号××××室。

原审第三人：李某，196×年×月×日生，汉族，住××市××区××路××号××××室。

上诉请求：

撤销××市××区人民法院(201×)×行初字第××号行政判决书判决。

上诉理由：

根据《××市房地产登记条例》第四十四条规定，申请房地产抵押权设定登记应提交抵押担保的主债权合同，两原审第三人申请房地产抵押登记时，仅提交了房产抵押借款合同，未提供主债权合同。而根据法律规定，自然人之间的借款合同，自贷款人提供借款时生效，而本案所涉的借款合同因合同约定的××万元借款没有兑现，并未生效。

此外，最高人民法院《关于适用〈中华人民共和国担保法〉若干问题的解释》也规定，共同共有人以其共有财产设定抵押，未经其他共有人的同意，设定抵押无效。上诉人作为抵押系争房产的合法共有人，并未同意设定抵押，亦未借款。

被上诉人受理原审第三人的抵押申请，并作出抵押登记属明显违反法定程序，适用法律错误，依法应予撤销。原审判决认定事实不清，适用法律不当，故请求撤销原审判决书判决。

【法院判决】

上诉人冯××因房地产抵押登记一案，不服××市××区人民法院(201×)×行初字第××号行政判决，向本院提起上诉。本院受理后，依法组成合议庭于201×年××月××日公开开庭对本案进行了审理。上诉人冯××及其委托代理人×××，被上诉人××市房地产登记处(以下简称市房地产登记处)的委托代理人×××、×××律师，原审第三人张某的委托代理人×××律师、原审第三人李某的委托代理人×××律师到庭参加了诉讼。本案现已审理终结。

原审认定，200×年×月×日，本市××区××路×××弄×××号×××室房屋(以下简称系争房屋)的权利人登记为×××。200×年×月23日，张某、李某至××市××区房地产交易中心，填写了××市房地产登记申请书，共同向房地产登记部门提出系争房屋抵押登记的申请，并提供了系争房屋的房产抵押借款合同、×房地×字(200×)第××××××号××市房地产权证等材料。市房地产登记处受理后，经审核于200×年×月×日作出系争房屋的抵押登记，抵押权人为×××，债权数额人民币(以下币种均为人民币)××××××元。200×年×月××日，××市××区人民法院就×××、×××诉×××民间借贷纠纷案作出了(200×)×民一(民)初字第××××号民事调解书，主要内容为："一、被告×××于200×年××月××日前一次性归还原告×××、×××借款人民币××万元并支付借款利息人民币×××××元……"。201×年×月××日，××市××区人民法院就冯××诉×××、×××、×××案外人执行异议之诉作出(201×)×民四(民)初字第×××号民事判决书，判决主文为：

"一、原告冯××为××市××路×××弄×××号×××室房屋共同共有人；二、对原告冯××要求停止执行(200×)×执字第××××号案件及撤销该案的执行情况告知书的诉讼请求，不予支持。"判决后，当事人均未提起上诉。201×年×月，冯××就市房地产登记处200×年×月××日对系争房屋作出的抵押登记行政行为提起诉讼。

原审认为：冯××作为系争房屋的权利人是依据生效的××市××区人民法院(201×)×民四(民)初字第×××号民事判决，故冯××与被诉抵押登记行为有法律上的利害关系，具有对抵押登记行为提起诉讼的原告资格。依据最高人民法院《关于行政诉讼证据若干问题的规定》第四条第三款"被告认为原告起诉超过法定期限的，由被告承担举证责任"的规定，尽管市房地产登记处就冯××的起诉期限提出异议，但未能提交证据证明，故对该项主张，法院不予采信。依据《××市房地产登记条例》(以下简称《登记条例》)第四条的规定，市房地产登记处作为本市房地产登记主管部门，具有依申请对本市房地产抵押进行登记的职权。依据《登记条例》第六条、第七条、第四十三条、第四十四条的规定，房地产抵押登记应当由当事人双方共同申请，申请时需提交申请书、身份证明、房地产权证书、抵押担保的主债权合同、抵押合同等文件。张某、李某于200×年×月××日共同向市房地产登记处提出书面申请，并提交了房产抵押借款合同等证明文件。因此，市房地产登记处在收到权利人申请之后所作的行政行为并无不当。冯××认为市房地产登记处未尽到审核义务，认定事实错误的理由与实际不符。×××称抵押登记应当经过公证程序，并非市房地产登记处作出具体行政行为的必备条件。就系争房屋所涉房产抵押借款合同的效力，×××、×××对于房产抵押借款合同的真实性予以确认，(200×)×民一(民)初字第××××号民事调解书已作出认定。冯××坚持认为房产抵押借款合同无效并在(201×)×民四(民)初字第×××号案件中作为一项诉请提出，在该项诉请未获法院支持的情况下，未提起上诉。由此可见，作为房屋抵押登记行为基础的抵押民事法律关系已通过民事争议予以确认。综上，冯××要求撤销被诉具体行政行为的诉讼请求，缺乏法律依据，依法不能成立。原审法院依照《最高人民法院关于执行〈中华人民共和国行政诉讼法〉若干问题的解释》第五十六条第(四)项和《最高人民法院关于审理房屋登记案件若干问题的规定》第十条之规定，判决驳回冯××的诉讼请求。冯××不服原审判决，向本院提起上诉。

上诉人冯××上诉称：《登记条例》第四十四条规定，申请房地产抵押权设定登记应提交抵押担保的主债权合同，两原审第三人申请房地产抵押登记时，仅提交了房产抵押借款合同，未提供主债权合同。且根据法律规定，自然人之间的借款合同，自贷款人提供借款时生效，而本案所涉的借款合同因合同约定的××万元借款没有兑现，并未生效。此外，最高人民法院《关于适用〈中华人民共和国担保法〉若干问题的解释》也规定,共同共有人以其共有财产设定抵押,未经其他共有人的同意,设定抵押无效。被上诉人受理原审第三人的抵押申请,并作出抵押登记属违反法定程序,适用法律错误,依法应予撤销。原审判决认定事实不清,适用法律不当,请求撤销原判。

被上诉人市房地产登记处辩称:虽然《登记条例》第四十四条规定的房地产抵押登记应提交的材料,将抵押合同和主债权合同列为两项,但是申请人把两项内容规定在一份合同中,即原审第三人提交的房产抵押借款合同同时包含了债权的要素和抵押的要素,也符合法律的规定。房地产抵押登记行为在先,法院判决确认系争房屋为共同财产在后,在后生效的判决不能推翻之前的行政行为。且上诉人要求确认房产抵押借款合同无效的诉讼请求,并未得到法院支持。至于借款人实际是否收到借款合同约定的款项,不是房地产登记机关法定的审查内容。被诉具体行政行为合法,要求维持原判。

原审第三人张某的述称意见与上诉人一致。

原审第三人李某述称:系争房屋的产权登记在×××一人名下,×××享有完全产权。×××和×××共同向被上诉人提出房地产抵押登记申请,并提交了房地产权证和房产抵押借款合同等法律规定的申请材料,且房产抵押借款合同包含了借款××万元及利息、还款期限的规定和抵押的约定。被上诉人作出的房地产抵押登记行为证据充分,程序合法,适用法律正确。请求维持原判。

经审理查明,原审判决认定的事实清楚,证据充分,本院予以确认。

本院认为,本案被诉的房地产抵押登记行政行为系200×年×月×日作出,故应适用××市第××届人民代表大会常务委员会200×年×月××日修订的《登记条例》。根据《登记条例》的规定,市房地产登记处负责本市房地产登记的日常工作,具有对房地产抵押权设定申请予以审核登记的法定职权。《登记条例》第四十四条规定,申请房地产抵押权设定登记,应当提交下列文件:"(一)申请书;(二)身份证明;(三)房地产权证书;(四)抵押担保的主债权合同;(五)抵押合同。"第四十七条规定:"符合下列条件的房地产他项权利登记的申请,应当准予登记:(一)申请人是设定房地产他项权利的当事人,且其中一方是房地产登记册记载的房地产权利人;(二)申请登记的房地产在房地产登记册的记载范围内;(三)申请登记事项与房地产登记册的记载不冲突。"200×年×月××日,张某、李某共同向市房地产登记处提出房地产抵押登记的申请,并提供了申请人的身份证明、系争房屋的房地产权证书、房产抵押借款合同。市房地产登记处受理后经审核认定,×××是系争房屋房地产权证书记载的权利人,×××是房产抵押借款合同约定的债权人,他们符合房地产抵押登记申请人的条件。两申请人提交的房产抵押借款合同包含了借款主债权合同的内容,也包含了抵押事项的内容,且申请登记的事项与该房屋房地产登记册的记载不冲突,故依法作出房地产抵押登记行政行为。该具体行政行为认定事实清楚，适用法律正确，程序合法。上诉人冯××认为，两原审第三人仅提供了房产抵押借款合同，未提供主债权合同，且债权人没有实际交付××万元借款，×××擅自处分共同共有的房产，抵押合同无效，被诉房地产抵押登记行为违法。对此，本院认为，根据《中华人民共和国担保法》第九十三条规定，抵押合同可以是单独订立的书面合同，包括当事人之间的具有担保性质的信函、传真等，也可以是主合同中的担保条款。本案中，两原审第三人向市房地产登记处申请房地产抵押登记时提交的房产抵押借款合同，既包含了借款金额、利息、借款期限等借款合同所应具备的基本条款，也明确了以系争房屋作为抵押的担保条款。市房地产登记处据此认定申请人提交的材料符合法律规定，与法不悖。×××是系争房屋房地产权证书记载的权利人，有权申请房地产抵押登记。且房地产抵押登记的基础是房产抵押借款合同，市房地产登记处对合同的效力没有审查权，而该合同至今未被确认无效。至于借款合同约定的借款双方的履行情况，不是房地产抵押登记审查的法定范围。原审法院判决驳回冯××的诉讼请求，并无不当。上诉人冯××的上诉请求和理由不能成立，本院不予支持。据此，依照《中华人民共和国行政诉讼法》第六十一条第(一)项之规定，判决如下：

驳回上诉，维持原判。

二审案件受理费人民币 50 元，由上诉人冯××负担(已付)。

本判决为终审判决。

【律师评述】

本案其实涉及多个法律关系：民间借贷法律关系、抵押登记法律关系、共同共有法律关系。而民间借贷、共同共有则是抵押登记法律关系的前提。民间借贷、共同共有的依法认定及其生效法律文书产生的后果，乃至进入执行程序后的有关法律状态，都构成了本案行政诉讼的认定基础。

根据当地登记条例相关规定，申请房地产抵押权设定登记，应当提交下列文件：① 申请书；② 身份证明；③ 房地产权证书；④ 抵押担保的主债权合同；⑤ 抵押合同。同时根据规定，符合下列条件的房地产他项权利登记的申请，应当准予登记：① 申请人是设定房地产他项权利的当事人，且其中一方是房地产登记册记载的房地产权利人；② 申请登记的房地产在房地产登记册的记载范围内；③ 申请登记事项与房地产登记册的记载不冲突。

申请人共同向市房地产登记处提出房地产抵押登记的申请，并提供了申请人的身份证明、系争房屋的房地产权证书、房产抵押借款合同。房地产登记处受理后经审核认定，系争房屋房地产权证书记载的权利人，房产抵押借款合同约定的债权人均按照规定提出了申请并提交了材料，符合房地产抵押登记申请人的条件。申请人提交的房产抵押借款合同包含了借款主债权合同的内容，也包含了抵押事项的内容，且申请登记的事项与该房屋房地产登记册的记载不冲突，故依法作出房地产抵押登记行政行为。

冯先生认为，申请人仅提供了房产抵押借款合同，未提供主债权合同，且债权人没有实际交付借款，申请人之一作为自己的配偶，擅自处分夫妻共有的房产，抵押合同无效，被诉房地产抵押登记行为违法。

而根据《中华人民共和国担保法》规定，抵押合同可以是单独订立的书面合同，包括当事人之间的具有担保性质的信函、传真等，也可以是主合同中的担保条款。本案中，申请人向市房地产登记处申请房地产抵押登记时提交的房产抵押借款合同，符合要求。房地产登记处对合同的效力亦没有审查权，而根据庭审看，抵押借款合同未被依法确认无效。故本案冯先生所诉的房地产抵押登记行政行为就无法被撤销。

关于冯先生一直坚持的借款合同约定的借款双方的履行情况，则不是房地产抵押登记审查的法定范围，且其妻子也未就该内容另行提出合同纠纷诉讼主张，当然也不影响本案作为行政诉讼的判决了。

纵观本案，法律关系众多，而又互相交织，诉讼中理清各个法律关系，更进一步就民事、合同和行政法律关系做出切割，找到不同诉讼的关键点，则就事半功倍了，也就奠定了案件走向的基础。

案例 26　翟××诉××市××区市场监督管理局工商行政处罚上诉案

【案情介绍】

翟女士购买了一公司生产的名称标注为“××××”的产品，其经过了解，认为该公司在未获得其所购买产品生产许可证的情况下生产该产品，属无证生产，遂向国家质量监督检验检疫总局提出申诉举报。

翟女士所在地市场监管局收到国家质量监督检验检疫总局转来的申诉举报材料。市场监管局经现场检查后，告知翟女士其质量申诉因产品超过质量保证期，对其申诉不予处理。后对翟女士反映的产品标签问题进行立案调查。

市场监管局对产品生产公司进行调查并进行现场检查后，认定该公司生产经营标签不符合法律规定的产品，其使用标签明显不能反映产品的真实属性，并认定该批标签使用数量、涉案产品货值金额、违法所得，对该公司作出《责令改正通知书》，要求其进行整改。

市场监管局同时认定，涉案批次标签系因标签供应商印刷错误导致，但该产品的适用标准、生产工艺、出厂检验等均反映其真实属性，属于《全国工业产品生产许可证》的许可范围；认定该公司自发现错误标签后，能立即停止使用并及时纠正，且标签不影响其产品质量，未造成任何危害结果，属轻微的违法行为，依据《中华人民共和国行政处罚法》第二十七条第二款的规定“违法行为轻微并及时纠正，没有造成危害结果，可不予行政处罚”，故不予行政处罚，作出《不予行政处罚决定书》。

翟女士通过政府信息公开方式获得《不予行政处罚决定书》后不服，向所在区人民政府申请行政复议。区人民政府作出行政复议决定，维持不予行政处罚决定。翟女士不服，诉至原审法院。原审判决后，翟女士仍不服，提起上诉。

【行政上诉状】

上诉人(原审原告)：翟××，女，196×年×月×日生，汉族，住××市××区××路××号××××室。

被上诉人(原审被告)：××市××区市场监督管理局。

住所：××市××路×××号。

法定代表人：×××，职务：局长。

原审第三人：××有限公司。

住所：××市××路×××号。

法定代表人：×××，职务：总裁。

上诉请求：

撤销××市××区人民法院作出的(201×)×行初字第×××号行政判决书判决，改判支持上诉人原审诉讼请求。

上诉理由：

上诉人认为：被上诉人作出不予行政处罚决定错误。

原审第三人在未获得产品生产许可证的情况下生产产品，属无证生产，被上诉人却认定其属于标签不能反映产品的真实属性，未查明事实。

根据《食品生产加工企业质量安全监督管理实施细则》第四条第二款的规定，食品质量安全指标包括食品标签标示，因此，上诉人举报事项涉及食品质量安全问题，即使被举报产品仅是标签不符合规定，原审第三人也需要履行产品召回义务，但实际并未召回产品、消除影响，导致购买过该食品的消费者权益未得到有效维护。因此，被上诉人认定原审第三人"及时纠正""未造成危害结果"没有任何依据。

被上诉人应当依据《食品安全法》第八十四条、第八十六条的规定以及《食品标识管理规定》进行严肃处罚原审第三人。

原审第三人生产经营产品，使用标签的违法事实清楚，证据充分，涉案货值、违法所得巨大。

《食品生产加工企业质量安全监督管理实施细则》规定，食品质量安全指标包括食品标签标示，原审第三人公司的行为涉及质量安全，理应全部召回，严肃整改，被上诉人应当根据《食品安全法》第八十六条规定予以没收违法所得。根据《××市质量技术监督行政处罚裁量基准制度》及质检总局质检办食监函(2011)1059 号《关于食品标签不合格查处问题的复函》等规定，应当依法作出行政处罚。

被上诉人对上诉人举报回复不清楚，简单笼统，更未向上诉人送达对原审第三人作出的《不予行政处罚决定书》，程序严重违法。

综上，被上诉人作出不予行政处罚决定违法，请求二审法院撤销原审判决，改判支持上诉人原审诉讼请求。

【法院判决】

上诉人翟××因工商行政处罚一案，不服××市××区人民法院(201×)×行初字第×××号行政判决，向本院提起上诉。本院于 201×年××月××日立案后，依法组成合议庭，于201×年×月××日公开开庭审理了本案。上诉人翟××，被上诉人××市××区市场监督管理局(以下简称××市场监管局)的委托代理人×××、×××及第三人××有限公司(以下简称××公司)的委托代理人×××到庭参加了诉讼。本案现已审理终结。

原审查明，翟××于201×年×月××日购买了××公司生产的名称标注为“××××”的产品，并于同年×月××日向国家质量监督检验检疫总局(以下简称质检总局)提出申诉举报。××市场监管局于同年×月××日收到申诉举报材料，经对××公司现场检查后，于同年×月×日告知翟××其质量申诉因产品超过质量保证期，对申诉不予处理，于同年×月××日对翟××反映的“××××”标签问题进行立案调查。××市场监管局于同年×月×日、×月××日对××公司进行调查并进行现场检查后，认定××公司生产经营标签不符合法律规定的×××产品，其使用“××××”标签明显不能反映产品的真实属性，该批标签于201×年××—××月期间使用，共计使用了××××张，涉案产品货值金额总计人民币×××××元，违法所得为×××××元。××市场监管局于同年×月××日对××公司作出《责令改正通知书》，要求其进行整改。涉案批次标签系因标签供应商某公司印刷错误导致，但该产品的适用标准、生产工艺、出厂检验等均反映其真实属性为“××”，属于××公司的《全国工业产品生产许可证》的许可范围。××市场监管局于201×年××月××日作出(×)质技监不罚字[201×]第××××号《不予行政处罚决定书》(以下简称不予行政处罚决定)，认定××公司的上述行为违反了《中华人民共和国食品安全法》(以下简称《食品安全法》)第四十二条第一款第(九)项的规定。××公司自发现该错误标签后，能立即停止使用并及时纠正；且“××××”标签不影响其产品质量，未造成任何危害结果；属轻微的违法行为。遂依据《中华人民共和国行政处罚法》(以下简称《行政处罚法》)第二十七条第二款的规定“违法行为轻微并及时纠正，没有造成危害结果，可不予行政处罚”，故不予行政处罚。同日，××市场监管局向××公司送达《不予行政处罚决定书》。翟××通过政府信息公开方式获得《不予行政处罚决定书》后不服，向××市××区人民政府申请行政复议。××市××区人民政府于201×年×月×日作出×府复决字(201×)第××号行政复议决定，维持上述不予行政处罚决定。翟××仍不服，诉至原审法院。

翟××原审诉称，××市场监管局作出不予行政处罚决定错误。××公司在未获得“××”产品生产许可证的情况下生产“××××”产品，属无证生产，××市场监管局却认定其属于标签不能反映产品的真实属性，查明事实不清。根据《食品生产加工企业质量安全监督管理实施细则》第四条第二款的规定，食品质量安全指标包括食品标签标示，因此，其举报事项涉及食品质量安全问题。即使被举报产品仅是标签不符合规定，××公司也需要履行召回义务，但是并未召回产品、消除影响，购买过该食品的消费者权益未得到维护。因此，××市场监管局认定××公司“及时纠正”“未造成危害结果”无依据。××市场监管局应当依据《食品安全法》第八十四条、第八十六条的规定以及《食品标识管理规定》进行处罚。故请求原审法院撤销××市场监管局作出的不予行政处罚决定。

××市场监管局原审辩称，其收到翟××的申诉举报后，按照程序进行了现场检查与调查，经检查发现××公司具有使用标签明显不能反映产品的真实属性的违法行为，但依据《行政处罚法》第二十七条的规定，该违法行为轻微，且没有造成危害后果，作出不予行政处罚决定，符合法律规定。故请求原审法院驳回翟××的诉讼请求。

××公司原审述称，其在××市场监管局检查之前自行发现问题并已经纠错，故请求原审法院维持××市场监管局作出的不予行政处罚决定。

原审认为，《食品安全法》第五条第二款规定，县级以上地方人民政府依照本法和国务院的规定确定本级卫生行政、农业行政、质量监督、工商行政管理、食品药品监督管理部门的食品安全监督管理职责。有关部门在各自职责范围内负责本行政区域的食品安全监督管理工作。××市场监管局承继了原××市××区质量监督局的职责，其作出不予行政处罚决定职权依据充分。

依据《食品安全法》第四十二条第一款第(九)项的规定，预包装食品的包装上应当有标签。标签应当标明下列事项：“……(九)法律、法规或者食品安全标准规定必须标明的其他事项。”本案中，××公司生产的产品包装上的标签“××××”明显不能反映该产品作为“××”的真实属性，违反了上述规定。各方当事人对××公司存在违反上述规定的违法行为以及标签印刷错误的原因、错误标签的数量、货值金额、违法所得等事实无争议。原审认为，××公司自发现该错误标签后，能立即停止使用并及时纠正，且“××××”的标签错误未影响其产品质量，也未造成危害后果，××市场监管局也对其行为责令改正，因此，××市场监管局依据《行政处罚法》第二十七条第二款的规定，作出不予行政处罚决定，适用法律正确。关于翟××认为××公司属无证生产的主张，原审法院认为，××公司生产的本案所涉产品的真实属性为“××”，其已经获得了生产许可证。××市场监管局在立案后，依法进行了调查和现场检查，作出《不予行政处罚决定书》并送达××公司，符合法定程序。原审法院遂依据最高人民法院《关于执行〈中华人民共和国行政诉讼法〉若干问题的解释》第五十六条第(四)项之规定，判决驳回翟××的诉讼请求；案件受理费50元，由翟××负担。翟××不服，上诉至本院。

上诉人翟××上诉称，第三人××公司生产经营的×××产品，使用“××××”标签的违法事实清楚，涉案货值为×××××元，违法所得为×××××元。《食品生产加工企业质量安全监督管理实施细则》规定，食品质量安全指标包括食品标签标示，第三人××公司的行为涉及质量安全，应当召回整改，被上诉人××市场监管局应当根据《食品安全法》第八十六条规定予以没收违法所得。根据《××市质量技术监督行政处罚裁量基准制度》（以下简称《裁量基准制度》）及质检总局质检办食监函（2011）1059号《关于食品标签不合格查处问题的复函》（以下简称《复函》）等规定，应当作出行政处罚。另，被上诉人对其举报回复简单笼统，未向其送达对第三人作出的《不予行政处罚决定书》，程序违法。故被上诉人作出不予行政处罚决定违法，请求二审法院撤销原审判决，改判支持上诉人原审诉讼请求。

被上诉人××市场监管局辩称，经调查，第三人××公司生产的是×××产品，而不是××××，且第三人持有制作该产品的《全国工业产品生产许可证》，不存在无证生产的违法事实。第三人在其生产的×××产品包装上标签“××××”明显不能反映该产品作为“××”产品的真实属性，违反《食品安全法》的食品标识规定，因该批次产品在调查时已经超过保质期，无法要求召回。第三人主动整改，也未造成危害后果。上诉人所称的《裁量基准制度》效力低于法律法规，被上诉人依据《食品安全法》和质检总局令第123号《食品标识管理规定》及《行政处罚法》的相关规定，认定第三人违法情节轻微，作出不予行政处罚决定，并无不当。故请求二审法院驳回上诉，维持原判。

第三人××公司述称，本案所涉的食品是依照××产品的生产标准制作的，因标签供应商将标签印刷错误导致标识违法行为发生，其发现后及时改正，并接受被上诉人的调查处理，提交了相关整改措施报告，因已销售的食品超过保质期，且无消费者记录，无法召回。被上诉人作出不予行政处罚决定符合法律规定。故请求二审法院驳回上诉，维持原判。

经审理查明，原审认定事实无误，本院予以确认。

本院认为，被上诉人××市场监管局系食品安全质量监督部门，对其行政区域内违反食品安全质量的违法行为具有查处的法定职责。

本案中，各方当事人对被上诉人认定第三人××公司不存在无证生产违法事实、第三人在其生产的×××产品上标示“××××”错误构成食品标识违法及货值金额、违法所得等事实均无异议，本院予以确认。本案的主要争议焦点为被上诉人对第三人该违法行为作出不予行政处罚决定适用法律是否准确及程序是否合法。第三人在生产经营涉案产品的过程中，标示“××××”名称未能正确表明该食品作为“××”产品的真实属性，仅违反《食品安全法》应当正确标注食品名称的法律规定，该违法行为不影响该食品的食用安全性，且没有造成危害结果。另，第三人在被上诉人对其调查前，自行发现后停止使用错误标签及时改正。据此，被上诉人依据《行政处罚法》第二十七条第二款的规定，认定第三人违法行为轻微并及时纠正，没有造成危害结果，认定事实清楚。诉讼中，上诉人提出食品质量安全指标包括食品标签标示。本院认为，第三人虽存在食品标识违法行为，但食品标签标示错误并不必然导致食品本身违反食品安全标准，或对消费者造成实质性的侵害，被上诉人将该实质性的危害结果作为作出行政处罚裁量的考量因素合法有据。另，上诉人向法庭提交的《复函》载明，当标签存在真实属性不一致、配料顺序及字符高度不规范、外文未标注与之对应的汉字、执行标准号标注不规范、虚假标注等违反法律法规、食品安全国家标准规定等问题，应当按照《食品安全法》《食品标识管理规定》(质检总局令第 123 号)等相关规定对其进行处罚，并责令其改正。因此，被上诉人在诉讼中表明其依据《食品安全法》并参照《食品标识管理规定》，结合第三人违法行为的情节、危害程度等事实，作出不予行政处罚决定，适用法律并无不当。

至于上诉人认为被上诉人对其举报回复简单笼统，并应当向其送达对第三人作出不予行政处罚的书面决定，本院认为，关于被上诉人处理申诉举报事项并无相应的程序规定，被上诉人在收到上诉人致质检总局申诉举报书后，回复上诉人已依法进行立案处理，并将处理结果告知上诉人，履行向申诉举报人答复的职责。故上诉人提出被上诉人程序违法的意见，依据不足，本院难以采信。

综上，原审法院判决驳回上诉人的诉讼请求正确，本院应予维持。上诉人的上诉请求及理由，缺乏事实和法律依据，本院不予支持。据此，依照《中华人民共和国行政诉讼法》第六十一条第(一)项之规定，判决如下：

驳回上诉，维持原判。

上诉案件受理费人民币 50 元，由上诉人翟××负担(已付)。

本判决为终审判决。

【律师评述】

翟女士在本案中提出食品质量安全指标包括食品标签标示；而法院认为，食品标签标示错误并不必然导致食品本身违反食品安全标准，或对消费者造成实质性的侵害，市场监管局将该实质性的危害结果作为作出行政处罚裁量的考量因素合法有据。

关于翟女士投诉提及的标签存在与真实属性不一致、配料顺序及字符高度不规范、外文未标注与之对应的汉字、执行标准号标注不规范、虚假标注等违反法律法规、食品安全国家标准规定等问题，应依据按照《食品安全法》《食品标识管理规定》(质检总局令第 123 号)等相关规定进行处罚，并责令其改正。

法院最终认定，市场监管局在诉讼中表明其所依据《食品安全法》并参照《食品标识管理规定》，结合第三人违法行为的情节、危害程度等事实，作出不予行政处罚决定，适用法律并无不当。

关于翟女士认为市场监管局对其举报回复简单笼统，应当向其送达对第三人作出不予行政处罚的书面决定，法院给予的理由是：市场监管局处理申诉举报事项目前并无相应的程序规定，市场监管局在收到翟女士发给质检总局申诉举报书后，回复翟女士已依法进行立案处理，并将处理结果告知翟女士，已经履行向申诉举报人——翟女士答复的职责。

翟女士作为一个公民，就食品安全和相关产品问题进行监督，符合法律等的规定。本案虽然翟女士未能达到自己想要的目的，但其行为也促使市场监管局等行政部门就处理申诉举报事项相应的程序需要进一步完善规定，以避免行政行为的不规范。

案例 27　××有限公司与××市场监督管理局不履行法定职责上诉案

【案情介绍】

××公司向××市场监管局快递举报信,其内容为:其与××有限公司一直在进行居间合同纠纷诉讼,经过民事诉讼,公司胜诉,判决已经执行完毕。公司与上海××公司签订合作协议,约定该公司带给上海××公司的订单和商业机会为机密,应受到法律保护。但公司近期发现上海××公司将该公司带来的客户订单转移到关联的苏州公司,之后订单由苏州公司执行,上海××公司停止一切生产活动和经营。在调阅上海××公司和苏州公司的年报后,公司还发现上海××公司涉嫌抽逃注册资金。故要求当地市场监管局对上海××公司涉嫌侵犯商业秘密和抽逃注册资金的违法行为予以查处。市场监管局收到上述举报信,交由经办部门处理。

市场监管局两次到被举报人上海××公司进行现场检查,上海××公司提供了财务报表、审计报告等相关材料市场监管局;同时,依法对上海××公司职工×××进行了询问,制作了询问笔录。

市场监管局电话告知××公司需要进一步提供材料,公司代理人×××称其生病无法前往。

市场监管局经核查,电话告知××公司:根据现有调查证据无法认定被举报人有侵犯商业秘密的行为,决定对公司举报事项不予立案,并将制作书面答复告知。而关于公司举报上海××公司抽逃注册资金一事,正在对其进行专项审计中,该局将根据专项审计报告结果依法处理。上述答复于当日邮寄××公司。该公司收到后不服,申请行政复议。所在地市工商行政管理局行政复议决定维持书面答复。公司仍不服,向原审法院提起行政诉讼,请求判令市场监管局履行法定职责,对被举报人上海××公司涉嫌侵犯商业秘密和抽逃注册资金的违法行为予以查处。

一审判决未支持其诉讼请求,提起了本案上诉。

【行政上诉状】

上诉人(原审原告):××商务咨询有限公司。

住所：××市××路××号××层。

法定代表人：×××，职务：董事长。

被上诉人(原审被告)：××市××区市场监督管理局。

住所：××市××路××号。

法定代表人：×××，职务：局长。

上诉请求：

请求二审法院撤销××市××区人民法院作出的(201×)×行初字第××号行政判决书判决，改判支持上诉人的诉讼请求。

上诉理由：

由于上诉人与上海××公司一直在进行居间合同纠纷诉讼，经过民事诉讼，上诉人胜诉，判决已经执行完毕。上诉人与上海××公司签订合作协议，协议约定上诉人带给上海××公司的订单和商业机会为机密，上海××公司应严格保密。但上诉人近期发现上海××公司自200×年起将上诉人带来的客户订单转移到上海××公司关联的苏州××有限公司，订单由苏州××有限公司执行，上海××公司停止一切生产活动和经营。在调阅上海××公司和苏州××有限公司的年报后，上诉人还发现上海××公司涉嫌抽逃注册资金。故上诉人于201×年××月××日向被上诉人快递举报信，要求被上诉人对上海××公司涉嫌侵犯商业秘密和抽逃注册资金的违法行为予以查处，并提供了相关材料。

被上诉人收到上诉人投诉信件，交由经办部门处理。

被上诉人电话告知上诉人对上诉人举报事项拟不予立案，后决定对上诉人举报事项不予立案。

上诉人认为，上诉人与上海××公司约定保密条款的合作协议已经被生效民事判决确认成立且生效，上海××公司向其关联公司披露了上诉人联系的客户的订单，侵犯了上诉人的商业秘密，另上海××公司涉嫌抽逃注册资金，被上诉人对此应予查处。原审认定事实错误。

故请求二审法院撤销原判，改判支持上诉人的诉讼请求。

【法院判决】

上诉人××公司因诉工商行政管理机关不履行法定职责一案，不服××市××区人民法院(201×)×行初字第××号行政判决，向本院提起上诉。本院于201×年××月××日立案后，依法组成合议庭，于同年××月××日公开开庭审理了本案。上诉人××公司的法定代表人×××及其委托代理人×××、×××，被上诉人××市××区市场监督管理局(以下简称××市场监管局)的委托代理人×××、×××到庭参加了诉讼。本案现已审理终结。

原审查明，××公司于201×年××月××日向××市场监管局快递举报信,称:××公司与××有限公司(以下简称上海××公司)一直在进行居间合同纠纷诉讼,经过民事诉讼,××公司胜诉,判决已经执行完毕。××公司与上海××公司签订合作协议,约定该公司带给上海××公司的订单和商业机会为机密,应受到法律保护。但××公司近期发现上海××公司自200×年起将该公司带来的客户订单转移到关联的苏州有××限公司(以下简称苏州公司),之后订单由苏州公司执行,上海××公司停止一切生产活动和经营。在调阅上海××公司和苏州公司的年报后,××公司还发现上海××公司涉嫌抽逃注册资金。故××公司要求××市场监管局对上海××公司涉嫌侵犯商业秘密和抽逃注册资金的违法行为予以查处,并提供了相关材料。××市场监管局于同年××月××日收到上述信件,××月××日交由经办部门处理。

201×年××月××日、××月××日,××市场监管局两次到被举报人上海××公司进行现场检查,上海××公司向该局提供了财务报表、审计报告等相关材料,该局又于同年××月××日对上海××公司职工×××进行了询问,制作了询问笔录。同年××月××日,××市场监管局电话告知××公司需进一步提供材料,××公司代理人×××称其生病无法前往。××市场监管局经核查,于同年××月××日电话告知××公司对其举报事项拟不予立案;同年××月××日,××市场监管局经审批,决定对××公司举报事项不予立案,并于同年××月××日制作书面答复,告知××公司:根据现有调查证据无法认定被举报人有侵犯商业秘密的行为,因此不予立案;关于××公司举报上海××公司抽逃注册资金一事,正在对其进行专项审计中,该局将根据专项审计报告结果依法处理。上述答复于当日邮寄××公司。该公司收到后不服,申请行政复议。××市工商行政管理局行政复议决定维持上述书面答复。××公司仍不服,向原审法院提起行政诉讼,请求判令××市场监管局履行法定职责,对被举报人上海××公司涉嫌侵犯商业秘密和抽逃注册资金的违法行为予以查处。

原审另查明,经××市人民政府批准,××市××区人民政府成立××市场监管局,自201×年×月×日起正式运行,承担原××市工商行政管理局××区分局、××市××区质量技术监督局、××市食品药品监督管理局××区分局的职责。

原审认为,工商行政管理部门对抽逃注册资金和侵犯商业秘密的违法行为依法具有处罚的法定职责,机构变更后,××市场监管局依法承担工商行政管理部门的相关职责,故该局依法具有对××公司举报事项进行调查处理的法定职权。××公司向××市场监管局举报,要求对被举报人涉嫌侵犯商业秘密和抽逃注册资金的违法行为进行查处,可以认定该公司提出了明确的履职申请。××市场监管局收到申请后,开展了相应的调查。××公司与被举报人于200×年××月××日签订了合作协议,对该公司带来的客户订单和商业机会进行了保密约定,该居间合同成立,各方并无异议。但××公司在签订该合作协议之前,就已经与上海××公司发生了居间业务,并有先前签订的他份合作协议,该份合作协议并无保密约定。××公司也无充分证据表明,上海××公司披露信息发生在200×年××月××日签订合作协议之后。故××市场监管局认为根据现有证据对上海××公司无法认定其具有侵犯商业秘密的行为,并无不当。另,关于抽逃注册资金,××市场监管局查阅了上海××公司200×年到201×年相关财务报表等材料,并未发现抽逃出资的情况,也责令上海××公司进行专项审计,并将根据审计结果进行相应处理。综上,××市场监管局对××公司的举报事项,进行了调查询问和现场检查,经过调查,该局发现被举报人并未涉嫌违法,故依法作出了不予立案的决定,并书面告知××公司,并不存在不履行法定职责的情形。故××公司要求判令××市场监管局依法对其举报事项予以查处之诉请,难以支持。遂判决驳回××公司的诉讼请求。判决后,××公司不服,上诉于本院。

上诉人××公司上诉称:约定保密条款的合作协议被生效民事判决确认成立且生效,上海××公司向其关联公司披露了上诉人联系的客户的订单,侵犯了上诉人的商业秘密,另,上海××公司涉嫌抽逃注册资金,被上诉人对此应予查处,故请求二审法院撤销原判,改判支持上诉人的诉讼请求。

被上诉人××市场监管局辩称:其已对上诉人举报事项进行了调查并作出书面答复,上诉人提供的举报材料尚不能证明被举报人上海××公司存在违法行为,故请求二审法院驳回上诉,维持原判。

二审开庭审理中,被上诉人××市场监管局仍以一审中已向原审法院提供的证据、依据证明其对上诉人××公司的举报事项履行了查处的法定职责。本院在庭审中充分听取了双方当事人的举、质证和诉、辩称意见后查明,原审查明的事实无误,本院予以确认。

本院认为,被上诉人××市场监管局经机构改革承担了原××市工商行政管理局××区分局的职责,对申请人提出的涉嫌侵犯商业秘密和抽逃注册资金的举报事项,具有调查处理的法定职责。本案中,上诉人××公司向被上诉人书面举报,要求被上诉人对上海××公司涉嫌侵犯商业秘密和抽逃注册资金的违法行为予以查处。被上诉人收到举报信后,经现场检查和核查查明,上诉人与上海××公司于200×年××月××日签订的合作协议虽明确了保密约定,但在该协议签订之前相关居间业务已经存在,现有证据材料不能证明上海××公司有侵犯商业秘密的违法行为,故不予立案;关于上海××公司抽逃注册资金一事,现正在进行专项审计中,将根据审计报告结果依法处理,并将调查结果书面告知上诉人,并无不当。上诉人认为被上诉人未履行对其举报事项予以查处的法定职责,与事实不符。因此,上诉人××公司要求判令被上诉人履行法定职责的诉讼请求依据尚不充分，本院难以支持。原审判决驳回上诉人的诉讼请求并无不当，本院应予维持。据此，依照《中华人民共和国行政诉讼法》第六十一条第(一)项之规定，判决如下：

驳回上诉，维持原判。

上诉案件受理费人民币 50 元，由上诉人××公司负担(已付)。

本判决为终审判决。

【律师评述】

本案中，上诉人公司向被上诉人书面举报要求查处的涉及两个行为：一个是上海××公司涉嫌侵犯商业秘密行为；另一个是上海××公司涉嫌抽逃注册资金的违法行为。

被上诉人市场监督管理局收到举报信后，经现场检查和核查查明，在上诉人与上海××公司签订的合作协议之前相关居间业务已经存在，上诉人提供的现有证据材料和市场监督管理局查明等证据尚不能证明上海××公司有侵犯商业秘密的违法行为，不能达到立案标准，不予立案；关于上海××公司抽逃注册资金一事，因正在委托进行专项审计中，将根据审计报告结果依法处理，并将调查结果书面告知上诉人。属于已经履行对举报事项予以查处的法定职责。

上诉人目的是要达到通过其举报，被上诉人市场监督管理局应该对上海××公司进行处罚的目的，现被上诉人未处罚上海××公司，则就不服行政复议，不服判决。

行政行为的法定性，决定了行政行为不但要有法律依据，还要有事实依据，如果仅有法律依据，而没有依据证据可以认定的事实，仍然不能做出行政处罚。行政机关如果做出缺乏证据的行政处罚，依旧面临行政行为相对方的起诉。

案例 28　××有限公司与××市××区市场监督管理局工商行政处罚上诉案

【案情介绍】

市场监管局接到举报称某公司的产品存在质量问题。

市场监管局执法人员和检验中心工作人员对该公司的一专卖店进行现场检查，抽取了数款多件产品，委托检验中心检验。

检验中心就抽检的产品出具了数份检验报告，其中一份检验报告显示：一款号的产品耐干摩擦色牢度不符合 GB18401—2010《国家纺织产品基本安全技术规范》技术要求，该批次产品被判定为不合格。

市场监管局予以立案。经调查查明上述被抽检的产品与另一款号产品同属一个货号，面料相同，系被抽检公司从另一公司购入。因案情复杂，市场监管局经批准延长办案期限 30 日。

后市场监管局向该公司送达《行政处罚听证告知书》；公司申请听证，市场监管局举行了听证。

市场监管局作出《行政处罚决定书》，载明：该局认为，被查公司的行为构成了《中华人民共和国产品质量法》第四十九条规定的违法行为，根据该条规定，决定处以不合格服装货值×倍的罚款，即处罚如下：一、责令××公司停止销售不合格产品；二、罚款×××××××××元整。《行政处罚决定书》同时告知了行政处罚的履行方式和期限以及行政复议和行政诉讼的权利和期限。

公司收到《行政处罚决定书》后不服，申请行政复议；复议机关作出行政复议决定，维持了处罚决定；公司仍不服，向原审法院提起行政诉讼，请求撤销处罚决定。

一审判决未支持公司诉讼请求，公司不服，提起上诉。

【行政上诉状】

上诉人（原审原告）：××公司。

住所：××市××区××路×××号××大厦××层。

法定代表人：×××，职务：董事长。

被上诉人(原审被告)：××市××区市场监督管理局。

住所：××市××区××路×××号。

法定代表人：×××，职务：局长。

上诉请求：

撤销××市××区人民法院作出的(201×)×行初字第××××号行政判决书判决，改判支持上诉人一审诉讼请求。

上诉理由：

上诉人认为，一审认定事实错误。

第一，被上诉人抽样检验程序违法。根据工商消字[201×]×××号《流通领域商品质量监测办法》第十一条的规定，监测工作所需样品由承检单位人员、工商行政管理执法人员按照有关规定现场抽取，抽取的检验用样品和备份样品应当场封样，并由承检单位人员、工商行政管理执法人员、销售者三方签字确认。被上诉人对上诉人销售的产品抽样时，承检单位人员一方并未签字确认。

第二，被上诉人对违法销售产品的数量认定错误，以标签标明的价格计算货值金额不当。首先，国标委工二函[201×]××号《关于延期实施GB18401—2010国家标准的复函》明确，201×年×月×日前符合GB18401—2003《国家纺织产品基本安全技术规范》标准的产品是可以生产销售的，根据GB2003，××产品不属于×类产品，而属于×产品，干摩色牢度只需≥×，故上诉人201×年×月×日前销售的产品符合国家标准，被上诉人计算违法销售产品数量时，把上诉人201×年×月×日前的销售数量也一并计入，属认定事实不清。其次，被上诉人抽检的产品款号为××××，其中×是颜色、××表示×××，而×××，即款号为××××、××××的产品虽与×××产品材料相同、加工工艺相同，但分时段分批次水洗，被上诉人将×××产品一并认定为干摩色牢度不合格，属任意扩大违法销售产品的范围。因此，被上诉人认定违法销售产品数量不正确，且以标签标明的价格计算货值金额不当，故行政处罚决定认定事实不清。

第三，被诉行政处罚决定适用法律错误。适用《产品质量法》第四十九条的前提是“生产、销售不符合保障人体健康和人身、财产安全的国家标准、行业标准的产品”，上诉人销售的产品仅干摩色牢度未达标，属于产品质量不合格或商品标签不真实，而不必然危害人体健康和人身、财产安全，即使要处罚也应当适用《中华人民共和国标准化法实施条例》第三十三条的规定。

综上，被诉处罚决定认定事实不清、适用法律错误、抽检程序违法，原审判决予以维持不当，请求二审法院撤销原判，改判支持上诉人的诉讼请求。

【法院判决】

上诉人××公司因工商行政处罚一案，不服××市××区人民法院(201×)

×行初字第××××号行政判决,向本院提起上诉。本院于201×年××月××日立案后,依法组成合议庭,于201×年×月××日公开开庭审理了本案。上诉人××公司的委托代理人×××、×××,被上诉人××市××区市场监督管理局(以下简称××市场监管局)的委托代理人×××、×××到庭参加了诉讼。本案现已审理终结。

经审理查明,201×年×月××日,某局(现职能整合划入××市场监管局)接到举报称××公司的××产品存在质量问题。201×年××月××日,××市场监管局执法人员和×中心(以下简称×中心)工作人员对××公司位于本市××区××路××号×××室的专卖店进行现场检查,抽取了×款共××件××产品,委托××中心检验。201×年×月××日,××中心就抽检的产品出具了×份检验报告,其中编号为××××××的检验报告显示:款号为××××的××产品耐干摩擦色牢度(以下简称干摩色牢度)经向为××、纬向为××,不符合GB18401—2010《国家纺织产品基本安全技术规范》(以下简称GB2010)干摩色牢度≥4的技术要求,该次产品判定为不合格。

201×年××月××日,××市场监管局予以立案。经调查查明,上述被抽检的款号为××××的××产品与款号为××××、××××的××产品同属货号×××××××,面料相同,系××公司从××公司购入,共进货××××件。因案情复杂,××市场监管局于201×年×月×日经批准延长办案期限30日,201×年××月××日经批准继续延期。201×年××月××日,××市场监管局向××公司送达《行政处罚听证告知书》,××公司申请听证,××市场监管局于201×年××月××日举行了听证。

201×年××月××日,××市场监管局作出×工商×案处字[201×]第××××号《行政处罚决定书》,查明:××公司在××路××号等地对外销售××产品。201×年×月,该公司从××公司购入货号为×××××××产品并对外销售。上述货号××××××产品被××中心检测判定为不合格产品,不合格项目为干摩色牢度。根据《国家纺织产品基本安全技术规范》,干摩色牢度属国家强制性标准。经统计,××公司经销的上述不合格产品,即货号××××××产品,标价人民币××××元,进货数量××××件,销售数量××××件,库存数量××××件,货值金额为×××××××元。该局认为,××公司的行为构成了《中华人民共和国产品质量法》(以下简称《产品质量法》)第四十九条规定的违法行为,根据该条规定,决定处以不合格服装货值×倍的罚款,即处罚如下:1. 责令××公司停止销售不合格产品;2. 罚款×××××××××元整。《行政处罚决定书》同时告知了行政处罚的履行方式和期限以及行政复议和行政诉讼的权利和期限。

××公司收到《行政处罚决定书》后不服,申请行政复议,××管理局于201

×年××月××日作出行政复议决定，维持了处罚决定。××公司仍不服，向原审法院提起行政诉讼，请求撤销上述处罚决定。

另查明，××检验所于201×年×月××日出具检验报告，检验结论为：货号为××××的产品不符合GB×××××类要求，为严重不合格。

原审认为，××市场监管局系市场监督管理机关，对违反《产品质量法》的违法行为，依法具有检查、处罚的职权。经检测机构检测，××公司销售的产品因干摩色牢度不符合国家强制标准，被判定为不合格产品。××市场监管局认定该公司销售的服装属于不符合保障人体健康的产品，据此作出处罚并无不当，立案、调查及听证程序符合相关规定。据此，××市场监管局依法作出处罚，事实清楚，适用法律、法规正确，程序合法，应予维持。遂判决维持××市场监管局于201×年×月××日作出×工商×案处字[201×]第××××号行政处罚决定的具体行政行为。判决后，××公司不服，上诉于本院。

上诉人××公司上诉称：1. 被上诉人××市场监管局抽样检验程序违法。根据工商消字[201×]×××号《流通领域商品质量监测办法》第十一条的规定，监测工作所需样品由承检单位人员、工商行政管理执法人员按照有关规定现场抽取，抽取的检验用样品和备份样品应当场封样，并由承检单位人员、工商行政管理执法人员、销售者三方签字确认。被上诉人对上诉人销售的产品抽样时，承检单位人员一方并未签字确认。2. 被上诉人对违法销售产品的数量认定错误，以标签标明的价格计算货值金额不当。首先，国标委工二函[201×]××号《关于延期实施GB18401—2010国家标准的复函》明确，201×年×月×日前符合GB18401—2003《国家纺织产品基本安全技术规范》(以下简称GB2003)标准的产品是可以生产销售的，根据GB2003，××产品不属于×类产品，而属于×产品，干摩色牢度只需≥×，故上诉人201×年×月×日前销售的产品符合国家标准，被上诉人计算违法销售产品数量时，把上诉人201×年×月×日前的销售数量也一并计入，属认定事实不清。其次，被上诉人抽检的产品款号为××××，其中×是颜色、××表示×××，而×××，即款号为××××、××××的产品虽与×××产品材料相同、加工工艺相同，但分时段分批次水洗，被上诉人将×××产品一并认定为干摩色牢度不合格，属任意扩大违法销售产品的范围。因此，被上诉人认定违法销售产品数量不正确，且以标签标明的价格计算货值金额不当，故行政处罚决定认定事实不清。3. 被诉行政处罚决定适用法律错误。适用《产品质量法》第四十九条的前提是“生产、销售不符合保障人体健康和人身、财产安全的国家标准、行业标准的产品”，上诉人销售的产品仅干摩色牢度未达标，属于产品质量不合格或商品标签不真实，而不必然危害人体健康和人身、财产安全，即使要处罚，也应当适用《中华人民共和国标准化法实施条例》(以下简称《标准化法条例》)第三十三条的规定。综上，被诉处罚决定认定事实不清、适用法律错误、抽检程序违法，原审判决予以维持不当，请求二审法院撤销原判，改判支持上诉人的诉讼请求。

被上诉人××市场监管局辩称：1. 被上诉人抽样程序合法。201×年×月×日，被上诉人执法人员和承检单位两位工作人员至上诉人××公司位于××路的专卖店，抽取了货号为××××××××的××××产品×条为样品并当场封样。该样品标签注明“×××安全技术类别：GB18401—××××类×××用品”等内容。2. 被上诉人认定上诉人违法销售产品的数量和计算货值金额正确。首先，标委办工二函[201×]×××号《关于GB18401—201×国家标准实施问题的复函》明确，201×年×月×日前，GB2003和GB2010均可执行。其中GB200×所指的×××年龄在××个月以内，GB201×所指的×××年龄在××个月及以下，上诉人将×××的产品标注为×类×××产品，即表明其已选择了GB201×作为技术规范，故上诉人销售的所有×××产品干摩色牢度均应≥×，被上诉人将上诉人201×年×月×日前销售的产品数量一并计入违法销售产品数量，认定事实清楚。其次，货号为××××××××的产品分×××段，面料相同、加工工艺相同、水洗方式亦相同，故被上诉人将××××同货号的产品亦认定为违法销售产品，计算数量正确。再次，被上诉人以标签标明的价格计算货值金额符合法律规定。3. 行政处罚决定适用法律正确。GB201×属于强制性国家标准，根据国家质量监督检验检疫总局国质检法[201×]××号《关于实施〈中华人民共和国产品质量法〉若干问题的意见》(以下简称《产品质量法若干意见》)第六条第(三)项的规定，对不符合强制性标准的产品实施处罚，应当适用《产品质量法》第四十九条的规定。被上诉人据此对上诉人处以货值金额××的罚款，处罚幅度适当。因此，被诉处罚决定合法，请求二审法院驳回上诉，维持原判。

二审庭审中，被上诉人××市场监管局仍以一审时已向原审法院提供的《询问(调查)笔录》《现场笔录》《抽样取证记录》《检验报告》《商品定作明细订单》《购销合同》《验收单》《行政处罚案件有关事项审批表》《听证笔录》《行政处罚决定书》《产品质量法》及商品标签和相关发票等事实证据和法律依据证明其作出的行政处罚决定合法。本院对处罚决定进行了全面审查，并听取了双方当事人的举质证和诉辩称意见后查明以上事实。

本院认为，根据《工商行政管理机关行政处罚程序规定》、××市××区机构编制委员会《关于组建××市××区市场监督管理局的通知》等规定，原××局作为本市××区工商行政管理机关，经××管理局交办，对产品销售者的违法行为，具有作出行政处罚的职权和职责。该局的工商行政管理职能整合划入××市场监管局后，被上诉人××市场监管局是本案适格被告。

本案中，上诉人××公司和被上诉人××市场监管局对违法销售产品数量的认定和货值金额的计算、适用法律规范以及抽样检验程序均存在较大争议。上述争议系本案争议焦点。

一、被上诉人××市场监管局认定违法销售产品数量及计算货值金额是否正确。上诉人××公司违法销售的××××产品的数量，涉及上诉人201×年×月×日前销售的涉案产品以及××××的相关产品能否一并认定为违法销售产品等事实。

首先，关于上诉人201×年×月×日前销售的××××产品能否认定为违法销售产品，双方当事人各执己见。本院认为，根据《产品质量法》第二十六条第二款第(三)项的规定，产品质量应当符合在产品或者其包装上注明采用的产品标准。上诉人销售的涉案产品，品名均为“×××××”，标签上有的注明“安全技术类别：GB18401—201×”，有的仅注明“安全技术类别：GB1840×”，但均明示为“×类婴××××用品”，即表明上诉人将涉案产品均作为××××用品销售，而无论根据GB200×或GB201×，××××产品均应符合×类要求，即干摩色牢度应≥×。涉案××××的干摩色牢度经检验为经向×××，纬向××，不符合××××产品必须符合的×类技术要求，故涉案产品无论是否为201×年×月×日前销售，均应认定为违法销售产品。

其次，关于××××的相关产品能否一并认定为违法销售产品，双方当事人亦各执己见。本院认为，货号为×××××××的产品，即×××××—×××××，×个产品虽然不是同一时段同一批次水洗，但使用的是同一款面料，加工工艺和水洗方式均相同，被上诉人将××××××产品一并认定为违法销售产品，事实清楚。

再次，关于货值金额的计算。上诉人认为，被上诉人以标签标明的价格计算货值金额不当，被上诉人持相反意见。本院认为，《产品质量法》第七十二条规定，本法第四十九条至第五十四条、第六十二条、第六十三条所规定的货值金额以违法生产、销售产品的标价计算；没有标价的，按照同类产品的市场价格计算。《产品质量法若干意见》第十一条规定，货值金额是指当事人违法生产、销售产品的数量(包括已售出的和未售出的产品)与其单件产品标价的乘积，对销售的单件产品标价应当以销售者货签上标明的单价计算。本案中，被上诉人以涉案产品标签标明的价格为单价计算货值金额符合上述规定。

二、被上诉人××市场监管局适用《产品质量法》第四十九条的规定作出行政处罚决定是否正确。上诉人××公司认为，该公司的行为即使处罚，也应适用《标准化法条例》第三十三条的规定，被上诉人则认为其适用法律正确。本院认为，针对销售不符合强制性标准的产品的违法行为，《标准化法条例》和《产品质量法》的确均规定了罚则，其中《产品质量法》规定的处罚较重。本院注意到，《中华人民共和国标准化法》第七条规定，保障人体健康和人身、财产安全的标准和法律、行政法规规定强制执行的标准是强制性标准，其他标准是推荐性标准。解读该条规定可知，强制性标准亦包括保障人体健康和人身、财产安全的标准。GB201×是强制性国家标准，被上诉人认为违反了该标准即能够认定为不符合保障人体健康和人身、财产安全，故适用《产品质量法》第四十九条的规定作出行政处罚，符合立法本意。并且，《产品质量法若干意见》第六条第(三)项规定，《产品质量法》第四十九条有关生产、销售不符合保障人体健康和人身、财产安全的标准的处罚，与《标准化法》及其实施条例规定的生产、销售不符合强制性标准的处罚不一致。根据后法优先原则，对不符合强制性标准的产品实施处罚，应当适用《产品质量法》第四十九条的规定。因此，被诉处罚决定适用法律正确。

三、被上诉人××市场监管局抽样检验等执法程序是否合法。上诉人××公司认为，被上诉人抽样时，承检单位人员一方并未签字确认，违反法律规定，被上诉人则认为抽样程序合法。本院认为，法律规定抽取的检验用样品和备份样品应当场封样，并由承检单位人员、工商行政管理执法人员、销售者三方签字确认的立法本意在于保证抽样取证的公开性、公正性。本案中，上诉人、被上诉人和某中心工作人员虽未在封样文件上同时签字，但被上诉人提供的《抽样取证记录》《现场笔录》、××中心出具的《关于对××有限公司服装抽样检验的说明》等证据，能够证明××中心工作人员于抽样当日到场并当场抽样、封样的事实，上诉人工作人员当时亦在相关文件上签字确认，故上诉人仅以承检单位工作人员未签字确认为由，主张抽检程序违法，本院难以采信。另，本案办案期限经两次延长，在延长期限期间，被上诉人举行了听证并至广东相关单位调查情况，后作出被诉行政处罚决定，程序并无不当。

综上所述，被上诉人××市场监管局作出的行政处罚决定职权依据充分、认定事实清楚、适用法律正确、执法程序合法、处罚幅度适当。另，本院需要指出，婴幼儿是人类的未来，是社会发展的希望。我国有庞大的婴幼儿消费群体，婴幼儿××产品是其日常生活中最重要的组成部分。由于婴幼儿皮肤细腻，身体不断成长发育，对各种疾病抵抗力差，所以对××产品的安全性、舒适性等提出了更高要求。作为×××产品的销售者，上诉人××公司应当严格执行各项标准，确保婴幼儿身体安全和身心健康。现上诉人在涉案产品已经被某检验所检验判定为质量严重不合格的情况下，继续销售同款产品，应予处罚，且处以货值金额××倍的罚款亦属合理。因此，原审判决维持被上诉人××市场监管局作出的行政处罚决定正确，本院应予维持。上诉人的上诉请求及理由缺乏事实根据和法律依据，本院不予支持。据此，依照《中华人民共和国行政诉讼法》第六十一条第(一)项之规定，判决如下：

驳回上诉，维持原判。

上诉案件受理费人民币50元，由上诉人××有限公司负担(已付)。

本判决为终审判决。

【律师评述】

违法销售产品数量、货值、适用法律、抽样检验程序是决定本案的四个关键点，也是双方尤其是上诉人不服本案的焦点。

(1) 根据《产品质量法》第二十六条第二款第(三)项的规定，产品质量应当符合在产品或者其包装上注明采用的产品标准。涉案产品的干摩色牢度经检验不符合产品必须符合的技术要求，涉案产品均被认定为违法销售产品。

关于相关产品能否一并认定为违法销售产品，双方各有观点。法院认为，数个产品虽然不是同一时段同一批次水洗，但使用的是同一款面料，加工工艺和水洗方式均相同，依此认定被上诉人将其一并认定为违法销售产品，事实清楚。

(2)《产品质量法》第七十二条规定，本法第四十九条至第五十四条、第六十二条、第六十三条所规定的货值金额以违法生产、销售产品的标价计算；没有标价的，按照同类产品的市场价格计算。《产品质量法若干意见》第十一条规定，货值金额是指当事人违法生产、销售产品的数量(包括已售出的和未售出的产品)与其单件产品标价的乘积，对销售的单件产品标价应当以销售者货签上标明的单价计算。本案中，被上诉人根据涉案产品标签标明的价格计算货值金额与相关法律规定符合，属于依法计算。

(3) 针对销售不符合强制性国家标准的产品的违法行为，《标准化法条例》和《产品质量法》均有规定，但《产品质量法》规定的处罚较重。法院也同时注意到，《中华人民共和国标准化法》第七条规定，保障人体健康，人身、财产安全的标准和法律、行政法规规定强制执行的标准是强制性标准，其他标准是推荐性标准。解读该条规定可知，强制性标准亦包括保障人体健康，人身、财产安全的标准。GB201×是强制性国家标准，被上诉人认为违反了该标准即能够认定为不符合保障人体健康和人身、财产安全，认为适用《产品质量法》第四十九条的规定作出行政处罚，符合立法本意。

(4)《产品质量法若干意见》第六条第(三)项规定，《产品质量法》第四十九条有关生产、销售不符合保障人体健康和人身、财产安全的标准的处罚，与《标准化法》及其实施条例规定的生产、销售不符合强制性标准的处罚不一致。根据后法优先原则，对不符合强制性标准的产品实施处罚，应当适用《产品质量法》第四十九条的规定。自然，被诉处罚决定适用法律正确。

(5) 法律规定抽取的检验用样品和备份样品应当场封样，并由承检单位人员、工商行政管理执法人员、销售者三方签字确认，目的在于保证抽样取证的公开性、公正性。本案被上诉人在这个程序中做得不是非常到位，法院也就此予以查明。法院依据被上诉人提供的《抽样取证记录》《现场笔录》、检验中心出具的

《关于对××有限公司服装抽样检验的说明》等证据,结合上诉人工作人员当时在相关文件上签字,认定了检验中心工作人员于抽样当日到场并当场抽样、封样的事实,上诉人仅以检验中心工作人员未签字为由,主张抽检程序违法,就难以被法院采信。

对法律适用的充分理解,对自己行为的法律后果预判,对行政行为的程序认知,是判断这个案件的法律逻辑,同时在判断分析时需要客观理性,才能最大限度维护自己的利益,也才能做出相对准确的预判。

案例 29　闵××诉××市食品药品监督管理局××分局许可上诉案

【案情介绍】

某公司持有有效期限为201×年×月××日至201×年×月××日的《服务许可证》。

201×年×月××日,公司向食药监局提出服务许可证延续申请并提供原许可证、营业执照、人员培训合格证明、委托书、平面图等申请材料。食药监局于当日受理,经过现场调查和核查,认定符合相关规定,准予延长公司的《服务许可证》有效期限为:201×年×月××日至201×年×月××日,并作出准予延续许可决定。

闵女士与公司系楼上楼下相邻关系,对食药监局准予延续许可决定不服,起诉至原审法院,请求撤销准予延续许可决定。

一审判决驳回其诉讼请求后,提起了上诉。

【行政上诉状】

上诉人(原审原告): 闵××,女,195×年×月×日生,汉族,住××市××区××路××号××××室。

被上诉人(原审被告): ××市食品药品监督管理局××分局。

住所:××市×××路××号。

代表人:×××,职务:局长。

原审第三人: ××管理有限公司

住所:××市×××路××××号。

法定代表人:×××,经理。

上诉请求:

撤销××市××区人民法院做出的(201×)×行初字第××号行政判决书判决,依法改判支持上诉人的原审诉讼请求。

上诉理由:

上诉人认为,原审第三人公司的厕所等建造在违章建筑内,被上诉人明知第三人存在违法行为,仍然作出准予延续许可决定,认定事实不清,适用法律错误。

根据《餐饮服务许可管理办法》第十九条的规定,第三人申请餐饮服务许可证延续,应在原许可证有效期届满30日前提出,逾期提出延续申请的,应按照新申请《餐饮服务许可证》办理。现原许可证有效期至201×年×月××日,第三人在201×年×月××日才提出申请,已经明显不符合规定要求。被上诉人对该逾期申请仍按延续许可办理,程序严重违法。

故请求二审法院撤销原判,改判支持上诉人的原审诉讼请求。

【法院判决】

上诉人闵××因准予延续服务许可一案,不服××市××区人民法院(201×)×行初字第××号行政判决,向本院提起上诉。本院于201×年×月××日立案后,依法组成合议庭,于201×年×月×日公开开庭审理了本案。上诉人闵××及其委托代理人×××,被上诉人××市食品药品监督管理局××分局(以下简称××药监局)的委托代理人×××、×××,第三人××管理有限公司(以下简称××公司)的委托代理人×××到庭参加了诉讼。本案现已审理终结。

原审查明,××公司具有××证字×××××××××号《服务许可证》(以下简称原许可证),有效期限为201×年×月××日至201×年×月××日。201×年×月××日,××公司向××食药监局提出服务许可证延续申请并提供原许可证、营业执照、人员培训合格证明、委托书、平面图等材料。××食药监局于当日受理,经过现场调查和核查,认定××公司原符合相关规定,准予延长有效期限为:201×年×月××日至201×年×月××日,并于201×年×月××日作出续字(201×)第××××号《准予延续服务许可决定书》(以下简称准予延续许可决定):同意原许可证延续,并核准以下事项:1. 单位名称:××公司;2. 法定代表人:×××;3. 类别:中型饭店;4. 备注含熟食卤味;5. 有效日期:201×年×月××日至201×年×月××日。××食药监局将上述决定书送达××公司。闵××与××公司系楼上楼下相邻关系,对准予延续许可决定不服,起诉至原审法院,请求撤销准予延续许可决定。

原审另查明,200×年××月××日,××××管理有限公司更名为×××有限公司;201×年×月××日,×××有限公司更名为××公司。

原审认为,根据《中华人民共和国食品安全法》(以下简称《食品安全法》)第四条、第五条,《餐饮服务许可管理办法》第三条、第四条,《××市餐饮服务许可管理办法》第五条的规定,××食药监局具有作出准予延续许可决定的行政职权。××公司在原许可证有效期届满30日内向××食药监局提出书面延续申请,并提交原许可证、营业执照等材料。××食药监局受理后,核实相关材料,并进行现场核查,在法定期限内作出准予延续许可决定,执法程序合法。××食药监局依据原××××管理有限公司提供的经营场所示意图、××公司提供的平面图以及现场核查表、现场核查笔录等证据，认定××公司位置没有变化，面积减小，符合相关规定，该准予延续许可决定认定事实清楚，证据确凿，适用法律规范正确。闵××关于××公司原位置合法性所提异议，实质系对原服务许可之合法性提出异议，不属于本案准予延续许可决定合法性之审查范围。闵××关于××公司变更位置的主张，未提供证据，原审法院不予支持。××公司减小面积的行为并未侵害闵××的合法权益。综上，闵××要求撤销被诉准予延续许可决定的诉讼请求缺乏事实和法律依据，原审法院遂依照最高人民法院《关于执行〈中华人民共和国行政诉讼法〉若干问题的解释》第五十六条第(四)项之规定，判决驳回闵××的诉讼请求；案件受理费人民币 50 元，由闵××负担。

上诉人闵××上诉称：第三人××公司的厕所等建造在违章建筑内，被上诉人××食药监局明知第三人存在违法行为，仍然作出准予延续许可决定，认定事实不清，适用法律错误。根据《餐饮服务许可管理办法》第十九条的规定，第三人申请餐饮服务许可证延续，应在原许可证有效期届满 30 日前提出，逾期提出延续申请的，应按照新申请《餐饮服务许可证》办理。现原许可证有效期至 201×年×月××日，第三人迟至 201×年×月××日才提出申请，被上诉人对该逾期申请仍按延续许可办理，程序违法。故请求二审法院撤销原判，改判支持上诉人的原审诉讼请求。

被上诉人××食药监局辩称：第三人××公司向被上诉人提出延续服务许可申请后，被上诉人经材料审查及现场核查，认定在本次延期中，第三人缩小经营场所，现有布局合理、设施齐备，符合延期申请的法律规定，作出准予延续许可决定，认定事实清楚，适用法律正确，执法程序合法。《餐饮服务许可管理办法》第十九条所述的逾期申请，系原许可证有效期届满后的申请，有效期届满前 30 日内的申请并非逾期申请。故请求二审法院驳回上诉，维持原判。

第三人××公司述称：位置未移动，不存在厕所等位于违章建筑内的说法。同意被上诉人××食药监局的意见，故请求二审法院驳回上诉，维持原判。

二审庭审中，上诉人闵××提交××市××区城市管理行政执法局执法大队《关于闵××信访事项的答复意见》、××市××区人民政府《信访事项中止复查告知书(一)》、上诉人信访情况网络截屏、照片等证据，证明被上诉人作出准予延续许可决定违法。被上诉人××食药监局认为，上诉人提交上述证据，超过举证期限。

本院认为，上诉人在第一审程序中可以提交上述证据，现其无正当事由未提供，而在第二审程序中提供，人民法院不予接纳，故对被上诉人的意见予以采信。被上诉人仍以一审时已向原审法院提供的职权、事实、法律和程序方面的证据、依据证明其作出的准予延续许可决定合法。本院对被诉具体行政行为进行了全面审查，并听取了各方当事人的举、质证意见后查明，原审查明的事实基本无误，本院予以确认。

本院认为，被上诉人××食药监局负责本行政区域内的餐饮服务许可管理工作，依法具有作出准予延续许可决定的行政职责。

根据《中华人民共和国行政许可法》第二十九条第一款，《食品安全法》第二十七条第(一)项至第(四)项、第三十一条，参照《餐饮服务许可管理办法》第十条、第二十二条，《××市餐饮服务许可管理办法》第三十二条的规定，申请延续《餐饮服务许可证》应当提交《服务许可证》延续申请书、原《服务许可证》、证明服务提供者主体资格的证明材料、负责人、食品安全管理人员、关键环节操作人员的有效食品安全培训合格证明、原许可的经营场所、布局流程、卫生设施、垃圾及废弃油脂管理等内容有无变化的说明材料、委托代理人资格证明等材料。本案中，第三人××公司持有原许可证，向被上诉人提出服务许可证延续申请，提交了《××市餐饮服务许可证延续申请书》、原许可证、《食品生产经营场所面积、主要设施变动情况表》等材料。被上诉人经审查，认定第三人提交的材料符合上述规定，认定事实清楚。

被上诉人收到上诉人的申请材料后，根据《中华人民共和国行政许可法》第三十四条、《食品安全法》第三十一条、《餐饮服务许可管理办法》第十三条、《××市餐饮服务许可管理办法》第十七条、第二十条等规定，对申请材料进行了审查，并对第三人实施现场核查，于法定期间作出相应决定书，行政程序合法。

被上诉人根据申请材料和现场核查的情况，适用《食品安全法》第三十一条，《餐饮服务许可管理办法》第十四条、第二十二条，《××市餐饮服务许可管理办法》第二十一条、第三十三条等规定，作出准予延续许可决定，适用法律正确。

上诉人提出，第三人逾期提出延续原许可证的申请，被上诉人按照延续许可办理，系程序违法。本院认为，《餐饮服务许可管理办法》虽对申请人的申请期限作出规定，但被上诉人受理及处理第三人申请，并未超过原许可证有效期限。故上诉人以申请人超出申请期限申请延续原许可证为由，请求撤销准予延续许可行为，本院难以支持。上诉人提出的第三人厕所等位于违章建筑内并对上诉人造成损害的意见，并非本案审理范围，应通过其他途径解决。

综上，原审判决驳回上诉人的诉讼请求并无不当，本院可予维持。据此，依照《中华人民共和国行政诉讼法》第六十一条第(一)项之规定，判决如下：

驳回上诉，维持原判。

上诉案件受理费人民币 50 元，由上诉人闵××负担(已付)。

本判决为终审判决。

【律师评述】

本案中，上诉人关注的重点内容是第三人厕所等位于违章建筑内并对上诉人造成损害，但这与本案涉及的行政行为不是同一法律关系，如解决，需要通过另外的程序解决；同时，这也不属于被上诉人食药监局的职权范围。

而法院同时认定《餐饮服务许可管理办法》虽对申请人的申请期限作出规定，但被上诉人受理及处理第三人申请，并未超过原许可证有效期限，亦属于合理。

本案再次说明，在提起行政诉讼时，一定需要厘清事实，理顺法律关系，避免将不同的事实、不同的主张、不同的依据统统装入行政诉讼的大篮子里。

案例 30　赵××与××市公安局××分局行政处罚决定纠纷上诉案

【案情介绍】

赵先生与亲属间发生家庭纠纷，当地派出所接报后，将赵先生等人带至派出所接受调查。

因赵先生前妻向民警反映赵先生带人至家中殴打其父母，并认为赵先生此举很不正常，故民警将赵先生送至医院进行尿液检查。尿检结果显示赵先生体内的吗啡、甲基安非他明两项指标均呈阳性。公安分局对赵先生进行了询问、调查，赵先生承认其在室内以烫吸的方式吸食海洛因。公安分局以接到线索举报，并抓获涉嫌吸毒的赵先生为由，对其吸毒行为作出了行政拘留 15 日的处罚决定，并执行完毕。

同年，精神卫生中心吸毒成瘾认定办公室认定赵先生存在吸毒成瘾状况。

因赵先生对公安分局作出的行政处罚决定不服，向法院提起行政诉讼。

原审法院经审理后认为，原行政处罚决定一案中，公安分局就案件来源部分所举证据不足，属认定事实不清，作出行政判决，撤销了原行政处罚决定。同时，责令公安分局于判决生效之日起 30 日内重新作出具体行政行为。判决后，双方均未提起上诉。

后，公安分局对赵先生涉嫌吸毒案件再次进行了调查，传唤了赵先生，制作了相关询问笔录，并于当日对赵先生进行了处罚前的事先告知。赵先生提出陈述和申辩。公安分局对赵先生的陈述和申辩进行了复核，作出了新的行政处罚决定，认定赵先生吸毒，根据《中华人民共和国治安管理处罚法》(以下简称《治安管理处罚法》)第七十二条第(三)项的规定，决定行政拘留十五日。

赵先生仍不服，再次诉至法院，请求判决撤销新的行政处罚决定。

一审判决后，赵先生不服，提起了上诉。

【行政上诉状】

上诉人(原审原告)：赵××，男，194×年×月××日生，汉族，住××市××路××号×××室。

被上诉人(原审被告)：××市公安局××分局。

住所：××市××路××号。

法定代表人：×××，职务：局长。

上诉请求：

撤销××市××区人民法院(201×)×行初字第×××号行政判决书判决，发回重审或者依法改判。

上诉理由：

一审判决认定事实错误。

不存在上诉人前妻向被上诉人反映上诉人举动不正常的事实，被上诉人所作受案登记表虚假，案件来源不真实。

被上诉人在一审庭审中，未提供第一次尿检结果，举证不完整。

上诉人询问笔录内容系被诱供，不是上诉人本人真实意思表示。实际上，上诉人并没有吸毒行为。

上诉人尿检结果呈阳性，是由于事发前曾服用克咳片、泰诺等药物；对上诉人吸毒成瘾认定违反法定程序，且被上诉人在原行政处罚决定被撤销后，以同一事实作出了与原来相同的处罚决定，违反法律规定。

故原审判决错误，请求撤销原审判决，发回重审或依法改判。

【法院判决】

上诉人赵××因行政处罚决定一案，不服××市××区人民法院(201×)×行初字第×××号行政判决，向本院提起上诉。本院依法组成合议庭，于201×年×月××日公开开庭审理了本案。上诉人赵××及其委托代理人×××律师、×××律师，被上诉人××市公安局××分局(以下简称××公安分局)的委托代理人×××、×××律师到庭参加诉讼。本案现已审理终结。

原审法院认定：201×年×月××日晚，赵××与亲属间发生家庭纠纷并报警。××公安分局××路派出所接报后，将赵××等人带至派出所接受调查。因赵××前妻向民警反映赵××带人至家中殴打其父母，并认为赵××此举很不正常，故民警将赵××送至××市××区中心医院进行尿液检查，尿检结果显示赵××体内的吗啡、甲基安非他明两项指标均呈阳性。后××公安分局对赵××进行了询问、调查，赵××承认其于201×年×月××日在本市××区××路××弄××号××室内以烫吸的方式吸食海洛因。201×年×月××日，××公安分局以接到线索举报，并在××路××弄××号门口抓获涉嫌吸毒的赵××为由，对其吸毒行为作出了×公(×)行罚决字(201×)××××××号行政拘留15日的处罚决定，并执行完毕。同年×月×日，××市精神卫生中心吸毒成瘾认定办公室认定赵××存在吸毒成瘾状况。

因赵××对××公安分局作出的上述行政处罚决定不服，向原审法院提起行政诉讼。原审法院经审理后认为，×公(×)行罚决字(201×)××××××××号行政处罚决定一案中，××公安分局就案件来源部分所举证据不足，属认定事实不清，遂作出(201×)×行初字第××号行政判决，撤销了上述行政处罚决定。同时，责令××公安分局于判决生效之日起30日内重新作出具体行政行为。判决后，双方均未提起上诉。

嗣后，××公安分局对赵××涉嫌吸毒案件再次进行了调查，并于201×年×月××日对赵××进行了传唤，制作了相关询问笔录。当日××时，××公安分局对赵××进行了处罚前的事先告知，赵××提出陈述和申辩。15时20分，××公安分局对赵××的陈述和申辩进行了复核，并于××时作出了×公(×)行罚决字(201×)××××××××号行政处罚决定，认定赵××于201×年×月××日在××市××路××弄××号××室内吸毒，根据《中华人民共和国治安管理处罚法》(以下简称《治安管理处罚法》)第七十二条第(三)项的规定，决定行政拘留十五日。赵××仍不服，再次诉至原审法院，请求判决撤销该行政处罚决定。

原审法院认为：根据《治安管理处罚法》第七条的规定，××公安分局具有负责本区域内的治安管理工作的法定职权。在认定事实方面，根据××公安分局提供的证据显示，201×年×月××日，该局在处理赵××家庭纠纷过程中，根据赵××家属提及其反常的情况，对赵××的尿液进行送检。××市××区中心医院的特殊尿液检查单中明确显示赵××当时体内的吗啡、甲基安非他明均呈阳性。当天，赵××的两份询问笔录中均自认其曾以烫吸的方式吸食毒品海洛因。同年×月×日，××市精神卫生中心吸毒成瘾认定办公室所作的吸毒成瘾认定报告亦认定赵××存在吸毒成瘾状态。虽然，在之后×月××日的询问笔录中赵××否认其曾吸毒，但××公安分局提供的相关证据足以证明其曾吸食毒品，且已成瘾。赵××之后的否认行为，并不能推翻上述证据的证明效力。因此，××公安分局认定赵××具有吸食毒品的行为，属认定事实清楚。××公安分局所作原处罚决定因案件来源不清，被原审法院判决撤销。后××公安分局在查清案件来源事实的基础上，又重新作出了具体行政行为，并未违反相关法律规定。故赵××的异议不能成立，不予采纳。××公安分局在原行政处罚被依法撤销之后，重新对相关事实进行调查，对赵××给予了处罚前的事先告知，并就其申辩进行复核，后在判决规定的期限内依据《治安管理处罚法》第七十二条第(三)项的规定重新作出了处罚决定，属适用法律正确、执法程序合法。综上，××公安分局所作的行政处罚决定，事实认定清楚，适用法律正确，符合法定程序，赵××的诉请主张不予支持。原审法院遂判决维持××公安分局所作被诉具体行政行为。判决后，赵××不服，上诉于本院。

上诉人赵××上诉称：不存在上诉人前妻向被上诉人反映上诉人举动不正

常的事实，被上诉人所作受案登记表虚假，案件来源不真实；被上诉人未提供第一次尿检结果，举证不完整；上诉人询问笔录内容不是本人真实意思表示，系被诱供，上诉人实际并未实施吸毒的违法行为；上诉人尿检结果呈阳性，是由于事发前曾服用克咳片、泰诺等药物；相关吸毒成瘾认定违反法定程序，且被上诉人在原行政处罚决定被撤销后，以同一事实作出了与原来相同的处罚决定，违反法律规定。原审判决错误，请求撤销原审判决，发回重审或依法改判。

被上诉人××公安分局辩称：被上诉人原作出的行政处罚决定被原审法院判决撤销的主要原因是由于受案登记表对案件来源的认定事实不清，但该判决就上诉人有吸食毒品违法行为的事实是予以确认的，现被上诉人在如实查明案件来源并对受案登记表内的该情况予以更正后，根据上诉人吸毒违法行为作出被诉行政处罚决定，认定事实清楚，适用法律正确；不存在对上诉人进行诱供的情形，上诉人第一次尿检结果也是阳性，但因出具检验报告的医院无毒品检验资质，故在201×年×月××日将上诉人带至××市××区中心医院进行第二次尿检，该第二次尿检报告结果足以证明上诉人吸食毒品的事实；吸毒成瘾认定程序不是本案作出行政处罚决定的法定程序，提供相关认定报告是为了进一步印证案件事实。原审判决正确，请求驳回上诉，维持原判。

本院经审理查明：原审判决认定的事实由被上诉人提供的对赵××、民警×××等人所作的询问笔录、××市××区中心医院出具的特殊尿液检查单、吸毒成瘾认定报告、(201×)×行初字第××号行政判决、×公(×)(临)行受字(201×)第××××号受案登记表、××市公安局传唤证、行政处罚告知笔录、行政处罚复核审批表、×公(×)行罚决字(201×)×××××××××号行政处罚决定书等证据证明，本院予以确认。

另查明，二审庭审中，上诉人、被上诉人对赵××共进行过两次尿检，且两次毒品检验结果均呈阳性的事实无异议。

本院认为：根据《治安管理处罚法》之规定，被上诉人××公安分局依法具有对其管辖范围内违反《治安管理处罚法》的违法行为人作出治安行政处罚的执法主体资格。根据《治安管理处罚法》第七十二条第(三)项之规定："有下列行为之一的，处十日以上十五日以下拘留，可以并处二千元以下罚款；情节较轻的，处五日以下拘留或者五百元以下罚款……(三)吸食、注射毒品的……"本案中，被上诉人提供的××市××区中心医院出具的特殊尿液检查单显示上诉人的尿液中吗啡、甲基安非他明检测呈阳性，上诉人在201×年×月××日接受公安机关询问时亦自认于201×年×月××日晚××时许，在本市××路××弄××号××室借住的房屋内吸食了海洛因，上诉人在上述尿液检查单及询问笔录上均签名予以确认，故上诉人吸毒的违法事实可予认定。被上诉人依据《治安管理处罚法》第七十二条第(三)项之规定，对上诉人作出治安拘留十五日的行政处罚，认定事实清楚，适用法律正确。被上诉人在原所作行政处罚决定被原审法院判决撤销并判令重作的情况下，重新查明了案件来源事实，更正了受案登记内容，并在作出被诉行政处罚决定之前告知了上诉人拟作出处罚所认定的事实、适用的法律及拟处罚的内容，对上诉人提出的陈述与申辩进行复核后，在法院判决规定的期限内重新作出被诉行政处罚决定，执法程序并无不当。上诉人虽认为其吸毒事实不存在，相关询问笔录内容虚假，系被诱供所致，尿液检验结果毒品成分呈阳性是由于服用了相关药物引起，但对上述主张上诉人均未能提供充分的事实证据予以证明，本院不予采信。原审中，上诉人前妻××出庭作证，对曾向民警反映赵××行为不正常的事实予以确认。被上诉人据此立案调查，并无不当。《治安管理处罚法》并未将吸毒成瘾认定作为对吸毒违法行为作出治安处罚的法定构成要件，相关吸毒成瘾认定程序不属本案审查范围。综上，上诉人的上诉请求及理由缺乏事实证据和法律依据，本院不予支持。原审判决并无不当，应予维持。据此，依照《中华人民共和国行政诉讼法》第六十一条第(一)项的规定，判决如下：

驳回上诉，维持原判。

上诉案件受理费人民币 50 元，由上诉人赵××负担。

本判决为终审判决。

【律师评述】

这个案例实际上给我们展示了两次一审、一次二审的全景。

根据《治安管理处罚法》第七十二条第(三)项规定："有下列行为之一的，处十日以上十五日以下拘留，可以并处二千元以下罚款；情节较轻的，处五日以下拘留或者五百元以下罚款……(三)吸食、注射毒品的……"。

本案中，被上诉人公安分局提供的医院出具的特殊尿液检查单显示上诉人赵先生的尿液中吗啡、甲基安非他明检测呈阳性，上诉人赵先生在接受公安机关询问时自认吸食了海洛因，在其尿液检查单及询问笔录上都签名。显然，上诉人赵先生吸毒的基本事实是存在的。

被上诉人公安分局依据《治安管理处罚法》第七十二条第(三)项规定，对上诉人作出治安拘留十五日的行政处罚，认定基本事实清楚。

需要关注到的是，本案实际上经历了两次一审诉讼。

被上诉人公安分局在先前所作行政处罚决定被法院判决撤销并判令重作的情况下，查明案件来源事实，更正了受案登记内容，并依照程序在作出行政处罚决定之前告知了上诉人赵先生拟作出处罚所认定的事实、适用的法律及拟处罚的内容，对上诉人赵先生提出的陈述与申辩进行复核后，在法院判决规定的期限内作出新的行政处罚决定。根据第一次诉讼败诉的法院判决内容，补救了行政处罚的不足内容。

而法院认定,《治安管理处罚法》并未将吸毒成瘾认定作为对吸毒违法行为作出治安处罚的法定构成要件,相关吸毒成瘾认定程序不属本案审查范围,则再次让我们知悉,不同的案件,审理和审查的内容、范围是有所规定的,不同的法律关系,更是要通过相应的诉讼、不同的程序解决。

本案给我们的启示是,包括公安机关在内的行政机关作出处罚一定要严格依照法定程序处理。本案中被诉的行政机关——公安分局,第一次败诉,就是一个典型的案例。而不得已又通过补救程序,补充事实,之后重新做出行政处罚,是我们依法行政的典范案例。

案例31　贾××诉××市公安局××分局××派出所等治安不予行政处罚决定纠纷上诉案

【案情介绍】

贾同学与常同学在大学教室因签到簿问题发生纠纷。派出所根据接警报案后，予以受案调查。由于该案发生在校区内，校方提出按照校规校纪处理。后学校根据贾同学要求由派出所处理，校方无法继续调解。

派出所对贾同学、常同学以及其他证人等进行调查取证。根据调查结果，派出所对贾同学作出不予行政处罚决定书，认定贾同学殴打他人一案，因情节特别轻微并取得被侵害人谅解，根据《中华人民共和国治安管理处罚法》第十九条第(一)项、第(二)项的规定，决定不予行政处罚。派出所向常同学送达不予行政处罚决定书。

贾同学收到不予行政处罚决定书后，提起行政复议。行政复议决定维持系争对其的不予行政处罚决定。贾同学不服，向原审法院起诉，要求撤销上述不予行政处罚决定。一审判决败诉后，仍旧不服，提起了上诉。

【行政上诉状】

上诉人(原审原告)：贾××，男，199×年×月××日生，汉族，住××市××路××号×××室。

被上诉人(原审被告)：××市公安局××分局××派出所。

住所：××市××路××号。

负责人：×××，职务：所长。

原审第三人：常××，男，199×年×月××日生，汉族，住××市××路××号×××室。

上诉请求：

撤销××市××区人民法院(201×)×行初字第××号行政判决书判决及《××市公安局不予行政处罚决定书》。

上诉理由：

被上诉人所作不予行政处罚决定认定事实错误。

事发当天,常××辱骂、殴打上诉人,上诉人并未殴打常××,被上诉人所作被诉不予行政处罚决定应予撤销。

一审中,被上诉人逾期提供证据,原审判决违法。

综上,故请求二审法院撤销原判及被诉不予行政处罚决定。

【法院判决】

上诉人贾××因治安不予行政处罚决定一案,不服××市××区人民法院(201×)×行初字第××号行政判决,向本院提起上诉。本院受理后,依法组成合议庭,公开开庭审理了本案。上诉人贾××的委托代理人×××,被上诉人××市公安局××分局××派出所(以下简称××派出所)的委托代理人×××、×××到庭参加诉讼,原审第三人常××经本院合法传唤未到庭。本案现已审理终结。

原审法院查明:201×年××月××日晚,贾××与常××在××开放大学学习广场××号教室因签到簿问题发生纠纷。201×年××月××日,××派出所根据接警报案,对贾××和常××的纠纷予以受案调查。由于该案发生在校区内,校方提出按照校规校纪处理。201×年××月×日,校方鉴于贾××要求由××派出所处理并给出书面意见,校方无法继续调解,故请求××派出所对此案进行处理。嗣后,××派出所对贾××、常××以及其他证人等进行调查取证。201×年×月××日,××派出所对贾××作出×公×(×)不罚决字[201×]××××号《××市公安局不予行政处罚决定书》,主要内容为:201×年××月××日,贾××在××市××区××路××号××大学内殴打他人一案,因情节特别轻微并取得被侵害人谅解,根据《中华人民共和国治安管理处罚法》(以下简称《治安管理处罚法》)第十九条第(一)项、第(二)项的规定,决定不予行政处罚。同日,××派出所向常××送达不予行政处罚决定书,并于201×年×月××日向贾××送达。贾××遂向××市公安局××分局提起行政复议,该局以×公(×)复决字(201×)第××号行政复议决定维持系争的不予行政处罚决定。贾××不服,遂向原审法院起诉,要求撤销上述不予行政处罚决定。

原审法院认为,××派出所依法具有对其辖区范围内违法行为进行管辖的法定职权。××派出所根据贾××、常××及相关证人的询问笔录、视听光盘、验伤通知单等证据,认定贾××违法事实成立,事实清楚。根据《治安管理处罚法》第十九条第(一)项、第(二)项的规定,情节特别轻微的,主动消除或者减轻违法后果,并取得被侵害人谅解的,减轻处罚或者不予处罚。××派出所依据相应证据和事实对贾××作出不予行政处罚决定符合法律规定。××派出所受案后,依法进行传唤,调查取证,作出不予行政处罚决定并送达,执法程序并无不当。但应当指出,××派出所未在不予行政处罚决定书落款处填写具体日期,今后应予注意和改进。遂判决：驳回贾××的诉讼请求。判决后，贾××不服，向本院提起上诉。

上诉人贾××上诉称：被上诉人所作不予行政处罚决定认定事实错误，事发当天，常××辱骂、殴打上诉人，但上诉人未殴打常××，被上诉人所作被诉不予行政处罚决定应予撤销。一审中，被上诉人逾期提供证据，原审判决违法，故请求二审法院撤销原判及被诉不予行政处罚决定。

被上诉人××派出所辩称：事发当天，上诉人与常××因签到簿问题发生冲突，在争执过程中，上诉人用雨伞击打常××，造成常××轻微伤，常××没有违法事实。被上诉人对贾××所作不予行政处罚决定认定事实清楚，适用法律正确，执法程序合法。一审中，被上诉人在法定期限内向原审法院提交证据，并未逾期举证。请求二审法院驳回上诉，维持原判。

本院经审理查明，原审法院认定事实由被上诉人提供的上诉人、原审第三人、×××、×××、×××的询问笔录，××大学向被上诉人提供的视频光盘，上诉人和原审第三人的验伤通知书等证据证明，本院予以确认。

本院另查明，一审中，原审法院于201×年×月××日向被上诉人寄送应诉通知书、起诉状副本及附件、举证通知书等材料，被上诉人于201×年×月××日签收。201×年×月×日，被上诉人向原审法院提交作出被诉具体行政行为的证据材料。

本院认为：被上诉人××派出所具有作出不予行政处罚决定的职权。被上诉人受案后，对上诉人、原审第三人及相关证人进行了调查、询问，在法定期限内作出被诉不予行政处罚决定，执法程序合法。根据被上诉人提供的上诉人、原审第三人、×××、×××、×××的询问笔录，事发现场的视频光盘，双方的验伤通知书等证据，可以证明事发当天，上诉人与原审第三人因琐事发生纠纷，上诉人用雨伞打伤原审第三人的事实。被上诉人依据《治安管理处罚法》第十九条第(一)项、第(二)项的规定，认定上诉人违法情节特别轻微并取得被侵害人谅解，决定对其不予行政处罚，认定事实清楚，适用法律正确。被上诉人所作不予行政处罚决定并无不当。关于上诉人提出的被上诉人在一审中逾期举证的问题，最高人民法院《关于执行〈中华人民共和国行政诉讼法〉若干问题的解释》第二十六条第二款规定："被告应当在收到起诉状副本之日起10日内提交答辩状，并提供作出具体行政行为时的证据、依据；被告不提供或者无正当理由逾期提供的，应当认定该具体行政行为没有证据、依据。"本案一审中，被上诉人于201×年×月××日收到原审法院邮寄的应诉通知书、举证通知书等材料，于同年×月×日向原审法院提交作出被诉具体行政行为的证据材料，并未超过法定举证期限。综上，上诉人的上诉请求及理由缺乏事实证据和法律依据，本院不予支持。原审判决并无不当。据此，依照《中华人民共和国行政诉讼法》第六十一条第(一)项的规定，判决如下：

驳回上诉，维持原判。

上诉案件受理费人民币 50 元，由上诉人贾××负担。

本判决为终审判决。

【律师评述】

根据派出所对贾同学等的笔录、现场的光盘、双方的验伤通知书等证据，两位同学因琐事发生纠纷的事实已经基本定型。

本案上诉人贾同学提及的关于被上诉人派出所在一审中逾期举证的问题，则是行政诉讼中非常关键的程序问题。

法院判决中已经列明的最高人民法院《关于执行〈中华人民共和国行政诉讼法〉若干问题的解释》第二十六条第二款规定："被告应当在收到起诉状副本之日起 10 日内提交答辩状，并提供作出具体行政行为时的证据、依据；被告不提供或者无正当理由逾期提供的，应当认定该具体行政行为没有证据、依据。"本案一审中，如果被上诉人派出所确实逾期举证，则将不战而败，输给程序。

所幸的是，法院查明，被上诉人派出所并未超过法定举证期限。

这一个案例给我们警示的是，行政诉讼的举证程序，在行政诉讼中，一定要守好程序底线；在程序底线中，时间节点则是重中之重。

案例32　康××不服××市××区人民政府作出的行政复议不予受理决定案

【案情介绍】

康先生父子将一套房屋出售给他人，与购买人就房屋买卖发生纠纷。其中涉及购买人先后两次到房地产交易中心查询名下房产情况，由房地产交易中心提供的两次《查询结果》不一致一事，向住房保障和房屋管理局反映情况。住房保障和房屋管理局作出《答复意见书》。

康先生父子不服《答复意见书》，向住房和城乡建设管理委员会信访办提交《信访复查申请书》，要求撤销住房保障和房屋管理局作出的《答复意见书》并更正《查询结果》。

后申请行政复议，要求撤销住房保障和房屋管理局作出的《答复意见书》并更正《查询结果》。复议机关收到康先生父子邮寄提交的《行政复议申请书》后，作出《行政复议申请不予受理决定书》。

康先生父子不服，以《不予受理决定书》认定事实不清、适用法律错误且遗漏申请复议的事项为由，向法院提起行政诉讼。

【行政起诉状】

原　　告：康××，性别，男，汉族，194×年×月××日生，住××市×××路×××号×××室；身份证号码：××××××××××××××××××。

原　　告：康×，性别，男，汉族，198×年×月××日生；住××市×××路×××号×××室；身份证号码：××××××××××××××××××。

被　　告：××市××区人民政府。

法定代表人：×××　职务：区长。

地址：××市×××路××号。

案　　由：

原告不服被告201×年××月××日出具的《行政复议申请不予受理决定

书》××府复不受字(201×)第×号的行政行为;依据《行政复议法》第十九条、《行政诉讼法》第十二条(六)、(十二)及最高院关于执行《行政诉讼法》若干问题的解释第一条"……公民对……行政行为不服,依法提起诉讼的,属于人民法院行政诉讼的受案范围。"据此,递交行政起诉状。

请求事项:

1. 撤销××府复不受字(201×)第×号《不予受理决定书》,被告限期重新受理原告全部复议申请事项。

2. 被告承担本案诉讼费用。

事实与理由:

第一,《不予受理决定书》(附件一)认定事实不清:原告201×年××月××日向被告递交行政复议申请书(附件二),请求复议两件事项。但,被告出具的《决定书》仅有一项,即作为申请行政复议证据之一的《答复意见书》(附件三);故意遗漏要求复议的具体行政行为,即被告所设机构201×年×月×日出具限售《查询结果》(附件四)的法律依据。该项具体行政行为与原告有法律上直接利害关系,是申请行政复议的根本目的。但,被告未能履行法定职责,受理申请行政复议全部事项;《决定书》全文一字不提原告申请复议限售《查询结果》的具体行政行为性质;再偷梁换柱,将行政复议的证据事项曲解为信访之争,将原告申请行政复议权利非法排斥于受理范围之外;证明《决定书》对申请复议事项的认定,事实不清;对原告合法权益构成损害,于法无据,纯属"不作为"的渎职行政行为。

第二,《不予受理决定书》适用依据错误:原告申请复议,并提供相应的规范性文件,其根本目的是证实被告所设机构出具限售《查询结果》具体行政行为违法,损害原告权益;申请事项符合《行政复议法》第六条第(八)款和第(十一)款和最高法院相关司法解释。原告认为行政机关该具体行政行为不但侵犯我方权益,且无作出具体行政行为的合法依据。现《决定书》对确认限售《查询结果》具体行政行为错误,避而不答;未能"提供作出该行政行为的证据所依据的规范性文件",规避具体法律条款;被告以《答复意见书》混充复议,答非所问;一笔勾销《行政复议法》第六条复议范围十一项条款,适用错误;其出具的不予受理决定书无事实依据和法律依据,更无正当理由,纯属违法。

为此,原告依据《行政诉讼法》及相关规定,请求你院对该复议机构实施司法监督,对原告实施司法救济;依法责令被告履行其法定职责,依法受理原告全部复议申请,维护司法尊严、维护原告权益。

【法院判决】

原告康××、康×不服被告××市××区人民政府(以下简称××区政府)作出的行政复议不予受理决定,向本院提起行政诉讼。本院于201×年××月

×日立案受理后，依法适用简易程序，并由审判员×××独任审理，于201×年××月×日公开开庭审理了本案。原告康××、康×及委托代理人××，被告××区政府的委托代理人×××、×××到庭参加了诉讼。本案现已审理终结。

经审理查明，原告康××、康×就××市××区房地产交易中心(以下简称××交易中心)于201×年×月××日、×月××日提供的《查询结果》(以下简称《查询结果》)一事，向××市××区住房保障和房屋管理局(以下简称××住房局)反映情况，××住房局于201×年×月××日作出《答复意见书》(以下简称《答复意见书》)。原告不服，于201×年×月××日向××市住房和城乡建设管理委员会信访办提交《信访复查申请书》，要求撤销××住房局作出的《答复意见书》并更正《查询结果》。201×年××月××日，原告向被告申请行政复议，要求撤销××住房局作出的《答复意见书》并更正《查询结果》。被告于201×年××月××日收到原告邮寄提交的《行政复议申请书》后，于201×年××月××日作出××府复不受字(201×)第×号《行政复议申请不予受理决定书》(以下简称《不予受理决定书》)，认为原告要求复议的《答复意见书》系信访事项答复意见，不属于《中华人民共和国行政复议法》(以下简称《行政复议法》)第六条规定的行政复议范围，故根据《行政复议法》第十七条第一款规定，决定不予受理，并向原告邮寄送达《不予受理决定书》。原告不服，以《不予受理决定书》认定事实不清、适用法律错误且遗漏申请复议的事项为由，向本院提起行政诉讼，请求撤销被告作出《不予受理决定书》的行政行为。被告××区政府辩称，原告所申请复议的《答复意见书》系以《查询结果》为主要内容的信访事项答复，不属于行政复议审查范围，请求法院驳回原告的诉讼请求。

以上事实有《答复意见书》《信访复查申请书》《行政复议申请书》《不予受理决定书》及庭审笔录等证据予以证实。

本院以为，根据《行政复议法》的规定，被告××区政府具有依法处理行政复议申请的行政职责。被告收到原告康××、康×行政复议申请后，于法定期间内作出《不予受理决定书》并向原告送达，行政程序合法。

本案中，原告就××交易中心提供《查询结果》向××住房局提出信访，××住房局作出《答复意见书》。从该答复内容来看，××住房局就房屋交易过程中有关部门出具《查询结果》的相关规定进行了说明，属于信访答复意见，不属于《行政复议法》第六条规定的行政复议范围。原告以《查询结果》为主要内容的信访答复申请行政复议，被告据此认为原告请求撤销《答复意见书》及更正《查询结果》的事项不属于行政复议审查范围，并无不当。被告依据《行政复议法》第十七条第一款的规定作出《不予受理决定书》，适用法律正确。综上，原告请求撤销被告作出《不予受理决定书》的行政行为，依据不足，本院不予支持。据此，依照《中华人民共和国行政诉讼法》第六十九条之规定，判决如下：

驳回原告康××、康×的诉讼请求。

案件受理费人民币 50 元，减半收取计 25 元，由原告康××、康×负担（已付）。

如不服本判决，可以在判决书送达之日起十五日内向本院递交上诉状，并按对方当事人的人数提出副本，上诉于××市高级人民法院。

【律师评述】

康先生父子就其提起民事诉讼中所涉及的购买方名下房屋情况的两份《查询结果》不一致，向住房保障和房屋管理局信访反映，在信访处理部门给予其答复后，提出行政复议。查询、信访、复议的先后顺序，说明康先生父子提起起诉的是对信访答复不服的复议，而信访事项应该按照《信访条例》规定解决，不属于《行政复议法》规定的复议事项。自然，康先生父子也就面临诉讼请求不被支持的结果。

本案中，涉及康先生父子与房屋购买方的买卖合同纠纷，涉及康先生父子对买卖合同纠纷中房屋购买方所提供的《查询结果》的异议，还涉及康先生父子对信访结果不服的救济程序，三个法律关系，对应的程序和法律依据均相差甚远。买卖合同纠纷是民事诉讼，对《查询结果》载明的信息不服，则需要通过另行的信息公开或者行政诉讼程序解决，但其被告则不应是区级政府，对信访事项的不服，则不能提起行政复议和行政诉讼，只能按照信访相关规定处理。

本案告诉我们，行政诉讼中，往往涉及多个法律关系，而原告往往将不同的法律关系，交织交叉打包进行政诉讼中，一味地要求行政机关，甚至提出不合理诉讼请求，寄希望在行政诉讼中全部解决，但结果往往是令人失望的。

作为执业律师，需要在诉讼，尤其是行政诉讼中，要仔细理清法律关系，找出辩论的支撑点，在诉讼逻辑中展现法律服务的价值。

案例33　陆××与××机场出入境检验检疫局检验检疫处理行为上诉案

【案情介绍】

陆先生搭乘航班从美国纽约机场飞抵国内，随身携带数千克鱼胶及海参进境，被机场检验检疫局发现。机场检验检疫局认定陆先生所携带的水生动物产品属于明确规定禁止携带入境的物品，对陆先生开具了《出入境人员携带物留验/处理凭证》，对其所携带产品予以没收，销毁。

陆先生不服，诉至法院。一审判决后，提起上诉。

【行政上诉状】

上诉人（原审原告）：陆××，男，198×年×月××日生，汉族，住××市××路××号×××室。

被上诉人（原审被告）：中华人民共和国××机场出入境检验检疫局。

住所：××市××路××号。

法定代表人：×××，职务：局长。

上诉请求：

撤销××市××区人民法院（201×）×行初字第××号行政判决书判决，依法改判支持上诉人原审诉讼请求。

上诉理由：

上诉人认为，原审判决认定事实不清，适用法律错误。

上诉人携带入境的物品如确实属于禁止入境的物品，上诉人可以带回美国。机场检验检疫局对上诉人要求带回美国的请求不准许，而是当场出具《处理凭证》，将物品没收和销毁，给上诉人造成巨大经济损失。

被上诉人所作具体行政行为违反《中华人民共和国行政强制法》《出入境检验检疫查封、扣押管理规定》，被上诉人应当对上诉人所携带的禁止携带进境的物品先以退回方式处理，在不能退回的情况下再予以销毁，但被上诉人直接将上诉人携带物品予以销毁，属于严重滥用职权，违反法定程序的违法行政行为。

故请求二审法院撤销原判，依法改判支持上诉人原审诉讼请求。

【法院判决】

上诉人陆××因检验检疫处理行为一案，不服××市××区人民法院(201×)×行初字第××号行政判决，向本院提起上诉。本院于201×年×月××日立案后，依法组成合议庭，于201×年×月××日公开开庭审理了本案。上诉人陆××的委托代理人×××，被上诉人中华人民共和国××机场出入境检验检疫局(以下简称机场检验检疫局)的委托代理人×××、×××到庭参加了诉讼。本案现已审理终结。

原审查明，201×年××月××日陆××搭乘×××××航班从美国纽约机场飞抵××国际机场，随身携带××千克鱼胶及××千克海参进境时，被机场检验检疫局发现，机场检验检疫局认定陆××所携带的水生动物产品属于法律法规明确规定禁止携带入境的物品，对陆××开具了编号为×××××××号《出入境人员携带物留验/处理凭证》(以下简称《处理凭证》)，内容为：姓名：陆××，来自：美国×××××，品名：鱼胶/海参，数量/重量：××KG/××KG，检验情况：禁止入境物，用途：食用，处理意见：国家规定，不准进口，没收，销毁。陆××不服，诉至原审法院。

陆××原审诉称，陆××携带入境的物品虽属于禁止入境的物品，但可以由其带回美国，机场检验检疫局对其要求带回美国的请求未准许，而当场出具《处理凭证》，将物品没收和销毁，给陆××造成经济损失。机场检验检疫局适用法律错误，违反法定程序，滥用职权。故起诉请求撤销机场检验检疫局作出的《处理凭证》，并赔偿经济损失人民币××××××元。

机场检验检疫局原审辩称，不同意陆××的诉请，机场检验检疫局作出的行政行为认定事实清楚、适用法律正确，请求法院驳回陆××全部的诉讼请求。

原审认为，机场检验检疫局具有作出本案被诉具体行政行为的法定职权。《中华人民共和国进出境动植物检疫法》(以下简称《动植物检疫法》)第二十九条规定："禁止携带、邮寄进境的动植物、动植物产品和其他检疫物的名录，由国务院农业行政主管部门制定并公布。携带、邮寄前款规定的名录所列的动植物、动植物产品和其他检疫物进境的，作退回或者销毁处理。"《中华人民共和国禁止携带、邮寄进境的动植物及其产品名录》(以下简称：《产品名录》)中将"水生动物产品"纳入国家禁止携带进境的产品。本案中，陆××所携带的鱼胶及海参属于上述国家禁止携带进境的产品，因此，其行为违反了《动植物检疫法》第二十九条规定，机场检验检疫局根据该条规定以及涉案物品的特殊性，作出"禁止入口，销毁"的具体行政行为，符合法律规定。

陆××认为应适用《动植物检疫法》第二十九条第二款的规定，应将物品先予退回。对此原审法院认为，机场检验检疫局作为检验检疫机构根据物品性质、风险高低、现实状态，对携带的属于《产品名录》所列各物，具有作出退回或者销毁的自由裁量权，法律并未规定退回与销毁的优先等级，故对陆××的该观点，不予采信。陆××主张要求撤销机场检验检疫局作出的《处理凭证》的诉讼请求缺乏事实证据和法律依据，不予支持。

至于陆××提出的行政赔偿诉请。根据《中华人民共和国国家赔偿法》第二条第一款规定："国家机关和国家机关工作人员行使职权，有本法规定的侵犯公民、法人和其他组织合法权益的情形，造成损害的，受害人有依照本法取得国家赔偿的权利。"该条规定确定了我国行政赔偿的前提要件系只有在行政机关及其工作人员行使行政职权行为违法的情况下，合法权益受到损害的公民、法人和其他组织才能获得行政赔偿。本案中，机场检验检疫局的被诉具体行政行为与法不悖，不存在对陆××造成的损失需要赔偿的问题。因此，陆××要求机场检验检疫局赔偿的诉讼请求，亦不支持。据此，原审法院依照最高人民法院《关于执行〈中华人民共和国行政诉讼法〉若干问题的解释》第五十六条第(四)项之规定，判决驳回陆××的诉讼请求。判决后，陆××不服，上诉于本院。

上诉人陆××诉称，被上诉人所作具体行政行为违反《中华人民共和国行政强制法》(以下简称《行政强制法》)及《出入境检验检疫查封、扣押管理规定》，被上诉人应当对禁止携带进境的物品先以退回方式处理，不能退回的情况下再销毁，但被上诉人直接予以销毁，系滥用职权且违反法定程序；原审判决认定事实不清，适用法律错误，故上诉请求二审法院撤销原判，支持上诉人原审诉讼请求。

被上诉人机场检验检疫局辩称，坚持原审辩称意见，不同意上诉人的上诉请求。鱼胶、海参属于高风险产品，曾经检测携带有害物质，已被列入禁止携带进境物品名目范围；上诉人携带××千克鱼胶和××千克海参进境，数量较大，来源不明、加工不明，进境时亦未主动申报，对正常进口贸易也会带来冲击；被上诉人具有根据《动植物检疫法》第二十九条的规定，综合物品性质、风险高低、现实状态，对禁止携带进境的物品予以退回或销毁的自由裁量权；××市出入境检验检疫局根据《动植物检疫法》及其实施条例等法律法规制定了《××检验检疫局出入境人员携带物和进出境邮寄物动植物检疫管理办法》，该办法中规定对禁止携带进境且未按规定申报的物品，可以做出销毁处理。本案不适用《出入境检验检疫查封、扣押管理规定》。被上诉人所作被诉具体行政行为正确，请求二审法院维持原判。

二审开庭审理中，被上诉人仍以其向原审法院提交的职权、事实、法律、程序等方面的证据和依据证明其作出被诉检验检疫处理行政行为合法。本院就被上诉人作出的被诉具体行政行为合法性进行了全面审查，并在审理中充分听取了双方当事人的举、质证意见。经审理查明，原审判决认定的事实无误，本院依法予以确认。

本院认为，被上诉人机场检验检疫局负责进出境动植物的检验检疫工作，依法实施进出境动植物检疫，具有对禁止携带进境物品作出处理的职权。

《动植物检疫法》第二十九条规定，禁止携带、邮寄进境的动植物、动植物产品和其他检疫物的名录，由国务院农业行政主管部门制定并公布；携带、邮寄前款规定的名录所列的动植物、动植物产品和其他检疫物进境的，作退回或者销毁处理。本案中，双方当事人对上诉人所携带的鱼胶和海参属于《产品名录》所规定禁止携带进境的水生动物产品无异议。在国际交流日益频繁、入境人员数日趋庞大的今天，携带进境的物品种类纷杂，将禁止携带进境的物品带进境可能导致外来物种入侵、破坏国内生态平衡、威胁国人健康与安全、造成严重经济损失，侵害国家利益。因此，对禁止携带进境的物品作退回或销毁由检验检疫机构根据所查获的物品性质、风险高低、现实状态等进行综合考量后作出处理，属检验检疫机构自由裁量权范围。被上诉人在入境口岸经检查发现上诉人欲将禁止携带进境物品携带进境后，鉴于所携带的鱼胶和海参的数量较大、来源不明、加工不明、两种物品曾经检测携带有害物质属高风险产品、上诉人在入境时未主动申报等情节后，作出被诉具体行政行为，并无明显不当。被上诉人的辩称意见，依据充分，本院予以采信。上诉人主张根据法律规定，退回和销毁之间存在先后顺序，现被上诉人未将上诉人携带进境的物品先予退回而直接销毁属滥用职权的意见，不予采信。

关于被诉具体行政行为的程序，本院认为，《行政强制法》第三条规定，行政强制的设定和实施，适用本法；行政机关采取金融业审慎监管措施、进出境货物强制性技术监控措施，依照有关法律、行政法规的规定执行。被上诉人主张其截留行为属于进出境货物强制性技术监控措施，按照法律法规规定执行的意见，可予采信。201×年××月××日上诉人所携带物品被查获时，上诉人曾向被上诉人申辩，主张将鱼胶和海参带回美国。虽然被上诉人作出《处理凭证》时未告知上诉人所享有的复议、诉讼等权利，《处理凭证》上亦未有上诉人的签名，检疫官签名处只略写了姓等确有不当，但鉴于《处理凭证》一式两联、上诉人实际收到《处理凭证》且已及时向法院提起了行政诉讼，其相关救济权利未受到实际侵害，故上诉人以被上诉人行政行为程序不当为由诉请予以撤销，难以支持，但被上诉人应在以后的工作中注意避免行为的瑕疵。

根据《中华人民共和国国家赔偿法》第二条的规定，当事人有权取得行政赔偿的前提是国家机关或其工作人员实施了《中华人民共和国国家赔偿法》第三条、第四条等规定的侵犯当事人合法权益的行为，造成当事人的损害，且该行为与损害后果之间存在因果关系。行政赔偿以行政行为的违法性为归责标准。因被诉具体行政行为不存在违法情形，故上诉人要求被上诉人赔偿经济损失，与法不符，不予支持。综上，原审判决驳回上诉人的诉讼请求并无不当，本院予以维

持。上诉人的上诉请求,缺乏依据,难以支持。据此,依照《中华人民共和国行政诉讼法》第六十一条第(一)项之规定,判决如下:

驳回上诉,维持原判。

上诉案件受理费人民币50元,由上诉人陆××负担(已付)。

本判决为终审判决。

【律师评述】

《动植物检疫法》第二十九条规定,禁止携带、邮寄进境的动植物、动植物产品和其他检疫物的名录,由国务院农业行政主管部门制定并公布;携带、邮寄前款规定的名录所列的动植物、动植物产品和其他检疫物进境的,作退回或者销毁处理。

本案中,陆先生对所携带的物品属于规定禁止携带进境的水生动物产品无异议。

正如法院判决中所述:在国际交流日益频繁,出、入境人员数与日俱增的今天,携带进境的物品种类纷杂,将禁止携带进境的物品带进境可能导致外来物种入侵、破坏国内生态平衡、威胁国人健康与安全、造成严重经济损失,侵害国家利益。因此,对禁止携带进境的物品作退回或销毁由检验检疫机构根据所查获的物品性质、风险高低、现实状态等进行综合考量后作出处理,属检验检疫机构自由裁量权范围。

出入境检验检疫局在入境口岸经检查发现陆先生将禁止携带进境物品携带进境,由于其所携带的鱼胶和海参的数量较大、来源不明、加工不明、两种物品曾经检测携带有害物质属高风险产品,而陆先生在入境时未主动申报,作出被诉具体行政行为,应当说有理有据。

关于本案具体行政行为的程序,出入境检验检疫局作出《处理凭证》时未告知其所享有的复议、诉讼等权利,《处理凭证》上没有陆先生的签名,检疫官签名处只略写了姓等确有不当,虽法院依据《处理凭证》一式两联、上诉人陆先生实际收到《处理凭证》并已及时向法院提起了行政诉讼,其相关救济权利未受到实际侵害,未支持上诉人陆先生以被上诉人出入境检验检疫局行政行为程序不当为由诉请予以撤销;但法院同时在判决中指出被上诉人出入境检验检疫局应在以后的工作中注意避免行为的瑕疵,也足以再次引起行政机关的重视,严格按照法定程序行政,是行政行为的必要充分条件。

当事人有权取得行政赔偿的前提是国家机关或其工作人员实施了《中华人民共和国国家赔偿法》等规定的侵犯当事人合法权益的行为,造成当事人的损害,且行为与损害后果之间存在因果关系。行政赔偿以行政行为的违法性为归责标准。因本案被诉具体行政行为未被认定违法,陆先生当然也就无法要求被上诉人出入境检验检疫局赔偿经济损失。

案例34　××公司不服××海关行政处罚决定上诉案

【案情介绍】

××公司委托另一公司向海关申报出口一般贸易产品，海关查验发现货物异常，决定暂不放行。

××公司向海关提交了有关出口货物的产品说明、工艺简述等产品资料。海关对公司出口货物取样并申请化验。

海关化验中心出具鉴定书，鉴定结论为样品不符合税目的要求。建议参考样品原料来源、具体加工工艺、成分、含量等资料确定归类。

根据鉴定结论，海关通知××公司补充申报商品归类并提交相关材料。公司填写货物商品归类补充申报单。

后海关告知××公司因涉嫌商品归类申报不实，拟移送海关缉私部门处理。公司于当日表示对海关的货物商品归类予以确认，并放弃申辩权利。

××公司出具情况说明，认可海关化验结果及归类认定，对海关的化验结果和归类认定无异议。当日，海关就公司申报税则号列不实予以立案。

经查后，海关向××公司送达行政处罚告知单，告知拟对其违反海关监管规定的行为作出行政处罚，并告知其陈述申辩权利。××公司提出商品归类异议和申辩意见，并提交了进出口商品归类建议书等材料，认为其原申报出口货物的商品编号正确。

海关对公司提出的陈述申辩意见进行复核后，作出行政处罚决定，认定××公司行为构成违反海关监管规定的行为。根据《中华人民共和国海关法》第八十六条第(三)项、《中华人民共和国海关行政处罚实施条例》第十五条第(五)项及《中华人民共和国行政处罚法》第二十七条第一款第(四)项之规定，决定对公司处以罚款。

公司不服，向法院起诉。一审败诉后，仍不服，向高级法院提起上诉。

【行政上诉状】

上诉人(原审原告)：××有限公司。

住所：×××市××路×××号×层××××室。

法定代表人：×××，职务：董事长。

被上诉人（原审被告）：中华人民共和国××海关。

住所：×××市××路×××号。

法定代表人：×××，职务：关长。

上诉请求：

撤销××市第×中级人民法院（201×）××中行初字第×××号行政判决书判决，改判支持上诉人一审诉讼请求。

上诉理由：

“××××××”系被上诉人××海关杜撰，上诉人委托申报出口的货物是“×××”，应归入税目××，而非××。

相关《税则》章节的归类权威机构应是中华人民共和国海关总署××归类分中心，被上诉人自行归类没有依据。

被上诉人故意拖延办理通关手续，给上诉人造成巨大损失，应予赔偿。

上诉人因受胁迫而放弃申辩权利，并非上诉人本意。

上诉人的行为即使违法也并未造成实际后果，也不应受到处罚。

故请求二审改判支持上诉人在一审中的诉讼请求。

【法院判决】

上诉人××有限公司因海关行政处罚决定一案，不服××市第×中级人民法院（201×）××中行初字第×××号行政判决，向本院提起上诉。本院于201×年×月××日受理后，依法组成合议庭，于同年×月×日公开开庭审理了本案。上诉人××有限公司的委托代理人×××，被上诉人中华人民共和国××海关的委托代理人×××、×××到庭参加诉讼。本案现已审理终结。

原审查明，201×年×月××日，××有限公司（以下简称××公司）委托案外人××××有限公司向中华人民共和国××海关（以下简称××海关）申报出口一般贸易项下××产品××××××千克，申报价格CIF××××××××美元，申报商品编号××××××××，出口退税率为××%，报关单号×××××××。次日，××海关查验发现货物异常，决定暂不放行。××公司向××海关提交了有关出口货物的产品说明、工艺简述等产品资料。同年×月×日，××海关对××公司出口货物取样并申请化验。同年××月××日，××海关化验中心出具鉴定书，结果：“样品红外谱图特征峰与烷基磺酸钙相符；20℃时，该样品与水混合配成0.5%浓度的水分散体，并在同样温度下搁置一小时后：样品不能分散于水，沉于水底。”鉴定结论及说明：“送检样品主要成分为烷基磺酸钙。样品不符合税目××××所称‘有机表面活性剂’的要求。建议参考样品原料来源、具体加工工艺、成分、含量等资料确定归类。”××日，××海关通知××公司补充申报商品归类并提交相关材料。××日，××公司填写货物商品归类补充申报单，商品名称为×××，商品编号为××××××。201×年×月××日，××海关出具进出口货物商品归类认定书，归类认定××公司申报出口货物商品编号应为××××××，即《中华人民共和国进出口税则》(以下简称《税则》)第二十九章税则号列×××××××，仅含磺基的衍生物及其盐和乙酯。××日，××海关告知××公司因涉嫌商品归类申报不实，拟移送海关缉私部门处理。××公司于当日表示对海关的货物商品归类予以确认，并放弃申辩权利。201×年×月×日，××公司出具情况说明，认可海关化验结果及归类认定，其委托代理人×××在调查中亦表示对海关的化验结果和归类认定无异议。当日，××海关就××公司申报税则号列不实予以立案。201×年×月×日，××海关向××公司送达行政处罚告知单，告知拟对其违反海关监管规定的行为作出行政处罚，并告知其陈述申辩权利。××公司遂提出商品归类异议和申辩意见，并提交了××××出具的进出口商品归类建议书等材料，认为其原申报出口货物的商品编号正确。××海关对××公司提出的陈述申辩意见进行复核后，于201×年××月××日作出××关缉违字[201×]×××号行政处罚决定，认定××公司委托××××于201×年×月××日向海关申报出口一般贸易项下××产品××××××千克，申报价格CIF×××××××××美元，申报商品编号×××××××，出口退税率为××%，报关单号×××××××。经查，实际出口货物为烷基磺酸钙，应归入商品编号××××××，出口退税率为×%。该行为构成违反海关监管规定的行为。根据《中华人民共和国海关法》(以下简称《海关法》)第八十六条第(三)项、《中华人民共和国海关行政处罚实施条例》(以下简称《海关行政处罚实施条例》)第十五条第(五)项及《中华人民共和国行政处罚法》(以下简称《行政处罚法》)第二十七条第一款第(四)项之规定，决定对××公司科处罚款人民币××××××元。201×年×月××日，××海关作出××关缉更违字[201×]×号《更正行政处罚决定通知书》，将行政处罚决定书中“申报价格CIF×××××美元”更正为“申报价格CIF×××××××××美元”。××公司不服，向原审法院起诉，请求撤销上述行政处罚决定，并判令××海关赔偿经济损失、赔礼道歉。

原审另查明，201×年×月×日，××公司提出免予扣留货物申请，并自愿缴纳了担保金人民币××××××元。之后，××公司向××海关重新申报出口了上述货物。

原审认为，××海关对违反海关监管规定的违法行为，具有作出行政处罚决定的法定职责。××公司申报出口的货物经取样化验，鉴定结论显示不具有税目××“有机表面活性剂”的水溶性特征，××海关结合货物的成分、含量及其加工工艺，确认为烷基磺酸钙，归入税则号列×××××××，亦无不当。××海关认定××公司违法行为危害后果相对较小而减轻处以罚款人民币××××××元，无明显不当。××海关履行了相关立案、调查、事先告知程序，听取了××公司的申辩，并经复核后作出被诉处罚决定，程序合法。因此，××海关作出的被诉行政处罚决定正确，应予维持。××公司提出经济赔偿及赔礼道歉等行政赔偿请求，缺乏依据，不予支持。遂判决：一、维持××海关于201×年××月××日作出××关缉违字[201×]×××号《行政处罚决定书》的具体行政行为；二、驳回××公司要求××海关赔偿经济损失及赔礼道歉等其他诉讼请求。判决后，××公司不服，向本院提起上诉。

上诉人××公司上诉称，“××××××”系被上诉人××海关杜撰，其申报出口的货物是“×××”，应归入税目××，而非××；相关《税则》章节的归类权威机构是中华人民共和国海关总署××归类分中心，被上诉人自行归类缺乏依据；被上诉人故意拖延办理通关手续，其受胁迫而放弃申辩权利；其行为即使违法也未造成实际损害，不应受到处罚；被上诉人的行为造成其损失，应予赔偿，故请求二审改判，支持其在一审中的诉讼请求。

被上诉人××海关辩称，其在查验上诉人××公司申报出口的货物时无法从外观判断正确的商品编号，经取样化验并结合上诉人补充申报材料，认定该批货物主要成分是“××××××”，应归入商品编号××××××××。因上诉人申报不实构成违法，故在履行法定程序后作出被诉处罚决定并无不当，请求二审维持原判。

经审理，原审查明上述事实无误，本院予以确认。

本院认为，根据《海关法》第二条、第八十六条的规定，被上诉人××海关经查验发现上诉人××公司的出口货物涉嫌税则号列申报不实，具有查处的法定职责，上诉人对此并无异议，故原审认定被上诉人具有作出被诉行政处罚决定的法定职责，并无不当。

《中华人民共和国进出口关税条例》第三十条规定：“纳税义务人应当依法如实向海关申报”；第三十一条规定：“纳税义务人应当按照《税则》规定的目录条文和归类总规则、类注、章注、子目注释以及其他归类注释，对其申报的进出口货物进行商品归类，并归入相应的税则号列；海关应当依法审核确定该货物的商品归类”；第三十二条规定：“海关可以要求纳税义务人提供确定商品归类所需的有关资料；必要时，海关可以组织化验、检验，并将海关认定的化验、检验结果作为商品归类的依据。”可见，关税的纳税义务人负有如实申报税则号列（商品编号）的法定义务；海关具有审核确定商品归类的法定职权。本案中，被上诉人××海关查验上诉人××公司申报出口的货物时，发现无法准确确定税则号列而取样化验，并根据鉴定结论，结合上诉人补充申报的材料，重新确定该批货物的税则号列，符合上述规定。上诉人××公司主张应由中华人民共和国海关总署××归类分中心进行归类，缺乏法律依据。上诉人申报出口的货物品名为“×××”，税号××××××。××海关化验中心鉴定结论为“送检样品主要成分为××××××。样品不符合税目××所称‘有机表面活性剂’的要求。建议参考样品原料来源、具体加工工艺、成分、含量等资料确定归类”。上诉人补充申报货物的材料安全数据表中载明CAS登录号为××××××，对应的是“烷基磺酸钙”或称“石油磺酸钙”；水溶性(Solubilityinwater)为25℃不溶于水(Insolg/l(25degC)。被上诉人由此认定上诉人出口的货物不具有税目××中“有机表面活性剂”即水溶性特征，构成税则号列申报不实，同时根据货物主要成分为“烷基磺酸钙”和其分子结构等特征，依职权将该批货物税则号列确定为××××××，并无不当。上诉人对上述鉴定机构的鉴定结论和被上诉人的归类结果提出异议，主张“烷基磺酸钙”不存在，显然与其申报材料记载的内容不一致。且鉴定和归类涉及专业问题，涉案化验鉴定书详细载明了化验的方法、结果、结论及说明，归类认定书则具体地说明了商品的描述及归类认定的依据、方法、结论，被上诉人在庭审中也予以阐述和论证。上诉人系该批货物的出口单位，仅对上述鉴定和归类结论作出否定表示，而未就上述专业问题从专业角度提出可能实质性地推翻鉴定和归类结论的反驳理由。因此，上诉人的这一主张缺乏必要基础，本院不予支持。

根据《海关法》第八十六条第(三)项、《海关行政处罚实施条例》第十五条第(五)项规定，出口货物税则号列申报不实，影响国家出口退税管理的，应处申报价格10%以上50%以下的罚款。上诉人××公司出口货物申报价格CIF××××××××美元，申报税则号列××××××，出口退税率为××%，实际应为××××××，出口退税率为×%。被上诉人××海关按上述规定，认定上诉人的行为构成申报税则号列不实，影响国家出口退税管理，并结合具体案情对上诉人减轻处罚，决定罚款人民币××××××元，适用法律正确，处罚适当。上诉人主张其行为即使违法也未造成实际损害，不应受到处罚，但根据前述条文规定，税则号列申报不实则构成违法，应予处罚；且上诉人在被上诉人要求补充申报时仍按税则号列××××××申报，并在处罚事先告知之后提出申辩直至作出处罚阶段，以及在本案一、二审期间，始终坚称其申报税则号列×××××××是正确的，并未及时加以纠正，不符合《行政处罚法》第二十七条第二款规定的“违法行为轻微并及时纠正，没有造成危害后果的，不予行政处罚”的情形。因此，上诉人关于其行为不应予以处罚的主张，不能成立。

被上诉人××海关查验上诉人××公司申报出口的货物时，发现无法准确确定税则号列而取样化验，并根据鉴定结论，结合上诉人补充申报的材料，重新确定该批货物税则号列，从而认为上诉人涉嫌申报税则号列不实而立案调查，经处罚事先告知并听取上诉人的申辩，进行复核之后作出被诉行政处罚决定，并依法送达了决定书，其执法程序未违反《行政处罚法》和《中华人民共和国海关办理行政处罚案件程序规定》的相关程序规定和要求，上诉人对被上诉人执法程序环节亦无异议，故原审认定被上诉人执法程序合法，并无不当。上诉人××公司主张被上诉人故意拖延办理通关手续。因被上诉人查验货物并根据需要取样、送检化验、重新确定归类等均属必要的执法行为，需耗费一定时间，现上诉人未提供事实和法律依据证明被上诉人的执法超出了法定或合理期限，故其上述主张本院不予采信。上诉人认为被上诉人以不放行货物胁迫其放弃了申辩权利。对此，本院认为，被上诉人具有查验货物和扣留涉嫌违法的货物的法定职权，其正常行使职权的行为与胁迫有根本不同；上诉人对受到胁迫未举证证明；且上诉人在处罚事先告知后对商品归类提出了异议，并行使了申辩权，其提供担保申请货物免于扣留亦获准许，并在重新申报税则号列××××××后完成了货物的出口通关手续。因此，上诉人关于其受到胁迫的主张无法采信。

综上所述，被上诉人××海关作出的被诉行政处罚决定，认定上诉人××公司出口货物申报税则号列不实构成违法并处以罚款人民币××××××元，具有相应的事实和法律依据，处罚适当，执法程序合法。原审判决正确，应予维持。上诉人要求改判撤销该处罚决定并要求行政赔偿的上诉请求，缺乏依据，应予驳回。依照《中华人民共和国行政诉讼法》第六十一条第(一)项之规定，判决如下：

驳回上诉，维持原判。

上诉案件受理费人民币 50 元，由上诉人××公司负担(已付)。

本判决为终审判决。

【律师评述】

《中华人民共和国进出口关税条例》第三十条规定："纳税义务人应当依法如实向海关申报"；第三十一条规定："纳税义务人应当按照《税则》规定的目录条文和归类总规则、类注、章注、子目注释以及其他归类注释，对其申报的进出口货物进行商品归类，并归入相应的税则号列；海关应当依法审核确定该货物的商品归类"；第三十二条规定："海关可以要求纳税义务人提供确定商品归类所需的有关资料；必要时，海关可以组织化验、检验，并将海关认定的化验、检验结果作为商品归类的依据。"

关税的纳税义务人如实申报税则号列(商品编号)是法定义务，海关审核确定商品归类是其法定职权。

本案中，海关查验上诉人公司申报出口的货物时，发现无法准确确定税则号列而取样化验，并根据鉴定结论，结合上诉人补充申报的材料，重新确定该批货物的税则号列。上诉人公司对鉴定结论和被上诉人海关的归类结果提出的异议，与其申报材料内容不一致，同时上诉人仅仅对鉴定和归类结论不认可，但又未提出可能推翻鉴定和归类结论的证据和理由，败诉就是当然的结果。

根据《海关法》第八十六条第(三)项、《海关行政处罚实施条例》第十五条第(五)项规定,出口货物税则号列申报不实,影响国家出口退税管理的,应处申报价格10%以上50%以下的罚款。税则号列申报不实就构成违法,就应予处罚。本案罚当其责。

上诉人公司主张被上诉人故意拖延办理通关手续,则需提供证据,证明海关的执法超出了法定或合理期限,而如受到海关胁迫,则更需证据证明。

本案,上诉人的举证自相矛盾,公司一方给海关的材料与其在庭审中陈述互相否定,而又没有其他有利证据证明上诉人主张。

需要注意的是,本案中,海关出具了一份《更正行政处罚决定通知书》,将行政处罚决定书中涉及的申报价格数据错误做了更正。这反映行政机关在制作行政法律文书时,需要认真仔细,以提高行政执法文书的严肃性。

案例 35　晋××与××司法局投诉处理答复上诉案

【案情介绍】

法院在审理晋女士与当地区保健院医疗纠纷一案中，委托司法鉴定中心就保健院对晋女士的医疗行为是否存在过错；如存在过错，与晋女士的损害后果之间是否存在因果关系进行法医学鉴定。

司法鉴定中心出具鉴定意见书。鉴定意见为：保健院对晋女士的医疗行为不存在过错，与晋女士的损害后果之间不存在因果关系。

收到鉴定意见书后，晋女士向司法局递交行政申请书，申请公开参加鉴定的人员具有鉴定事项执业资格的执业证书、鉴定依据的病史等内容，要求司法局根据其申请，查明事实作出回复。

司法局予以受理，向晋女士作出投诉受理通知书，并向司法鉴定中心发出投诉调查通知。

司法鉴定中心向司法局报送了关于晋女士投诉问题的调查情况，认为其鉴定程序合法，鉴定意见客观、公正、正确，并提交了法医临床鉴定协议书、法医学研究室外地案件阅卷记录、法医临床学鉴定专家会诊单、医疗纠纷案件听证记录等材料。

经查，未发现司法鉴定机构及其人员存在应当处罚的法定情形。

司法局就上述问题作出书面答复，并告知晋女士如不服可以申请行政复议或向××区人民法院提起行政诉讼。

晋女士不服，向××区法院提起行政诉讼。一审未支持其诉讼请求，晋女士提起了上诉。

【行政上诉状】

上诉人（原审原告）：晋××，女，197×年×月××日生，汉族，住××市××路××号×××室。

被上诉人（原审被告）：××司法局。

住所：××市××路××号。

法定代表人：×××，局长。

上诉请求：

撤销××市××区人民法院(201×)×行初字第×××号行政判决书判决，依法改判支持上诉人一审诉讼请求。

上诉理由：

上诉人认为，一审认定事实错误，未查清全部事实。

1. 由于保健院延误治疗导致上诉人身体受到严重侵害。在上诉人提起诉讼的医疗纠纷民事诉讼中，审理法院委托司法鉴定，但××司法鉴定中心未在规定的工作日内作出鉴定意见书，在近一年时间后才作出鉴定意见书，程序严重违法。

2. 被上诉人未查明出具鉴定意见书的司法鉴定人取得鉴定资格之前所从事的专业和相关专业的工作年限等必备的条件，导致鉴定意见不准确。

3. 在鉴定材料不完整、不真实和病史不全的情形下，无法还原真实病情，司法鉴定人出具鉴定意见书所依据的事实不清。

4. 出具鉴定意见书的法医师不具有妇产科鉴定事项执业资格的执业证书，属于违法执业。

5. 鉴定材料中存在病史"部分字迹欠清晰"和未对"×××"在临床上妇产科治疗中的"用途"、"用量"、"禁忌症"作依法分析和论证情况下，出具鉴定意见书鉴定依据不足，鉴定程序违法，该鉴定书不应作为证据。

6. 被上诉人作为司鉴所的监管部门，未按照上诉人申请作出全面、准确答复，答复内容掩盖事实、袒护鉴定中心。

综上，请求二审法院撤销原审判决，支持上诉人原审诉讼请求。

【法院判决】

上诉人晋××因司法鉴定执业活动投诉处理答复一案，不服××市××区人民法院(201×)×行初字第×××号行政判决，向本院提起上诉。本院于201×年×月××日立案后，依法组成合议庭，于201×年×月×日公开开庭审理了本案。上诉人晋××的委托代理人×××，被上诉人××市司法局(以下简称市司法局)的委托代理人×××、×××到庭参加了诉讼。本案现已审理终结。

经审理查明，××市××区人民法院在审理晋××与××市××区保健院(以下简称保健院)医疗纠纷一案中，于201×年×月××日委托司法鉴定科学技术研究所司法鉴定中心(以下简称司鉴所)就保健院对晋××的医疗行为是否存在过错；如果存在过错，与晋××的损害后果之间是否存在因果关系(医疗过错的参与程度)进行法医学鉴定。201×年×月××日，司鉴所出具司鉴中心(201×)临鉴字第××号鉴定意见书(以下简称鉴定意见书)，鉴定意见为：保健院对晋××的医疗行为不存在过错，与晋××的损害后果之间不存在因果关系。

201×年××月××日，市司法局收到晋××以司鉴所为被申请人的行政申请书，申请事项：1. 请求司鉴所提供作出鉴定意见书中参加鉴定的人员，即×××、×××、×××法医师所具有鉴定事项执业资格的执业证书；2. 司鉴所提供鉴定意见书中第一页倒数第三行到第二行中“部分字迹欠清晰”的病史内容，第二页第十三行门诊病史中“部分字迹欠清晰”的病史内容；要求市司法局根据其申请，查明事实作出回复。201×年××月××日，市司法局予以受理，向晋××作出司法鉴定执业活动投诉受理通知书，并于同日向司鉴所发出司法鉴定执业活动投诉调查通知。201×年××月××日，司鉴所向市司法局报送了关于晋××投诉问题的调查情况，认为其鉴定程序合法，鉴定意见客观、公正、正确，并提交了法医临床鉴定协议书、法医学研究室外地案件阅卷记录、法医临床学鉴定专家会诊单、医疗纠纷案件听证记录等材料。201×年××月××日，市司法局对司鉴所的鉴定人员×××进行了调查，并制作询问笔录。201×年××月××日，鉴定人员×××提供了补充说明，就晋××提出的“门诊病史空白和字迹欠清晰”、鉴定时间等问题进行了说明。期间，晋××多次至市司法局信访要求查明事实，给予行政回复。201×年××月××日，市司法局对晋××作出×司鉴管答(201×)×号《司法鉴定执业活动投诉处理答复书》(以下简称答复)，其主要内容：1. 关于开展鉴定活动的基本情况。经查，司鉴所在收到××市××区人民法院委托进行法医学鉴定申请后，因技术难度大，对鉴定材料进行了审阅，查阅了大量资料，还请了临床专家会诊，并于201×年××月××召开鉴定听证会，与委托方××市××区人民法院签订鉴定协议书。在听证会上，晋××和保健院都陈述了各自意见，并对鉴定材料进行了质证。之后，委托方于201×年××月××日补齐材料。司鉴所于201×年××月××日出具鉴定意见书。2. 关于鉴定人的资质问题。经查，参与该司法鉴定的×××、×××、×××和授权签字人×××均具有法医临床鉴定资质，医疗纠纷鉴定也属于法医临床司法鉴定范围，符合相关规定。另，根据司法部《司法鉴定程序通则》第二十五条“司法鉴定机构在进行鉴定的过程中，遇到特别复杂、疑难、特殊技术问题的，可以向本机构以外的相关领域的专家进行咨询，但最终的鉴定意见应当由本机构的司法鉴定人员出具”的规定，鉴定人就有关专业问题咨询了有关专家意见。3. 关于“门诊病史空白和字迹欠清晰”的问题。经查，鉴定人在鉴定意见书中已经作注明，且认为该情况不影响该次司法鉴定。4. 关于鉴定时间的问题。经查，司鉴所与委托鉴定方沟通协商后，于201×年××月××日正式受理，之后，多次补充相关材料，直至201×年××月××日补齐材料。根据《司法鉴定程序通则》第十五条“……对疑难、复杂或者特殊鉴定事项的委托，可以与委托人协商受理的时间”和第二十六条“……在鉴定过程中补充或者重新提取鉴定材料所需的时间，不计入鉴定时限”的规定，司鉴所作出鉴定意见书未超出规定的时限。5. 关于“×××”的问题。鉴定人认为,目前没有临床资料显示使用×××与×××的发生存在因果关系。6. 关于鉴定意见是否正确的问题。根据全国人民代表大会常务委员会《关于司法鉴定管理问题的决定》第十条和《司法鉴定程序通则》第四条的规定,司法鉴定实行鉴定人负责制,对其作出的鉴定意见负责。司法行政机关无权对鉴定意见的是与非作出判断。7. 关于有关鉴定机构和人员是否处理的问题。根据《关于司法鉴定管理问题的决定》第十三条、司法部《司法鉴定机构登记管理办法》第三十三条至四十条、司法部《司法鉴定人登记管理办法》第二十三条至二十六条、二十八条至三十条及司法部《司法鉴定执业活动投诉处理办法》第二十一条第一款第(三)项之规定,经查,未发现司法鉴定机构和人员存在应当处罚的法定情形。市司法局就上述问题作出书面答复,并告知晋××如不服可以向司法部或者××市人民政府申请行政复议,或直接向××市××区人民法院提起行政诉讼。

201×年××月,晋××向原审法院提起行政诉讼,认为出具鉴定意见书的法医师不具有妇产科鉴定事项执业资格的执业证书;在鉴定材料中存在病史“部分字迹欠清晰”和未对“×××”在临床上妇产科治疗中的“用途”、“用量”、“禁忌症”作分析等情况下,出具鉴定意见书鉴定依据不足,鉴定程序违法。市司法局作为司鉴所的上级监管部门,未按照其申请作出答复,答复内容掩盖事实、袒护司鉴所。故请求法院判令撤销市司法局作出的答复;并根据其提出的申请内容履行法定职责。

原审认为,市司法局作为本市司法行政管理部门,具有对公民、法人和其他组织举报、投诉司法鉴定机构及司法鉴定人在从事司法鉴定执业过程中违反规定的行为进行调查处理的法定职责。市司法局于201×年××月起收到晋××的投诉来信后,通过调阅卷宗、对工作人员询问等方式调查,于201×年××月××日向晋××作出答复,就“关于开展鉴定活动的基本情况、关于鉴定人的资质问题、关于门诊病史空白和字迹欠清晰的问题、关于鉴定时间的问题”等情况,针对晋××投诉的事项作出了相应答复,并在法定期限将处理意见书面告知晋××。鉴于市司法局就晋××的举报事项开展了相应的调查工作,履行了监督的法定职责,晋××要求撤销市司法局作出的答复,依据不足。遂依照最高人民法院《关于执行〈中华人民共和国行政诉讼法〉若干问题的解释》第五十六条第(四)项之规定,判决驳回晋××的诉讼请求;案件受理费人民币50元,由晋××负担。晋××不服,向本院提起上诉。

上诉人晋××上诉称,由于保健院延误治疗导致上诉人身体受到严重侵害,在该起医疗纠纷民事诉讼中,××市××区人民法院于201×年××月××日委托司鉴所司法鉴定,但司鉴所在近一年时间后才作出鉴定意见书,未在规定的工作日内作出鉴定意见书,程序违法;被上诉人市司法局未查明本案所涉的司法鉴定人取得鉴定资格之前所从事的专业和相关专业的工作年限等必备的条件；且在鉴定材料不完整、不真实和缺失病史的情形下，无法还原患者真实病情，司法鉴定人出具鉴定意见书应属事实不清。被上诉人未查清事实，答复错误。故请求二审法院撤销原审判决，支持其原审诉讼请求。

被上诉人市司法局辩称，司法鉴定人对其作出的鉴定意见负责，其作为司法行政机关无法对鉴定结论正确与否作出判断，上诉人对此可以在民事诉讼中提出异议；且司鉴所及司法鉴定人均具有相应的资质。被上诉人履行了调查职责，并对上诉人作出答复。故请求二审法院驳回上诉，维持原判。

经审理查明，原审认定事实无误，本院予以确认。

本院认为，根据全国人民代表大会常务委员会《关于司法鉴定管理问题的决定》第三条和《司法鉴定执业活动投诉处理办法》第六条规定，被上诉人市司法局作为本市司法行政机关对司法鉴定机构和司法鉴定人具有监督管理的职责，并负责对公民、法人和其他组织举报、投诉司法鉴定机构及司法鉴定人在执业过程中违反规定的行为进行调查处理。

本案中，上诉人晋××于201×年××月起向被上诉人投诉司鉴所及司法鉴定人，以司鉴所为被申请人提出行政申请，要求被上诉人查明事实作出回复。根据《司法鉴定执业活动投诉处理办法》第十三条、第十五条、第十六条及第二十二条等规定，被上诉人在收到申请后予以受理，向司鉴所发出调查通知，并通过调阅鉴定材料、调查询问等方式对司法鉴定人作出鉴定意见书的司法鉴定活动进行调查，在规定期限内作出答复，符合上述投诉处理的程序规定，对上诉人的投诉履行了相应处理的职责。

经审查，上诉人向被上诉人提出的投诉意见主要是对司法鉴定人的执业资格和作出鉴定意见书的程序及鉴定意见结论表示异议。关于司法鉴定人的执业资格问题，诉讼中，被上诉人向法庭提交了司鉴所及×××等司法鉴定人的执业资质信息，可以证明司鉴所取得《司法鉴定许可证》，业务范围包括法医临床鉴定，司法鉴定人均具有司法鉴定人执业资格且执业资格类别中亦包括法医临床鉴定。因此，上诉人对司法鉴定人的执业资格提出异议，缺乏依据。至于上诉人提出司法鉴定人是否具有鉴定事项执业证书或是否具备医疗损害鉴定技术能力的意见，系司法鉴定人取得相应鉴定执业证的条件，并非本案投诉处理的调查范围。关于作出鉴定意见的程序问题，被上诉人向法庭提交了××市××区人民法院与司鉴所签订的法医临床鉴定协议书、法医临床学鉴定专家会诊单、医疗纠纷案件听证记录及鉴定意见书等证据材料，可以证明司鉴所在与委托鉴定方××市××区人民法院协商确定受理时间，鉴定期间向相关专业领域的专家进行咨询，且委托方多次补充鉴定材料的事实。因此，被上诉人认为作出鉴定意见书并未超过规定期限，不存在程序违法，并无不当。关于鉴定意见结论，本院认为，

《司法鉴定程序通则》第四条规定，司法鉴定实行鉴定人负责制度。司法鉴定人应当依法独立、客观、公正地进行鉴定，并对自己作出的鉴定意见负责。本案中，上诉人提出司法鉴定人在鉴定材料虚假和鉴定材料不充分的情形下作出鉴定意见，系对鉴定结论持有异议。根据司法鉴定人负责制原则，本案所涉的司法鉴定人依据委托方提交的鉴定材料、通过专家咨询及案件听证等，向委托方出具鉴定意见书，其对鉴定意见的结论负责。上诉人认为被上诉人应当在对其答复中对鉴定意见结论正确与否作出处理，缺乏相应的法律依据。

综上，被上诉人受理上诉人关于司法鉴定执业活动投诉后，对投诉事项作出了相应的答复，就司法鉴定人的资质、鉴定时间等问题作出说明，并无不当。原审判决驳回上诉人的诉讼请求正确，本院应予维持。上诉人的上诉请求，依据不足，本院难以支持。据此，依照《中华人民共和国行政诉讼法》第六十一条第(一)项之规定，判决如下：

驳回上诉，维持原判。

上诉案件受理费人民币 50 元，由上诉人晋××负担(已付)。

本判决为终审判决。

【律师评述】

晋女士关注的是三个问题：司法鉴定人的执业资格；作出鉴定意见书的程序；鉴定意见结论。

通过司法鉴定人的执业资质信息、《司法鉴定许可证》，可以回答晋女士的第一个疑问，而司法鉴定人是否具有鉴定事项执业证书或是否具备医疗损害鉴定技术能力的意见，系司法鉴定人取得相应鉴定执业证的前提条件。

就作出鉴定意见的程序，有区人民法院与司鉴所签订的法医临床鉴定协议书、法医临床学鉴定专家会诊单、医疗纠纷案件听证记录及鉴定意见书等证据材料，足以说明。

而鉴定意见结论，则根据司法鉴定人负责制原则，司法鉴定人依据晋女士提交的鉴定材料、通过专家咨询及案件听证等，出具鉴定意见书，鉴定人员对鉴定意见的结论负责。

从这个案件中，足以见得，行政诉讼所涉及的范围和专业知识可能都比较广泛，需要代理行政诉讼的律师不断学习，增加知识的广度，同时在遇到案件时，需要向专业部门、专业人员了解行业情况，将法律与行业、专业更好地结合起来，才能做好、做实案件。

案例36 周××要求××市安全生产监督管理局履行法定职责上诉案

【案情介绍】

周先生原系某公司职工，在该公司车间从事装配工作。

医院向周先生出具职业病诊断证明书，结论为：接触噪声-观察对象(双耳听力损失×级)。

区职业病诊断鉴定委员会和市职业病诊断鉴定委员会分别维持了鉴定结论。后双方终止劳动关系。

周先生向有关部门递交举报投诉材料，要求公司按职业病诊断证明书安排其到专科医院诊治；安排其做职业健康检查(离岗职业健康检查)；按原标准支付其工资、社保及福利。

安全生产监督管理局收到转递的材料后，经调查，认为《中华人民共和国职业病防治法》没有对"接触噪声-观察对象"的后续检查及诊治作出规定；职业病诊断可作为职业病离岗健康检查；关于按原标准支付工资、社保、福利的问题，不属于市安监局监管职责范围。

周先生收到回复后不服，提起行政诉讼。一审维持回复，周先生仍表示不服，遂提起上诉。

【行政上诉状】

上诉人(原审原告)：周××，男，195×年××月××日生，汉族，住××市××路××号××××室。

被上诉人(原审被告)：××市安全生产监督管理局。

住所：××市××路××号。

法定代表人：×××，职务：局长。

上诉请求：

撤销××市××区人民法院(201×)××行初字第××号行政判决书判决，改判支持上诉人一审诉讼请求。

上诉理由：

上诉人原系××公司职工，在该公司××车间工作，自200×年×月起调往总装车间从事装配工作。

200×年，××市医院向上诉人出具××市职业病诊断证明书，结论为：接触噪声-观察对象（双耳听力损失×级）。据该证明书的职业接触史一栏记载："患者自诉于200×年××月—200×年××月在该公司××厂车身车间任维修电工、焊工，接触噪声×年余。厂方提供该患者于200×年××月—200×年××月在该公司××厂车身车间任维修电工期间接接触噪声约×月。"后××市××区职业病诊断鉴定委员会和××市职业病诊断鉴定委员会分别维持了上述鉴定结论。

上诉人在公司工作的岗位和受到的伤害事实清楚，被诊断为患有职业病的证据确凿。

被上诉人无证据证明上诉人不再接触噪声，上诉人工作的公司仅是将上诉人临时调离，被上诉人未审查公司提交证据的真实性、合法性、关联性。

法院已经判决恢复劳动关系，上诉人自200×年××月××日至200×年××月××日离开，上诉人又工作了一个月，被上诉人未查明此期间上诉人的工作情况。属于未查清事实。

综上，要求被上诉人履行查处的法定职责。

原审判决错误，故请求撤销原审判决，改判支持上诉人一审的诉讼请求。

【法院判决】

上诉人周××因要求履行法定职责一案，不服××市××区人民法院（201×）××行初字第××号行政判决，向本院提起上诉。本院依法组成合议庭，公开开庭审理了本案。上诉人周××委托代理人×××，被上诉人××市安全生产监督管理局（以下简称市安监局）的委托代理人×××、×××到庭参加诉讼。本案现已审理终结。

原审法院认定：周××原系××公司职工，在该公司××车间工作，自200×年×月起调往总装车间从事装配工作。200×年，××市医院向周××出具××市职业病诊断证明书，结论为：接触噪声-观察对象（双耳听力损失×级）。据该证明书的职业接触史一栏记载："患者自诉于200×年××月—200×年××月在该公司××厂车身车间任维修电工、焊工，接触噪声×年余。厂方提供该患者于200×年××月—200×年××月在该公司××厂车身车间任维修电工期间接接触噪声约×月。"后××市××区职业病诊断鉴定委员会和××市职业病诊断鉴定委员会分别维持了上述鉴定结论。200×年××月××日，周××与××公司终止劳动关系。

201×年××月××日，市安监局收到××市人民政府转交的周××举报投诉材料。周××申请事项为：1. 要求××公司按××市职业病诊断证明书安排其到专科医院诊治;2. ××公司安排其作职业健康检查(离岗职业健康检查);3. ××公司按原标准支付其工资、社保及福利。市安监局经调查,认为《中华人民共和国职业病防治法》没有对“接触噪声-观察对象”的后续检查及诊治作出规定;200×年××月××日后,周××未再从事接触噪声危害的工作,该职业病诊断可作为职业病离岗健康检查;关于按原标准支付工资、社保、福利的问题,不属于市安监局监管职责范围。市安监局遂于201×年××月××日书面回复周××。周××收到回复后不服,提起行政诉讼,请求判令市安监局履行法定职责,对其举报作出处理。另,周××于200×年××月—200×年××月间,在××公司××厂车身车间任铜焊工作。该岗位存在粉尘等职业危害因素。期间,周××接受了在岗职业健康检查。

原审法院认为:依照《中华人民共和国职业病防治法》的有关规定,市安监局负责本市职业病防治的监督管理工作,负有对违反职业病防治法行为的检举和控告进行处理的行政职责。根据市安监局对周××先后从事过工作的调查取证情况反映,周××在××厂车身车间从事焊工岗位时,××公司曾组织周××进行相关职业病危害的在岗健康检查,后单位又针对周××在该车间的噪声接触情况安排其进行职业病诊断和鉴定。由于自200×年××月起周××调至总装车间工作,相关工作岗位并无职业病危害因素,周××要求单位再组织离岗职业健康检查,于法无据。关于周××要求单位安排其到专科医院诊治的诉求,由于《中华人民共和国职业病防治法》只对职业病人和疑似职业病人的诊治作出保障性规定,市安监局经咨询职业病诊断专家,认为周××系“接触噪声-观察对象”,不属于职业病人和疑似职业病人,故周××的该诉求亦缺乏法律依据。综上,周××认为××公司有违反《中华人民共和国职业病防治法》行为的理由尚不充分,市安监局不予查处并无不当。至于周××要求××公司支付工资、社保、福利的投诉请求,因属于劳动行政部门劳动监察的职责,市安监局答复不属于其行政职责亦无不妥。鉴于市安监局已经正确履行其法定职责,周××的诉讼请求缺乏事实根据。原审遂依照《最高人民法院关于执行〈中华人民共和国行政诉讼法〉若干问题的解释》第五十六条第(一)项之规定,判决驳回周××的诉讼请求。判决后,周××不服,向本院提起上诉。

上诉人周××上诉称:被上诉人无证据证明上诉人不再接触噪声,××公司仅是将上诉人临时调离,被上诉人未审查××公司提交证据的真实性、合法性、关联性。且法院判决恢复劳动关系,上诉人自200×年××月××日至200×年××月××日离开,上诉人又工作了一个月,被上诉人未查明此期间上诉人的工作情况。故要求被上诉人履行查处的法定职责。原审判决错误,故请求撤销原审判决,改判支持上诉人一审的诉讼请求。

被上诉人市安监局辩称:上诉人向被上诉人提出三项请求,前两项属于被上诉人职责范围,第三项请求不属于被上诉人的职责范围。对上诉人的职业病诊断结论为“接触噪声-观察对象(双耳听力损失Ⅲ级)”。200×年××月后上诉人脱离噪声工作环境,根据有关专家意见,不应视为疑似职业病,《中华人民共和国职业病防治法》未对“观察对象”的诊治作出规定。上诉人在职业病诊断后未再接触噪声危害的工作环境,上述诊断期间的检查可视为离岗职业健康检查。被上诉人根据××市劳动仲裁委员会的裁决书、法院的判决书及裁定书、××公司提供的考勤表等,并结合××市××区疾病控制中心的检测报告,综合判定以上事实。故上诉人要求××公司安排其到专科医院诊治、作离职健康检查,缺乏事实和法律依据。被上诉人查处后,将上述情况书面答复了上诉人,原审判决正确,请求驳回上诉,维持原判。

本院经审理查明:原审认定事实清楚,本院依法予以确认。

本院认为:依照《中华人民共和国职业病防治法》的有关规定,市安监局负责本市职业病防治的监督管理工作,负有对违反职业病防治法行为的检举和控告进行处理的行政职责。被上诉人市安监局接到上诉人周××的举报申请后,对上诉人先后从事的工作进行了调查取证。经调查,被上诉人认定××公司曾组织上诉人周××进行相关职业病危害的在岗健康检查,并针对上诉人噪声接触情况安排其进行职业病诊断和鉴定,经诊断上诉人为“接触噪声-观察对象(双耳听力损失Ⅲ级)”,不属于职业病人或者疑似职业病人。上诉人不服,分别向××市××区职业病诊断鉴定委员会和××市职业病诊断鉴定委员会申请鉴定,两次鉴定分别维持了上述诊断结论。上诉人在200×年××月××日噪声接触情况职业病诊断后已脱离噪声岗位。根据《中华人民共和国职业病防治法》的规定,对职业病人和疑似职业病人的诊治有保障性规定。经诊断和鉴定,上诉人系“接触噪声-观察对象(双耳听力损失Ⅲ级)”,不属于职业病人和疑似职业病人,故被上诉人认为上诉人要求单位安排其到专科医院诊治的诉求,缺乏法律依据。《用人单位职业健康监护监督管理办法》第十五条规定,对准备脱离所从事的职业病危害作业或者岗位的劳动者,用人单位应当在劳动者离岗前30日内组织劳动者进行离岗时的职业健康检查。劳动者离岗前90日内的在岗期间的职业健康检查可以视为离岗时的职业健康检查。上诉人在职业病诊断时已脱离噪声环境,被上诉人认为上诉人要求单位再组织离岗职业健康检查,于法无据。上诉人要求解决的工资、社保等问题,不属于被上诉人职责范围。被上诉人遂将上述情况答复上诉人,依法有据。上诉人的上诉请求缺乏事实证据和法律依据,本院不予支持。综上,原审判决认定事实清楚、适用法律正确,应予维持。据此,依照《中华人民共和国行政诉讼法》第六十一条第(一)项的规定,判决如下:

驳回上诉,维持原判。

二审案件受理费人民币50元,应由上诉人周××负担,予以免交。

本判决为终审判决。

【律师评述】

周先生的诊断结论为“接触噪声-观察对象(双耳听力损失Ⅲ级)”,不属于职业病人或者疑似职业病人。

根据《中华人民共和国职业病防治法》的规定,对职业病人和疑似职业病人的诊治有保障性规定。经诊断和鉴定,周先生系“接触噪声-观察对象(双耳听力损失Ⅲ级)”,不属于职业病人和疑似职业病人。《用人单位职业健康监护监督管理办法》第十五条规定,对准备脱离所从事的职业病危害作业或者岗位的劳动者,用人单位应当在劳动者离岗前 30 日内组织劳动者进行离岗时的职业健康检查。劳动者离岗前 90 日内的在岗期间的职业健康检查可以视为离岗时的职业健康检查。周先生在职业病诊断时已脱离噪声环境。通过这几个关键点,本案的判决结果是可以预料的。

周先生要求解决的工资、社保等问题,显然不属于安全生产监督管理局职责范围。

通过本案,可以看出,诉讼主张所依据的法律、主张所针对的对象(被告),需要在诉讼前根据事实理顺清楚,或者在诉讼过程中,根据已有证据的内容,及时调整,以避免讼累。

案例37　××区业主委员会等诉××市环境保护局环境影响报告审批决定上诉案

【案情介绍】

两业主委员会不服当地环保局出具的《关于××工程环境影响报告书的审批意见》,向环境保护部申请行政复议。

环境保护部复议后作出维持当地环保局审批意见的复议决定。

两业委会仍不服,起诉要求撤销当地环保局作出的《关于××工程环境影响报告书的审批意见》的具体行政行为。

【行政上诉状】

上诉人(原审原告):××市××区××业主委员会。

住所:××市××区××路×××号。

负责人:×××,职务:主任。

上诉人(原审原告):××市××区××××业主委员会。

住所:××市××区××路×××号。

负责人:×××,职务:主任。

被上诉人(原审被告):××市环境保护局。

住所:××市××区××路×××号。

法定代表人:×××,职务:局长。

原审第三人:××公司。

住所:××市××区××路××号。

法定代表人:×××,职务:董事长。

上诉请求:

撤销××市××区人民法院(201×)××行初字第××号行政判决书判决,撤销被上诉人做出的《关于××工程环境影响报告书的审批意见》。

上诉理由:

上诉人认为:原审判决认定事实不清,适用法律错误。

××工程规划选址存在问题,应当远离居民区,确保居民的生活和居住安全。

被上诉人召集专家咨询会，应当举行听证会，要有当地居民参加，征询邻近居民意见。而被上诉人提供的证据并不能证明进行了专家咨询会。

根据相关文件规定，被上诉人应在专家库中随机抽取专家组成评查小组对第三人递交的《环评报告》进行审查，被上诉人委托××市环境科学研究院替代评查小组，属于严重程序错误。

被上诉人在法定审批期限内未获得××工程环评审批的权限，属于违法审批。

《环评报告》中关于××份调查问卷发放形式违法。未按照法定程序进行问卷调查，造成最终环评审批的违法。

综上，请求撤销原审判决，撤销环保局做出的系争具体行政行为。

【法院判决】

上诉人××市××区××业主委员会(以下简称××业委会)、××市××区××××业主委员会(以下简称××××业委会)因环境影响报告审批决定一案，不服××市××区人民法院(201×)××行初字第××号行政判决，向本院提起上诉。本院受理后，依法组成合议庭公开开庭审理了本案。上诉人××业委会的委托代理人×××，上诉人××××业委会的委托代理人××，被上诉人××市环境保护局(以下简称市环保局)的委托代理人×××、×××，原审第三人××公司(以下简称××公司)的委托代理人×××到庭参加诉讼。本案现已审理终结。

原审认定，涉案××工程建设项目包含××变电站、××变电站高压电抗器、××变电站至××变电站地下电缆。201×年××月××日，××市规划和国土资源管理局核发了××工程《建设项目选址意见书》，明确了涉案建设项目用地位置位于本市××路以东、××路以南、××路以北、××路以西；××区现状××变电站南侧；××小区、××××小区邻近站址。201×年××月××日，市环保局受理了××公司提出的《××工程环境影响报告书》(以下简称《环评报告》)的审批申请，并在“××网”上公示了受理信息。同日，市环保局委托××市环境科学研究院开展××工程环评文件的技术评估。同年××月××日，××市环境科学研究院向市环保局出具了《××工程环境影响报告书技术评估报告》，认为《环评报告》符合相关环保技术标准，评价结论总体可信。同年××月××日，市环保局组织召开专家咨询会，与会专家认为市环保局对公众反映问题的说明和处理符合有关规定；××项目对周边环境影响符合相关环保标准，项目不会影响周边居民的重大环境利益。同年××月××日，市环保局经审查认为，××公司提交的《环评报告》符合相关要求，拟作出批准决定，遂在“××网”上就

××工程拟批准情况进行了公示。同年××月××日，市环保局作出×环保许辐[201×]××××号《关于××工程环境影响报告书的审批意见》。××业委会和××××业委会不服，向中华人民共和国环境保护部(以下简称环境保护部)申请行政复议。复议机关于201×年××月××日作出维持上述审批意见的复议决定。两业委会仍不服，起诉要求撤销市环保局作出的×环保许辐[201×]××××号《关于××工程环境影响报告书的审批意见》的具体行政行为。

原审另查明，××项目原属环境保护部委托省级环境保护部门审批环境影响评价文件的建设项目。市环保局受理并审查电力公司申请后，于201×年××月××日将审查意见上报环境保护部。同年××月××日，环境保护部回复市环保局，告知××工程环评文件审批权即将下放，要求市环保局根据国务院相关决定做好行政审批工作。同年××月××日，市环保局因审批权限调整，决定暂缓审批××公司提交的环评报告，并向××公司发出《关于暂缓审批××工程环境影响报告书的通知》。同年××月××日，《国务院关于第六批取消和调整行政审批项目的决定》发布，不跨省的××项目环境影响评价文件审批由省级人民政府环保部门审批。

原审认为，根据《中华人民共和国环境影响评价法》(以下简称《环评法》)《国务院关于第六批取消和调整行政审批项目的决定》等有关规定，市环保局依法具有对本市××工程建设项目的环境影响评价文件进行审批的行政职权。市环保局在受理××公司申请后，就相关情况进行了公示，委托有关单位对××公司提交的环境影响评价文件进行了技术评估，并组织召开了专家咨询会，在审查《环评报告》、技术评估报告等文件后，作出本案被诉环评审批决定，认定事实清楚，适用法律正确。市环保局作出从环保角度同意××工程项目建设的审批决定，有相关法律依据、环评文件、技术评估报告等证据证明。经查，××公司委托的环评文件编制单位××设计院具有相应资质，符合法定要求。《环评报告》依据相关编制标准对涉案建设项目的电磁环境、声环境、水环境、环境空气、固废排放等环保指标进行了评价，并据此得出环评结论符合环评技术规范和法律规定的要求。两业委会主张《环评报告》所得出的评价结论不具有可信度，与本案有效证据反映的事实相悖，且未提供相应证据加以证明，故原审不予采纳。对于两业委会认为市环保局审批过程中不应以专家咨询会替代听证会、论证会、座谈会开展公众参与，××公司在编制环评报告过程中公众参与的开展不符合法定要求的意见，原审认为，市环保局在环评文件审批过程中开展的公众参与活动有专家咨询会意见、网上公示信息等证据证实，根据《环境影响评价公众参与暂行办法》的规定，环评审批过程中环保部门可以通过咨询专家意见的方式开展公众参与，故市环保局开展的公众参与活动与法不悖。对于环评过程中的公众参与问题，

《环评报告》中对××份调查问卷的发放和分布、公众参与信息公示等均有明确记载，并附录了公众意见采纳或不采纳的说明。因此，环评文件编制过程中公众参与活动的开展符合法律、法规的要求。对于两业委会提出的××变电站规划违法，市环保局未依法开展规划环评工作的主张，原审认为，本案被诉具体行政行为是建设项目的环评审批，××工程规划是否合法不属于本案审查范围，而且本案所涉项目为建设项目，两业委会有关应进行规划环评的主张于法无据。原审另指出，根据《环评法》第二十二条的规定，审批部门应当在收到环境影响报告书之日起六十日内作出审批决定。市环保局在受理××公司的申请后，扣除技术评估、专家咨询会等期间，已超过六十日的法定期限，虽有所不当，但因××公司对此未提出异议，且未影响到其他当事人的实体权益，故市环保局应当在今后工作中加以改正。综上，两业委会要求撤销被诉具体行政行为的诉请缺乏事实根据和法律依据，原审不予支持。原审遂判决：驳回××业委会、××××业委会的诉讼请求。判决后，××业委会和××××业委会不服，向本院提起上诉。

上诉人××业委会、××××业委会上诉称，××工程规划选址存在问题，应当远离居民区。专家咨询会应当举行听证会，被上诉人提供的证据不足以证明进行了专家咨询会。根据相关文件规定，被上诉人应在专家库中随机抽取专家组成评查小组对电力公司递交的《环评报告》进行审查，被上诉人委托××市环境科学研究院替代评查小组错误。被上诉人在法定审批期限内未获得××工程环评审批的权限。《环评报告》中关于××份调查问卷发放形式违法。原审判决认定事实不清，适用法律错误，请求撤销原审判决，撤销被诉具体行政行为。

被上诉人市环保局辩称，本案所涉系建设项目环境影响评价，并非规划环境影响评价，上诉人关于规划环评的规定对本案被诉的建设项目环评不适用。关于公众参与被上诉人已组织了专家咨询会，程序符合法律规定。原审判决认定事实清楚，适用法律正确，请求驳回上诉，维持原判。

原审第三人××公司同意被上诉人市环保局的意见，请求驳回上诉，维持原判。

经审理查明，原审认定事实有被上诉人提供的《关于上报的请示》《建设项目环境保护行政许可受理通知书》、建设项目环境影响评价文件受理信息两份、建设项目环境影响报告书审批办理信息、《关于委托环科院进行技术评估的通知》《关于召开专家咨询会的通知》《关于复核××工程环境影响报告书审查意见的请示》《关于××工程环境影响评价审批事项的复函》《关于暂缓审批××工程环境影响报告书的通知》《关于××工程环境影响报告书的审批意见》《环评报告》《关于核发××工程项目选址意见书的通知》《关于规划××变电站进出线通道方案审核意见的复函》《××工程环境影响报告书征求有关单位、专家和公众的意见采纳或者不采纳的说明》《××工程环境影响报告书》及技术评估报告、××

工程专家咨询会意见、上诉人提供的行政复议决定书、当事人庭审陈述等证据证明，本院予以确认。

本院认为，被上诉人市环保局依法具有作出本案被诉环评审批决定的职权。被上诉人受理原审第三人××公司提交的××工程环境影响报告书的审批申请后，在××网站公示了该项目的受理信息，同时委托××市环境科学研究院对该项目的《环评报告》开展技术评估，又专门召开了专家咨询会，根据××市环境科学研究院出具的技术评估报告和专家咨询会的结论，认定《环评报告》评价方法正确，评价结论可信，××工程在落实环保设施及污染控制措施后，噪声、电磁场等能够满足相关技术规定的限值要求，被上诉人据此作出从环境保护角度同意该项目建设的环评审批决定，认定事实清楚，适用法律正确。被上诉人因所涉项目审批权限调整等客观原因未能在法定期限内作出审批决定，原审基于申请人××公司未提出异议以及未影响到其他当事人的实体权益等原因，视为行政瑕疵并无不当。根据××市规划和国土资源管理局核发的《关于核发××工程项目选址意见书的通知》，能够证明本案所涉项目选址符合规划要求。《环评报告》制作单位以及被上诉人开展的公众参与调查等符合《环境影响评价公众参与暂行办法》的规定。上诉人的上诉请求和理由缺乏事实和法律依据，本院不予支持。综上，原审判决认定事实清楚，适用法律正确，应予维持。据此，依据《中华人民共和国行政诉讼法》第六十一条第(一)项之规定，判决如下：

驳回上诉，维持原判。

二审案件受理费人民币 50 元，由上诉人××市××区××业主委员会、××市××区××××业主委员会共同负担。

本判决为终审判决。

【律师评述】

环境保护局受理工程环境影响报告书的审批申请后，公示了受理信息，委托环境科学研究院对项目开展技术评估，召开咨询会，根据技术评估报告和专家咨询会结论，认定《环评报告》评价方法正确，评价结论可信，工程能够满足相关技术规定的限值要求，据此作出从环境保护角度同意项目建设的环评审批决定。

从以上全过程看，两业委会的诉讼请求显然要被驳回。

正如法院判决中所述，环保局在受理申请后，扣除技术评估、专家咨询会等期间，已超过六十日的法定期限，有所不当。虽因××公司对此未提出异议，且未影响到其他当事人的实体权益，但依旧明确指出视为行政瑕疵。这也提醒行政机关应严格按照规定，按照时限要求，及时做出行政行为，避免违反法定时限，小则形成行政瑕疵，大则可能导致行政行为的违法。

案例38　××进修学院要求××市××区教育局履行法定职责上诉案

【案情介绍】

一民办学院向当地教育局提出《申请核发办学许可证的报告》。教育局按规定作出《关于对××学院相关申请的回复》，主要内容为：根据《中华人民共和国行政许可法》第五十条规定，学院原办学许可证已到期，并未在规定时限内申请换证，原办学许可证已失效，教育局将不再受理该民办学院的换证申请。

学院不服，向所在区人民政府提出行政复议。复议决定以认定事实不清、证据不足为由，撤销了教育局作出的回复并要求教育局重新作出处理。

之后，教育局与学院的法定代表人进行沟通，明确该校提出的是延续办学许可证办学期限的换证申请，教育局根据《中华人民共和国行政许可法》第五十条的规定，再次作出不予受理学院换证申请的通知。

学院仍不服，诉至法院。一审判决学院败诉后，学院提起了上诉。

【行政上诉状】

上诉人（原审原告）：××进修学院。

住所：××市××路××号××大厦××层。

法定代表人：×××，职务：校长。

被上诉人（原审被告）：××市××区教育局。

住所：××市××路××号。

法定代表人：×××，职务：局长。

上诉请求：

依法撤销××市××区人民法院（201×）×行初字第×××号行政判决书判决，依法改判支持上诉人的一审诉讼请求。

上诉理由：

上诉人为民办学校，注册登记的住所地位于××市××区××路××号××幢××层××号、××层××号，办学内容是中等及中等以下非学历业余教育，办学许可证有效期至201×年××月××日到期。

在办学许可证到期前，上诉人即向被上诉人提出《申请核发办学许可证的报告》。被上诉人收到申请后,作出《关于对××学院相关申请的回复》,未受理上诉人的换证申请。

上诉人依法向所在区人民政府提出行政复议。复议决定以认定事实不清、证据不足为由,撤销了被上诉人作出的回复并要求被上诉人重新作出处理。

之后,被上诉人依旧根据《中华人民共和国行政许可法》第五十条的规定,作出不予受理上诉人换证申请。

上诉人在许可证到期前向被上诉人递交延续换证申请报告,未超过法定期限。但被上诉人拒收,更没有给上诉人拒收签名材料。

上诉人民政登记资格至今仍在,并已向民政机关递交了整改报告,被上诉人作出的《不予受理上诉人换证申请的通知》(简称《通知》)明显违法。

被上诉人提供的谈话笔录中没有上诉人单位人员的签名确认,也没有经过法庭审理进行过质证。

被上诉人先后以完全相同的事实和理由作出完全相同的具体行政行为错误,故请求二审法院撤销原审判决,依法改判支持上诉人的一审诉讼请求。

【法院判决】

上诉人××进修学院(以下简称××学院)因要求履行法定职责一案,不服××市××区人民法院(201×)×行初字第×××号行政判决,向本院提起上诉。本院于201×年××月××日立案后,依法组成合议庭,于201×年××月××日公开开庭审理了本案。上诉人××学院的法定代表人×××、委托代理人×××,被上诉人××市××区教育局(以下简称××教育局)的委托代理人×××、×××到庭参加了诉讼。本案现已审理终结。

原审查明,××学院为民办学校,注册登记的住所地位于××市××区××路××号××幢××层××号、××层××号,办学内容是中等及中等以下非学历业余教育,办学许可证有效期至201×年××月××日到期。201×年××月××日,××学院向××教育局提出《申请核发办学许可证的报告》。××教育局于同年××月××日作出《关于对××学院相关申请的回复》,主要内容为:根据《中华人民共和国行政许可法》第五十条规定,××学院原办学许可证201×年××月××日已到期,并未在规定时限内申请换证,原办学许可证已失效,××教育局将不再受理你校的换证申请。××学院不服,向××市××区人民政府提出行政复议。复议决定以认定事实不清、证据不足为由,撤销了××教育局201×年××月××日作出的回复并要求××教育局重新作出处理。之后,××教育局与××学院的法定代表人进行沟通,明确该校提出的是延续办学许可证办学期限的换证申请。201×年××月××日,××教育局根据《中华人民共和国行政许可法》第五十条的规定,作出不予受理××学院换证申请的通知。××学院仍不服，诉至原审法院，请求判令××教育局履行法定职责，为××学院换发办学许可证(延期许可)。

原审认为，《中华人民共和国民办教育促进法》第十一条和第十七条规定，举办实施学历教育、学前教育、自学考试助学及其他文化教育的民办学校，由县级以上人民政府教育行政部门按照国家规定的权限审批。审批机关对批准正式设立的民办学校发给办学许可证。××教育局作为××区人民政府教育行政部门，依法有权审批和颁发民办学校办学许可证。××学院是一所注册登记在××区的民办学校，办学许可证有效期至201×年××月××日届满。201×年××月××日，××学院向××教育局提出延续办学许可证办学期限的换证申请。根据《中华人民共和国行政许可法》第五十条规定，需要延续行政许可有效期的，应当在该行政许可有效期届满三十日前提出。××学院提出申请时已经超过行政许可法规定的申请期限。因此，××教育局根据上述规定不予受理××学院申请，并无不当。××学院认为其曾在201×年××月底就向××教育局提出申请的说法无证据证明，不予采信。原审法院遂根据最高人民法院《关于执行〈中华人民共和国行政诉讼法〉若干问题的解释》第五十六条第(一)项之规定，判决驳回××学院的诉讼请求，案件受理费人民币50元，由××学院负担。判决后，××学院不服，上诉于本院。

上诉人××学院上诉称：上诉人于201×年××月底向被上诉人××教育局递交延续换证申请报告，但被上诉人拒收，且没有拒收签名制度。上诉人民政登记资格至今仍在，并向民政机关递交了整改报告，被上诉人于201×年××月××日作出的《通知》违法。被上诉人提供的201×年××月××日的谈话笔录中没有上诉人单位人员的签名确认，也没有进行过质证。被上诉人在201×年××月××日及××月××日以完全相同的事实和理由作出完全相同的具体行政行为错误，上诉人于201×年××月××日在原许可证有效期内提出换证申请未超过法定期限。故请求二审法院撤销原审判决，依法改判支持上诉人的原审诉讼请求。

被上诉人××教育局辩称：上诉人××学院的办学许可证于201×年××月××日到期。上诉人于201×年××月××日向被上诉人提出延续办学许可证办学期限的换证申请超出《中华人民共和国行政许可法》第五十条规定的申请期限，被上诉人作出不予受理上诉人换证申请的通知正确。故请求二审法院驳回上诉，维持原审判决。

经审理查明，原审认定的事实基本无误，本院予以确认。

本院认为，根据《中华人民共和国民办教育促进法》第八条第一款、第十一条及第十七条第一款的规定，被上诉人××教育局作为县级以上人民政府教育行政部门主管本行政区域内的民办教育工作，对其辖区内举办实施学历教育、学前教育、自学考试助学及其他文化教育的民办学校具有审批和颁发办学许可证的法定职责。

本案中，上诉人××学院系经被上诉人批准设立的民办学校，持有的《中华人民共和国民办学校办学许可证》上载明办学内容为中等及中等以下非学历业余教育(文化、职技类)，有效期限至201×年××月××日届满。201×年××月××日，上诉人向被上诉人提出《申请核发办学许可证的报告》，被上诉人针对上述报告作出的《关于对××学院相关申请的回复》被××市××区人民政府以认定事实不清、证据不足为由，行政复议决定撤销并责令被上诉人重新作出处理。随后，被上诉人与上诉人法定代表人进行沟通，明确该校提出的是延续办学许可证办学期限的换证申请。201×年××月××日，被上诉人根据《中华人民共和国行政许可法》第五十条，被许可人需要延续依法取得的行政许可的有效期的，应当在该行政许可有效期届满三十日前向作出行政许可决定的行政机关提出申请的规定，作出不予受理上诉人换证申请的通知，并无不当。

上诉人称其曾于201×年××月底向被上诉人递交延续换证申请报告，但在一、二审程序中上诉人均未提供相应证据予以证实，本院难以采信。被上诉人于201×年××月××日作出《通知》的合法性不属本案审理范围，上诉人应依法另行解决。

另，上诉人认为其于201×年××月××日在原办学许可证有效期内提出换证申请未超过法定期限。对此，本院认为，上诉人于上述日期向被上诉人×××局长及×××副局长提供书面材料中载明的主要内容为：上诉人反映了该校增加租借办公教学场地及迁移注册地系经被上诉人批准的情况，并认为民政部门与教育部门互相推诿导致上诉人到期换证等工作无法进行，同时投诉××区辖区内其他民办学校存在未在注册住所进行教学等四点内容，要求被上诉人局领导予以调查核实，维护该校正当的合法权益。根据上诉人书面材料的形式和内容来看，难以认定系上诉人向被上诉人提出了延续办学许可证有效期的申请。上诉人提出申请的时间为201×年××月××日，此时，上诉人持有的《中华人民共和国民办学校办学许可证》的有效期已经届满，故上诉人提起本案行政诉讼，要求被上诉人履行为上诉人换发办学许可证(延期许可)法定职责的诉讼请求，本院不予支持。

综上，原审判决驳回上诉人××学校的诉讼请求并无不当，本院应予维持。据此，依照《中华人民共和国行政诉讼法》第六十一条第(一)项之规定，判决如下：

驳回上诉，维持原判。

上诉案件受理费人民币50元，由上诉人××学院负担(已付)。

本判决为终审判决。

【律师评述】

本案中,××学院向教育局申请提出《申请核发办学许可证的报告》,教育局作出的《关于对××学院相关申请的回复》被所在区人民政府以认定事实不清、证据不足为由,通过行政复议决定撤销并责令教育局重新作出处理。这应该是学院满意的。

根据复议的情况,教育局与学院法定代表人进行沟通,明确该校提出的是延续办学许可证办学期限的换证申请。教育局根据《中华人民共和国行政许可法》第五十条,被许可人需要延续依法取得的行政许可的有效期的,应当在该行政许可有效期届满三十日前向作出行政许可决定的行政机关提出申请的规定,作出不予受理上诉人换证申请的通知。其原因是学院没有在法定期限内申请。

值得注意的是,学院认为教育局做出的《通知》不合法,法院给予的判决回应是不属本案审理范围,上诉人应依法另行解决。笔者认为,本案案由是要求履行法定职责案,学院诉讼的也是要求受理其申请,而不是认为通知违法,要求撤销通知,撤销行政行为。因此法院在本案中不予审理教育局给予学院的通知是否合法。

本案中有两个特别的内容,需要注意:

一个是上诉人学院向被上诉人教育局局长和副局长提供书面材料,其中载明的主要内容为:上诉人反映了该校增加租借办公教学场地及迁移注册地系经被上诉人批准的情况,并认为民政部门与教育部门互相推诿导致上诉人到期换证等工作无法进行,同时投诉××区辖区内其他民办学校存在未在注册住所进行教学等四点内容,要求被上诉人局领导予以调查核实,维护该校正当的合法权益。法院判决就此给出的认定意见值得我们借鉴:法院认为,根据上诉人书面材料的形式和内容,难以认定系上诉人向被上诉人提出了延续办学许可证有效期的申请。这给我们的启示是,即在提起一个行政行为申请时,一定要通过正常的途径、法定的形式和具备必要的内容,否则就会因为程序瑕疵而不被认可。

另一个是,教育局的第一次的答复,被复议机关以认定事实不清、证据不足为由撤销并被要求重新作出处理。这也显示了行政行为的严肃性和法定性。

案例 39　华××不服××大学开除学籍处分决定上诉案

【案情介绍】

华同学，是学校的硕士研究生，在考试中使用手机接收信息，构成作弊。学校根据《××大学研究生违纪处分条例》规定，经校长办公会研究决定，给予华同学开除学籍处分。

华同学对处分决定有异议，向所在大学学生申诉仲裁委员会提出申诉申请。学生申诉仲裁委员会进行了投票表决后，向华同学发出《复查决议通知书》，告知华同学，认为学校作出的有关纪律处分的决定事实清楚，依据准确，程序合法，不存在不当问题。

华同学而后向所在市教育委员会提出申诉。教育委员会作出复核决定，维持了学校作出的开除学籍处分决定。

华同学不服，向所在市人民政府申请行政复议。市政府以华同学的行政复议申请不符合行政复议受理条件为由，驳回华同学的行政复议申请。

华同学仍旧不服，向法院提起行政诉讼。一审判决后仍不服，提起了上诉。

【行政上诉状】

上诉人(原审原告)：华××，198×年××月××日生，汉族，住××市××区×××路××号×××室。

被上诉人(原审被告)：××大学。

住所：××市××路××号。

法定代表人：×××，职务：校长。

上诉请求：

撤销××市××区人民法院作出的(201×)×行初字第××号行政判决书判决，依法改判支持上诉人原审诉讼请求。

上诉理由：

上诉人认为，原审认定事实错误，未查清全部事实，判决错误。

原审法院未对被上诉人的主体身份作出认定，也没有对被上诉人作出开除学籍的行为进行明确定性，属于未查清事实。

上诉人认为，四、六级考试违规者应按教育部令第 33 号《教育部关于修改〈国家教育考试违规处理办法〉的决定》处理。根据 33 号令第九条规定，考生即便使用相关设备接收信息实施作弊的，最高处罚也只是取消该科目的考试成绩，最多再给予暂停参加各种国家教育考试 1—3 年的处理。因此被上诉人给予上诉人开除学籍的处理显然错误。

即便依据教育部令第 21 号《普通高等学校学生管理规定》第五十四条第(四)项规定，上诉人在考场中被发现使用手机后当即停止了考试，并积极配合老师填写材料，反省自己行为，改正错误，行为并没有到“严重”程度，学校开除学籍直接剥夺了上诉人的受教育权利，明显过当。

被上诉人以 21 号令和《××大学研究生违纪处分条例》为依据对上诉人作出开除学籍的处分决定，明显违背了依法行政原则，严重侵犯了上诉人的信赖利益。

此外，有特殊规定的应适用特殊规定，××硕士应适用××大学××学生手册，不能适用普通研究生的学生手册，××学生手册中并无考试作弊要开除的规定。

考试当日确实有电话打进来，有响声，上诉人发现后，立即去关手机，监考老师也未当场认定上诉人是使用手机接收信息。

被上诉人没有按照法律和学校规定来处理，在上诉人不知情的情况下作出被诉开除学籍处分决定，剥夺了上诉人陈述和申辩的权利。

综上，请求二审法院撤销原判，支持上诉人原审诉讼请求。

【法院判决】

上诉人华××因开除学籍处分决定一案，不服××市××区人民法院(201×)×行初字第××号行政判决，向本院提起上诉。本院于 201×年××月××日立案后，依法组成合议庭，于 201×年××月××日公开开庭审理了本案。上诉人华××及其委托代理人×××，被上诉人××大学的委托代理人×××、×××到庭参加了诉讼。本案现已审理终结。

经审理查明，××大学于 201×年×月×日作出校研[201×]××号《××大学关于对华××同学作开除学籍处分的决定》(以下简称被诉开除学籍处分决定)，主要内容为：华××，系×学院××××级××硕士研究生，该生在 201×年××月××考试中使用手机接收信息，构成作弊事实。根据《××大学研究生违纪处分条例》第××条规定，经校长办公会研究决定，给予华××同学开除学籍处分。华××对本处分决定如有异议，可在接到处分决定书之日起 5 个工作日内，向校学生申诉仲裁委员会提出书面申诉。同年××月××日，华××向××大学学生申诉仲裁委员会提出申诉申请，××月××日，××大学学生申诉仲裁委员会就学校对华××等学生的处分决定进行了投票表决。同日,学生申诉仲裁委员会向华××发出《复查决议通知书》,告知华××,委员会对处理依据、处理尺度等进行了认真审查,认为学校作出的有关纪律处分的决定事实清楚,依据准确,程序合法,不存在不当问题。华××而后向××市教育委员会提出申诉。××月××日,××市教育委员会作出复核决定,维持××大学作出的被诉开除学籍处分决定。华××不服,向××市人民政府(以下简称市政府)申请行政复议。201×年××月××日,市政府作出×府复字(201×)第×××号驳回行政复议申请决定,以华××的行政复议申请不符合行政复议受理条件为由,驳回华××的行政复议申请。华××遂向原审法院提起行政诉讼,华××认为××大学对其作出的被诉开除学籍处分决定程序违法,无事实与法律依据,处罚过重,剥夺了华××的受教育权,请求法院撤销××大学作出的被诉开除学籍处分决定。

原审认为,××大学作为普通高等学校具有对其学生进行依法管理及对有违法、违规、违纪行为的学生给予纪律处分的自主权。根据教育部令第21号《普通高等学校学生管理规定》(以下简称21号令)第五十四条第(四)项的规定,学生由他人代替考试、替他人参加考试、组织作弊、使用通信设备作弊及其他作弊行为严重的,学校可以给予开除学籍处分。《××大学研究生违纪处分条例》第××条规定,由他人代替考试、替他人参加考试、组织作弊、使用通信设备作弊及其他作弊行为严重的,给予开除学籍处分。本案中,华××于201×年××月××日在参加大学英语6级考试(CET-6)中使用通信设备作弊,对该作弊事实华××当场承认并无异议。事后××大学依据21号令及《××大学研究生违纪处分条例》的规定,经校长办公会研究决定,对华××作出开除学籍的处分决定,同时告知华××可提出申诉的权利。华××其后亦行使了申诉救济权利,向有关部门提出了申诉。有关部门经复查后最终意见认为××大学的处分决定并无不当,并将复查结论亦告知了华××。综上所述,××大学对华××作出的处分决定事实清楚,证据充分,适用依据正确,处理程序符合规定。华××要求撤销××大学作出的被诉开除学籍处分决定缺乏事实和法律依据,难以支持。原审法院依照最高人民法院《关于执行〈中华人民共和国行政诉讼法〉若干问题的解释》第五十六条第(四)项之规定,判决驳回华××的诉讼请求。华××仍不服,上诉于本院。

上诉人华××诉称,原审法院未对被上诉人的主体身份作出认定,也没有对其作出开除学籍的行为进行明确定性;四、六级考试违规者应按教育部令第33号《教育部关于修改〈国家教育考试违规处理办法〉的决定》(以下简称33号令)处置。根据33号令第九条规定,考生即便使用相关设备接收信息实施作弊的,最高处罚也只是取消该科目的考试成绩,最多再给予暂停参加各种国家教育考试1—3年的处理。即便依据21号令第五十四条第(四)项规定,上诉人在考场中被发现使用手机后当即停止了考试,并积极配合老师填写材料,反省自己行为,改正错误,行为并没有到“严重”程度,学校开除学籍直接剥夺了上诉人的受教育权利,过于严苛;被上诉人以21号令和《××大学研究生违纪处分条例》为依据对上诉人作出开除学籍的处分决定,明显违背了依法行政原则,严重侵犯了上诉人的信赖利益;此外,有特殊规定的应适用特殊规定,××硕士应适用××大学××学生手册,不能适用普通研究生的学生手册,××学生手册中并无考试作弊要开除的规定;关于手机使用,当日确实有电话打进来,有响声,导致上诉人去关手机,但监考老师并未当场认定上诉人是使用手机接收信息;此外,被上诉人没有按照法律和学校规定来处理,在上诉人不知情的情况下作出被诉开除学籍处分决定,剥夺了上诉人陈述和申辩的权利。故请求二审法院撤销原判,支持上诉人原审诉讼请求。

被上诉人××大学辩称,33号令适用于国家教育考试,该令第二条规定,本办法所称国家教育考试是指普通和成人高等学校招生考试、全国硕士研究生招生考试、高等教育自学考试等,由国务院教育行政部门确定实施,由经批准的实施教育考试的机构承办,面向社会公开、统一举行,其结果作为招收学历教育学生或者取得国家承认学历、学位证书依据的测试活动。而四、六级考试并非国家教育考试,且33号令第九条规定也仅是对作弊科目考试成绩及后续是否允许再考的制度性处理,并不包含也没有限制和穷尽所在单位对作弊考生的行政处分;学校研究生手册既适用于普通研究生,亦适用××的学生,××学院为二级学院,学生手册中无纪律处分的规定;学校下发的研究生手册载有《××大学研究生违纪处分条例》,对考试作弊的后果有明确规定,考生完全能够预见,根本就不存在上诉人所谓的信赖利益;根据21号令第五十四条第(四)项的规定使用禁用的通信工具本身即为严重作弊行为,可以开除学籍;上诉人在考试当日自己所写的《情况说明》中已承认自己采取了作弊的行为,该《情况说明》即为上诉人的陈述、申辩意见。原审判决认定事实清楚,适用法律正确,请求二审法院维持原判。

二审开庭审理中,被上诉人仍以其向原审法院提交的职权、事实、法律及程序方面的证据和依据证明其作出被诉开除学籍处分决定合法。本院就被上诉人作出的被诉开除学籍处分决定合法性进行了全面审查,并在审理中充分听取了双方当事人的举、质证意见。经审理查明,原审判决认定的事实无误,本院依法予以确认。

本院认为,根据《中华人民共和国教育法》第二十八条的规定,高校作为法律法规授权的组织,在行使法律法规赋予的授予学位证、颁发毕业证、对受教育者进行学籍管理等职权时是行政主体,其所作的开除学籍处分决定是可诉的行政行为。

被上诉人向原审法院提交的××地区×××考试缺考及违规违纪记录单、上诉人于201×年××月××日所写的《情况说明》和两名监考老师签名的《关于华××参加大学英语×级考试情况》等证据能够相互印证，足以证明被诉开除学籍处分决定所认定的上诉人在201×年××月×××—×考试中使用手机接收信息，构成作弊事实。上诉人对违规违纪记录单上的自己签名、《情况说明》系其本人所写及监考老师的陈述真实性均无异议。上诉人在其本人所写的《情况说明》中陈述“本人在英语六级考试期间一时糊涂，采用了作弊行为，造成了不好的影响，深表后悔，希学校给予宽大处理，在此表示深刻的歉意和后悔。(听手机)”。故被上诉人作出被诉开除学籍处分决定的主要证据充分。

本案被上诉人作出被诉开除学籍处分决定适用的《××大学研究生违纪处分条例》第十三条规定“由他人代替考试、替他人参加考试、组织作弊、使用通信设备作弊及其他作弊行为严重的，给予开除学籍处分”的内容与21号令第五十四条第(四)项的规定完全一致，与上位法并不矛盾和冲突，可作为本案被上诉人作出被诉开除学籍处分决定所适用的依据。被上诉人对上诉人在考试过程中使用手机接收信息作弊行为，适用《××大学研究生违纪处分条例》第十三条规定作出被诉开除学籍处分决定并无不当。

《××大学研究生违纪处分条例》第二十条规定，对违纪研究生进行处理时，在校各级部门尽心处理的同时，学院先及时将情况调查清楚，听取学生或者代理人的陈述和申辩，然后证据充分、依据明确地提出处理意见，报研究生奖惩工作委员会。被上诉人以上诉人本人所写的《情况说明》，证明被上诉人在作出被诉开除学籍处分决定前已听取过上诉人的陈述、申辩的观点可予采信。被上诉人对上诉人作出的被诉开除学籍处分决定告知了上诉人可提出申诉的权利。上诉人其后亦行使了申诉救济权利，学校学生申诉仲裁委员会经复查后最终意见认为被上诉人作出的被诉开除学籍处分决定不存在不当问题，并将复查结论告知了上诉人。故被上诉人作出的被诉开除学籍处分决定并未违反21号令第五十六条规定“学校在对学生做出处分决定之前，应当听取学生或者其代理人的陈述和申辩”的程序及《××大学研究生违纪处分条例》规定的程序，上诉人的相关救济权利亦得到了保障。

33号令与21号令均系教育部制订、颁布并实施的现行有效规章，根据两者第一章总则第一条、第二条的规定，两规章在调整范围和规范的侧重点上不同，两规章相关条文如33号令的第九条、第十二条与21号令的第五十四条具体内容亦并不矛盾和冲突。高校在学籍管理中适用21号令并无不当。此外，上诉人诉称的被上诉人未适用33号令和××学生手册的规定侵犯了上诉人信赖利益亦不能成立。《中华人民共和国行政许可法》第八条的规定是我国行政法对信赖利益保护原则的首次重要体现。信赖利益保护原则是指相对人依法取得的行政许可受法律保护，行政机关不得擅自改变已生效的行政许可。违法的行政许可，该撤销的应当撤销，但撤销行政许可所维护的公共利益小于不撤销行政许可所保护的相对人利益时，即使是违法作出的行政许可，也不予撤销，如果撤销就必须补偿相对人信赖利益损失。但考试作弊行为本身不具有合法性、正当性，考试作弊行为无论情节轻重均应受到惩处。上诉人提供的学校××学生手册中未规定开除学籍等纪律处分，并不意味在学校研究生手册中未作规定，上诉人提供的学校××学生手册第十二条规定，其他未尽事宜参照《××大学研究生手册》和《××大学学生手册》。33号令的规定也并不能穷尽、限制和排斥教育部的其他规章如21号令对可予开除学籍处分的情形的规定。33号令及21号令均为教育部公开颁布、实施的规章，故上诉人诉称的信赖利益并不存在，亦缺乏依据。

综上所述，原审法院判决驳回上诉人的诉讼请求并无不当，本院应予维持。上诉人的上诉请求缺乏事实根据和法律依据，本院不予支持。据此，经本院审判委员会讨论决定，依照《中华人民共和国行政诉讼法》第六十一条第(一)项之规定，判决如下：

驳回上诉，维持原判。

上诉案件受理费人民币50元，由上诉人华××负担(已付)。

本判决为终审判决。

【律师评述】

考试作弊，是一定要被处理的。如何处理，依据什么法律、法规处理？依据什么程序处理？则是本案的关注点。

考试缺考及违规违纪记录单、华同学所写的《情况说明》、监考老师签名的《关于华同学参加大学英语×级考试情况》等证据，证明华同学确实有作弊事实。

作为本案被上诉人学校作出开除学籍处分决定所适用的依据《××大学研究生违纪处分条例》规定的内容与《普通高等学校学生管理规定》规定完全一致，与上位法并不矛盾和冲突，因此其法律依据是确实充分的。

我们在为华同学感到遗憾的同时，也为我国高校依法治校的进展给以掌声。

案例40 ××公司不服保监会××监管局履行法定职责纠纷上诉案

【案情介绍】

一公司曾向一财产保险股份有限公司保险事业营运中心投保责任保险。公司发生保险事故，向保险股份有限公司保险事业营运中心发函要求理赔，保险股份有限公司保险事业营运中心拒绝理赔。

后，公司发现财产保险股份有限公司保险事业营运中心在保险事故发生后“倒签批单”，与保险经纪有限公司合谋注销保单，违规批退保费，故向当地保监局邮寄信件投诉该财产保险股份有限公司保险事业营运中心，要求对其进行监管，对违法行为予以查处。

保监局收到投诉后，告知公司受理该公司反映涉嫌违反保险行政法律法规的信访事项，同时告知公司主张的合同纠纷的信访事项不属受理范围，已将来信转送财产保险股份有限公司保险事业营运中心，由双方协商解决，协商不成的可以向保险同业公会人民调解委员会申请调解或者依法向人民法院起诉。

经过调查，无法认定财产保险股份有限公司保险事业营运中心存在违反保险法律法规的行为，保监局作出《信访投诉答复书》。

公司收到《信访投诉答复书》后不服，以该答复未涉及投诉事项，保监局未履行法定职责为由，诉至法院。一审判决后，公司仍旧不服，提起上诉。

【行政上诉状】

上诉人(原审原告)：××市××有限公司。

住所：××市××路××号。

法定代表人：×××，职务：董事长。

被上诉人(原审被告)：中国保险监督管理委员会××监管局。

住所：××市××路××号。

法定代表人：×××，职务：局长。

上诉请求：

撤销××市××区人民法院作出的(201×)×行初字第×××号行政判决书判决，依法改判支持上诉人的原审诉讼请求。

上诉理由：

上诉人向被上诉人邮寄信件投诉事项事实清楚，被上诉人却未予查处，明显属于未履行法定职责。

上诉人投保责任保险，发生保险事故，向所投保保险公司发函要求理赔，保险公司拒绝理赔。

上诉人经过了解，发现保险公司在保险事故发生后“倒签批单”，与保险经纪有限公司合谋注销保单，还违规批退保费。上诉人据此向被上诉人反映，要求依法进行监管，对违法行为予以查处。

上诉人认为：上诉人投诉保险公司违法注销保单，擅自终止保单责任的事项属于被上诉人的法定职责，但被上诉人未作出实质认定和实体调处。保险公司在上诉人不知情及未申请退保的情况下，即以被保险人申请退保名义注销保单、终止保单责任事项，属于违法违规行为。

故请求二审法院撤销原审判决，依法改判支持上诉人的原审诉讼请求。

【法院判决】

上诉人××市××有限公司(以下简称××公司)因要求履行法定职责一案，不服××市××区人民法院(201×)×行初字第×××号行政判决，向本院提起上诉。本院于201×年××月××日立案后，依法组成合议庭，于201×年××月××日公开开庭审理了本案。上诉人××公司的委托代理人×××，被上诉人中国保险监督管理委员会××监管局(以下简称××保监局)的委托代理人×××、×××到庭参加了诉讼。本案现已审理终结。

原审查明，201×年××月××日，××公司向××保监局邮寄信件投诉中国××财产保险股份有限公司××保险事业营运中心(以下简称××营运中心)，称其曾向××营运中心投保××责任保险。201×年××月××日，××公司发生保险事故，遂向××营运中心发函要求理赔，××营运中心拒绝理赔。此后，××公司发现××营运中心在保险事故发生后“倒签批单”，与××保险经纪有限公司(以下简称××经纪公司)合谋注销保单，还违规批退保费，故要求进行监管，对违法行为予以查处。201×年××月××日，××保监局告知××公司受理该公司反映××营运中心涉嫌违反保险行政法律法规的信访事项，同时告知××公司主张的合同纠纷的信访事项不属受理范围，已将来信转送××营运中心，由双方协商解决，协商不成的可以向××市保险同业公会人民调解委员会申请调解或者依法向人民法院起诉。201×年××月××日，××保监局对××营运中心进行调查，××营运中心向××保监局提供了该中心与××经纪公司、××公司之间为该物流责任保险保费催收等事项的往来文件，包括201×年××月××日××营运中心发出的通知函、××营运中心201×年××月××日签署的批单等。经过调查，××保监局于201×年××月××日作出×保监信（201×）第×××号《信访投诉答复书》（以下简称《答复书》），其中涉及本案的主要内容为，××营运中心于201×年××月向××公司签发保单，确认保费收入和应收保费为人民币××万元。201×年××月××日，××经纪公司代收××公司保费××万元，并冲减应收保费。201×年××月，××营运中心批退保单，冲减保费收入和应收保费××万元，未发现有实收××万元保费的情况。××营运中心在仅收到保单副本及保费发票正本，且获知保单正本收回无望的情况下，于201×年××月××日签发终止责任批单，并无相关保险法律法规对保险公司签发批单的时间作出规定。根据现有调查，无法认定××营运中心存在违反保险法律法规的行为。××公司收到《答复书》后不服，以该答复未涉及投诉事项，××保监局未履行法定职责为由，诉至原审法院，请求判令：1. 确认××保监局未对××营运中心违法倒签批单、违法注销保单进行处罚的行政不作为违法；2. 判令××保监局在十日内对××营运中心违法倒签批单、违法注销保单进行行政处罚，并责令××营运中心改正违法行为。

原审认为，××公司向××保监局邮寄举报投诉材料，要求履行法定职责，查处××营运中心的违法违规行为，具备明确的申请事项，应当认定为××公司向××保监局提出了要求履行法定职责的申请。××保监局于201×年××月××日作出《答复书》，虽使用"信访投诉"答复形式，但《答复书》记载了××保监局调查的××公司要求查处的保单起保后责任的终止、批单签发等问题。因此，就《答复书》的内容分析，结合××保监局的举证，可以认为××保监局已经对××公司要求履行法定职责的申请作了实质性处理。

中国保险监督管理委员会及其派出机构依法具有对辖区内的保险公司违法违规行为进行查处的法定职权。根据××保监局调查的案情及举证，××营运中心是在催收保费未果后才对与××公司之间的物流责任保险合同作出相应的处理，因此，在并无相关保险法律法规对保险公司签发批单的时间作出规定的情况下，××保监局答复××公司"无法认定××中心存在违反保险法律法规的行为"可以认为并无不当。××公司对于保险责任的终止、保险合同的效力与批单签发之间关系的一些看法有失偏颇，故其始终认为××保监局行政不作为并坚持诉讼要求查处××营运中心的诉讼请求难以支持。××公司可通过相关途径依法保护自己的合法权益。原审法院遂依照最高人民法院《关于执行〈中华人民共和国行政诉讼法〉若干问题的解释》第五十六条第（一）项之规定，判决驳回××公司的诉讼请求，案件受理费50元，由××公司负担。判决后，××公司不服，上诉于本院。

上诉人××公司上诉称：上诉人投诉××营运中心违法注销保单，擅自终止保单责任的事项属于被上诉人××保监局的法定职责，但被上诉人未作出实质认定和实体调处。××营运中心在上诉人不知情及未申请退保的情况下,即以被保险人申请退保名义注销保单、终止保单责任事项,属于违法违规行为。故请求二审法院撤销原审判决,依法改判支持上诉人的原审诉讼请求。

被上诉人××保监局辩称:被上诉人收到上诉人的信访投诉之后,赴××营运中心进行调查,对相关人员制作了笔录,收集了××营运中心处理该事件的材料。经查,无法认定××营运中心在注销保单和倒签批单方面存在违反保险法律禁止性规定的情形,被上诉人据此作出《答复书》,并向上诉人进行了送达,已经依法履行了法定职责,不存在行政不作为。故请求二审法院驳回上诉,维持原审判决。

经审理查明,原审认定的事实基本无误,本院予以确认。

本院认为,《中华人民共和国保险法》第九条规定,国务院保险监督管理机构依法对保险业实施监督管理。国务院保险监督管理机构根据履行职责的需要设立派出机构。派出机构按照国务院保险监督管理机构的授权履行监督管理职责。《中国保险监督管理委员会派出机构监管职责规定》第四条第(四)项、第五条第一款规定,中国保监会派驻各省、自治区、直辖市和计划单列市的监管局负责监管辖区内保险公司分支机构、保险中介机构以及保险从业人员的保险经营活动,查处保险违法、违规行为,维护保险市场秩序。故被上诉人××保监局依法具有对辖区内保险公司违法、违规行为进行监管、查处的法定职责。

本案中,××公司于201×年××月××日向××保监局邮寄信件投诉××营运中心在保险事故发生后"倒签批单",与××经纪公司合谋注销保单等违法行为。××保监局收到上述投诉后,进行了受理,并于201×年××月××日,对××营运中心进行调查,与有关人员制作了调查笔录。××营运中心向××保监局提供了该中心与××经纪公司、××公司之间为涉案物流责任保险保费催收等事项的往来文件,包括201×年××月××日××营运中心发出的通知函、××营运中心201×年××月××日签署的批单等,同时提供了《关于××市××有限公司投诉事项核实情况的报告》及附件。经过调查,××保监局于201×年××月××日作出《答复书》,告知上诉人保费收入和应收保费为××万元,××经纪公司代收××公司保费××万元,未发现有实收××万元保费的情况。××营运中心于201×年××月××日签发终止责任批单,无相关保险法律法规对保险公司签发批单的时间作出规定。根据现有调查,无法认定××营运中心存在违反保险法律法规的行为。据此,被上诉人已根据上诉人的投诉内容,进行了调查,履行了法定的监管义务,并无明显不当。

上诉人认为××营运中心存在违法注销保单的行为。对此,本院认为,根据被上诉人向原审法院提供的××经纪公司于201×年××月××日向××营运中心出具的《情况说明》可以证实,××营运中心系根据上诉人的保险经纪人×

××经纪公司提出的申请注销保单，并非该中心单方行为。保险经纪人是基于投保人的利益，为投保人与保险人订立保险合同提供中介服务，并依法收取佣金的机构。上诉人与××营运中心及××经纪公司之间的保险合同纠纷，应由上诉人另觅途径解决，不属本行政诉讼案的处理范围。故对于上诉人的上述意见，本院难以采信。

综上，上诉人××公司的上诉请求缺乏事实和法律依据，本院不予支持。原审判决驳回上诉人的诉讼请求并无不当，本院应予维持。据此，依照《中华人民共和国行政诉讼法》第六十一条第(一)项之规定，判决如下：

驳回上诉，维持原判。

上诉案件受理费人民币 50 元，由上诉人××公司负担(已付)。

本判决为终审判决。

【律师评述】

区分清楚是民商事纠纷还是行政诉讼范畴，是本案中需要关注的一个关键点，而是否“倒签批单”则是本案中需要关注的一个重点事实。

经过保监局调查，无法认定保险公司存在违反保险法律法规的行为；而根据法院调查，保险公司系根据上诉人公司的保险经纪人提出的申请注销保单。保险经纪人是基于投保人的利益，为投保人与保险人订立保险合同提供中介服务，并依法收取佣金的机构。同时，无相关保险法律法规对保险公司签发批单的时间作出规定。故上诉人公司所主张的“倒签批单”也就不能成立。

上诉人公司与保险公司及其经纪公司之间的保险合同纠纷，属于合同纠纷，不属行政诉讼案的处理范围。

这个案件再次让我们注意到：诉讼中，一定要区分法律关系，根据不同的法律关系，通过不同的诉讼程序，提出针对性的主张，才能有效解决纷争。

案例41　董××诉××市××区人力资源和社会保障局工伤认定上诉案

【案情介绍】

董女士系就业服务社的就业服务员。

一天，董女士与同事相约一同打扑克。其间，董女士外出接手机，在回到打扑克的房间时将脚扭伤。后同事叫车将董女士送至医院就诊。

就业服务社为下属就业服务员投保综合保险，该综合保险对被保险人在工作期间遭受意外伤害事故承担保险责任。

董女士伤愈上班后，要求单位为其办理上述保险理赔手续。

董女士向人保局申请工伤认定。人保局受理后经调查，认为董女士的受伤情形不符合《工伤保险条例》第十四条、第十五条认定工伤或视同工伤的情形，决定不予认定或者视同工伤。

董女士不服，诉至原审法院，要求撤销人保局作出的不予认定工伤决定。一审判决后，仍不服，提起了上诉。

【行政上诉状】

上诉人(原审原告)：董××，女，197×年××月××日生，汉族，住××市××区×××路××号×××室。

被上诉人(原审被告)：××市××区人力资源和社会保障局。

住所：××市××区×××路××号。

法定代表人：×××，职务：局长。

原审第三人：××就业服务社。

住所：××市××区×××路××号××室。

负责人：×××。

上诉请求：

撤销××市××区人民法院(201×)×行初字第×××号行政判决书判决，依法改判支持上诉人原审诉讼请求。

上诉理由：

上诉人是原审第三人就业服务社的就业服务员。

上诉人是在去有关单位了解招工情况时受伤，被诊断为右内外踝骨折，应认定为工伤。

同事因在原审第三人单位上班，其证言不具有可信性，不能作为定案证据。

被上诉人没有证据证明上诉人当天是在打扑克时受伤，被上诉人所作工伤认定证据不足、事实不清。

上诉人要求撤销原审判决，改判支持上诉人一审诉请。

【法院判决】

上诉人董××因工伤认定一案，不服××市××区人民法院(201×)×行初字第×××号行政判决，向本院提起上诉。本院受理后，依法组成合议庭，于201×年××月××日公开开庭对本案进行了审理。上诉人董××、委托代理人×××，被上诉人××市××区人力资源和社会保障局(以下简称××人保局)的委托代理人×××、×××，原审第三人××就业服务社的委托代理人××到庭参加诉讼。本案现已审理终结。

原审认定，董××系××就业服务社的就业服务员。201×年××月××日，董××与同事×××、×××等人相约一同打扑克，打了×个多小时，董××外出接手机，在回到打扑克的房间时将脚扭伤。后×××、×××叫车将董××送至××市第×人民医院（以下简称××医院)就诊。因×××当时与××劳务服务有限公司的×××约好前去位于××医院对面的××公司面试兼职收银员岗位，其遂在××医院门口下车先去面试。×××在约定的面试时间延后10分钟左右到达××公司，并在面试结束后再前往××医院。董××于当日下午×时在××医院挂号就诊，被诊断为右内外踝骨折。

××就业服务社为下属就业服务员投保中国××人寿保险公司××分公司(以下简称××保险公司)的综合保险，该综合保险对被保险人在工作期间遭受意外伤害事故承担保险责任。201×年××月，董××伤愈上班后，要求单位为其办理上述保险理赔手续。××就业服务社遂按照保险理赔要求为董××办理相关材料，并于201×年××月××日出具了一份情况说明，内容为“此人于201×年××月××日下午×点左右，在去招聘单位的路上不慎滑跤摔倒，经××医院检查，右脚双踝骨折”。后××就业服务社终止为董××办理理赔手续，并将所有理赔材料连同上述情况说明一并退还给董××。

201×年××月××日，董××向××人保局申请工伤认定。××人保局于同年××月××日受理后经调查，于201×年××月××日作出×人社认结(201×)字第××××号不予认定工伤决定，认为董××的受伤情形不符合《工伤保险条例》第十四条、第十五条认定工伤或视同工伤的情形，决定不予认定或者视同工伤。董××不服，诉至原审法院，要求撤销××人保局作出的不予认定工伤决定。

原审认为,依据《工伤保险条例》第五条第二款的规定,××人保局系负责工伤保险工作的行政主管部门,其执法主体适格。××人保局受理董××提出的工伤认定申请后进行了调查、核实,在60日内作出不予认定工伤决定,并将决定书送达当事人,执法程序合法。本案的争议焦点为董×× 201×年××月××日所受事故伤害是如何发生的。对此,××就业服务社提供了董××陈述的事发经过中唯一现场目击证人×××的证词,但其证词与董××的陈述截然不同。关于两人陈述的可信度,第一,×××的证言能够与原审法院向相关劳务公司人员调查的情况相互印证,证实×××不可能如董××所述在约定时间一小时以后才去面试,也即×××不可能陪同董××去医院挂号就诊。在脚骨折难以行走的情况下,董××关于现场仅有其与×××二人的陈述违背常理,而×××陈述的董××就诊时有×××陪同符合情理。第二,董××声称为无业人员推荐就业岗位而前往××区工人文化活动中心,但根据原审法院向相关劳务公司人员的调查,当时××公司只需要招聘一名兼职收银员而对×××进行面试,故董××陈述×××告知其××公司招聘不止一名收银员,其才前往该单位了解就职情况,显然不符合事实。第三,董××在行政程序中陈述其摔伤的具体地点是在准备进入××公司的门口附近,而当××就业服务社在庭审中质疑××公司就在××医院斜对面,无需叫出租车时,董××又改口称摔伤的具体地点在××大门旁边靠近停车场的路上,这显然是为了使其陈述的摔跤地点和就诊方式相互匹配而作的调整,进一步降低了其陈述的可信度。第四,董××陈述因其没有给有关工作人员好处,故××就业服务社拖延为其办理综合保险理赔手续,其要求自行办理理赔才取回理赔材料及××就业服务社出具的情况说明。但根据综合保险理赔流程,理赔材料需由各区县非正规劳动就业组织管理机构转交保险公司,并非可由被保险人直接向保险公司提出理赔,故董××关于其获取情况说明缘由的陈述不实。结合综合保险的责任范围,以及××就业服务社是将理赔材料包括情况说明一同退还给董××的事实,××就业服务社关于其系认为董××非因工作原因受伤,不属于保险责任范围,而终止为其办理理赔手续,并将理赔材料包括情况说明一并退还给董××的陈述符合常理。××就业服务社的行为已经明确否定了情况说明,董××对此应当明知,故董××将已经被××就业服务社明确否定的情况说明作为证明其工伤发生的证据,原审不予采信。第五,董××事发是在下午×时左右的上班时间,×××陈述此时其与董××等人正在打扑克,这一陈述实际对×××自身评价也是不利的,从一般人趋利避害的角度,如果没有确实发生,一般不会做出对自己不利的陈述。基于相同理由,参与打扑克的其他同事拒绝承认此事符合情理。综上,×××的陈述显然比董××的陈述真实可信,证明力更高。××人保局采信×××的陈述,并对董××作出不予认定工伤决定，并无不当。原审遂判决：驳回董××的诉讼请求。判决后，董××不服，上诉于本院。

上诉人董××上诉称，其是在去有关单位了解招工情况时受伤，应认定为工伤。×××的证言不能作为定案证据，被上诉人没有证据证明上诉人当天是在打扑克时受伤，被上诉人所作工伤认定证据不足、事实不清。上诉人要求撤销原审判决，改判支持其一审诉请。

被上诉人××人保局辩称，根据被上诉人所作调查，×××的证言更为可信，且相关证据能够相互印证，证明上诉人不是因工作原因受到事故伤害，不能认定为工伤。被上诉人请求驳回上诉，维持原判。

原审第三人××就业服务社述称，同意被上诉人的意见，要求驳回上诉，维持原判。

经审理查明，原审法院认定的事实有被上诉人提供的董××的病史材料、原审第三人与上诉人所签协议书、被上诉人分别对上诉人、×××、原审第三人委托代理人××制作的调查笔录、×××书写的情况说明、原审第三人出具的情况说明，上诉人提交的××街道联系表、投保人员名单及保费收据、上诉人就诊的诊疗费发票，原审第三人提供的证人×××的当庭证言，原审法院向××服务有限公司的法定代表人×××、出纳×××进行调查核实制作的询问笔录，××保险公司向原审法院出具的《关于被保险人董××的相关情况说明》等证据及当事人的庭审陈述证实，本院依法予以确认。

本院认为，被上诉人作为负责本区域内工伤保险工作的社会保险行政部门，具有作出被诉工伤认定的法定职权，其行政执法程序亦符合《工伤保险条例》的相关规定。本案争议焦点为上诉人是否在因工外出期间摔伤。根据被上诉人调查取得的材料，关于上诉人事发当日如何摔伤，仅有上诉人本人陈述与上诉人所称陪同其至医院的×××的证言两份直接证据。上诉人称是在去有关单位了解招工情况时摔伤，而×××称上诉人是在打扑克时摔伤，两人陈述的内容截然相反。由于上诉人本人陈述并无其他证据相印证，而×××作为与上诉人无利害关系的案外人，又作出有损自身评价的证言，其所作证言的证明力要高于上诉人本人陈述。结合××公司至××医院的实际距离等客观情况，被上诉人采信×××的证言，据此认为董××不是在因工外出期间受到事故伤害，不符合《工伤保险条例》第十四条、第十五条应认定为工伤或视同工伤的条件，作出不予认定工伤决定，并无不当。此外，××服务有限公司的法定代表人×××、出纳×××在原审法院向其调查核实时所作的证言，亦能与×××所述其面试情形相互印证，故×××所述事实可予确认。同时，×××与×××均陈述×××面试的单位仅需招一名员工，此与上诉人所称至该单位了解招工情况亦存在矛盾。故上诉人认为其系因工外出期间摔伤，缺乏充足的证据予以证实，本院不予采信。

综上,上诉人的上诉请求和理由不能成立,原审判决驳回其诉请正确,应予维持。据此,依据《中华人民共和国行政诉讼法》第六十一条第(一)项之规定,判决如下:

驳回上诉,维持原判。

二审案件受理费人民币 50 元,由上诉人董××负担。

本判决为终审判决。

【律师评述】

本案的焦点是董女士到底是否在因工外出期间摔伤。

本案中,上诉人董女士本人陈述与上诉人所称陪同其至医院的同事的证言两份直接证据,两人陈述的内容截然相反,即上诉人董女士称是在去有关单位了解招工情况时摔伤,而其同事称上诉人是在打扑克时摔伤。正如法院判决论述的:由于上诉人本人陈述并无其他证据相印证,而上诉人同事作为与上诉人无利害关系的案外人,又作出有损自身评价的证言,其所作证言的证明力要高于上诉人本人陈述。结合公司至医院的实际距离等客观情况,采信上诉人同事的证言,据此认为董女士不是在因工外出期间受到事故伤害,作出不予认定工伤决定,并无不当。

董女士当天前往的服务有限公司的法定代表人、出纳向法院所作的证言,更进一步否定了董女士的陈述。董女士的主张亦就无法得到法院的支持。

不管是何种诉讼,证据,尤其是关键证据,依旧是决定一个案件胜诉还是败诉的支柱。

案例42　陈××等诉××市住房保障和房屋管理局等房地产登记上诉案

【案情介绍】

民防办公室同意建设公司结合住宅区项目建造民防工程,平时用途为地下机动车停车库,战时用途为物资库。

经过建设,民防办公室对地下车库出具了民防工程竣工验收备案证明,房管局、市规土局经审核,作出房地产权证的登记行为。

陈先生等7人是同一小区业主,对市房管局、市规土局向建设公司作出的房地产登记行为不服,提起诉讼,要求撤销该颁证行为。一审判决后不服,又提起上诉。

【行政上诉状】

上诉人(原审原告): 陈××,男,196×年××月××日生,汉族,住××市××区×××路××号×××室。

上诉人(原审原告): 席××,男,197×年××月××日生,汉族,住××市××区×××路××号×××室。

上诉人(原审原告): 李××,男,197×年××月××日生,汉族,住××市××区×××路××号×××室。

上诉人(原审原告): 马××,男,197×年××月××日生,汉族,住××市××区×××路××号××××室。

上诉人(原审原告): 开××,女,194×年××月××日生,汉族,住××市××区×××路××号××××室。

上诉人(原审原告): 周××,男,195×年××月××日生,汉族,住××市××区×××路××号×××室。

上诉人(原审原告): 牛××,男,197×年××月××日生,汉族,住××市××区×××路××号××××室。

被上诉人(原审被告): ××市住房保障和房屋管理局。

住所:××市×××路××号。

法定代表人:×××,职务:局长。

被上诉人(原审被告)：××市规划和国土资源管理局。

住所：××市×××路××号。

法定代表人：×××，职务：局长。

原审第三人：××市××区建设工程有限公司。

住所：××市×××路××号××大厦××层。

法定代表人：×××，职务：董事长。

上诉请求：

撤销××市××区人民法院(201×)×行初字第×××号行政判决书判决，改判支持上诉人的一审诉讼请求。

上诉理由：

上诉人认为，一审认定事实不清，适用法律错误。

1. 被上诉人违反规定向原审第三人核发涉案地下车库产权证。

2. 原审第三人在小区房屋全部出售十余年后又将地下车库分割出售，分割了小区业主的合法权益。

3. 涉案地下车库系民防工程，民防工程与其他房地产权利的登记有巨大区别，且×房地资市(200×)×号《关于印发××××的通知》规定，原审第三人取得的土地使用权是划拨，涉案民防工程战时作物资库，平时作地下车库使用，其所有权应为负责民防工程的主管单位××民防办所有，故原审第三人取得的房地产权证应予撤销。

4. 如涉案民防设施分摊建设成本，则该地下车库所有人应为小区全体业主共有。涉案地下车库不是初始登记，所在小区房屋土地经初始登记，涉案地下车库登记应是房地产权利的其他登记。

5. 根据×房地资市(200×)×号文规定，地下车库(位)不单独发证。因此，地下车库登记只能记载在地上建筑物的权利凭证附记栏内，不能进行单独发证。被上诉人准予登记明显不合法。

综上，请求撤销原审判决，并改判支持上诉人的一审诉讼请求。

【法院判决】

上诉人陈××、席××、李××、马××、开××、周××、牛××因房地产登记一案，不服××市××区人民法院(201×)×行初字第×××号行政判决，向本院提起上诉。本院受理后，依法组成合议庭，公开开庭审理了本案。上诉人陈××、席××、李××、马××、开××、周××、牛××及上诉人共同委托代理人×××，被上诉人××市住房保障和房屋管理局(以下简称市房管局)委托代理人×××、×××，被上诉人××市规划国土资源管理局(以下简称市规土局)的委托代理人×××、×××，原审第三人××市××区建设工程有限公司(以下简称××建设公司)的委托代理人×××到庭参加了诉讼。本案现已审理终结。

原审法院认定：陈××、席××、李××、马××、开××、周××、牛××系××路××弄小区业主。200×年××月××日，××市××区民防办公室同意××建设公司结合××住宅区项目建造民防工程，民防工程总面积××××平方米，平时用途为地下机动车停车库，战时用途为物资库。200×年××月××日，××建设公司取得××区××街道××街坊×宗地块×××××平方米土地的使用权，用以建造住宅。200×年××月××日，××建设公司取得××区××街道××三街坊建造商品住宅、地下车库的建设工程规划许可证，地下车库面积为××××平方米。200×年××月××日，××区房地产测绘所对房屋面积进行勘丈，核定地下车库总建筑面积为××××平方米。200×年××月××日，××市××区规划管理局对建设项目进了建设工程竣工规划验收。200×年××月××日，××市民防办公室对地下车库出具了民防工程竣工验收备案证明。同年××月××日，××建设公司向市房管局、市规土局提出××路××××弄地下车库的房屋初始登记申请，申请登记面积为××××平方米，并提供了相关文件。××市××区人民防空办公室在申请书上盖章。同年××月××日，市房管局、市规土局受理了××建设公司的房地产登记申请。经审核，市房管局、市规土局于200×年××月××日作出×房地×字(200×)第×××××号××市房地产权证的登记行为，该房地产权证上载明：权利人××建设公司，房地产坐落于××区××路××××弄地下车库，建筑面积为××××平方米等。陈××、席××、李××、马××、开××、周××、牛××对市房管局、市规土局作出的房地产登记行为不服，提起诉讼，要求撤销该颁证行为。

原审法院认为：市房管局、市规土局具有颁发房地产权证的主体资格。涉案地下车库系民防工程，《××市民防工程建设和使用管理办法》第二十条明确规定，民防工程的投资者可以按照房地产管理的有关规定取得民防工程的所有权，并按照本市房地产登记的有关规定办理所有权登记。依据《××市房地产登记条例》第二十五条、第二十六条、第二十七条和《××市房地产登记技术规定(试行)》的相关规定，本案系房屋所有权初始登记，该登记申请时须提交申请书、身份证明、记载土地使用权状况的房地产权证书、建设工程规划许可证、竣工验收证明、记载房屋状况的地籍图、房屋勘测报告等文件。市房管局、市规土局依据上述规定，对××建设公司的房地产登记申请材料予以审核，认为符合准予登记条件，认定的事实清楚，证据充分。市房管局、市规土局受理了登记申请后，在法定期限内完成审核，并将房地产权证颁发给××建设公司，行政程序符合法律规定。陈××等的诉讼请求，难以支持。原审遂依据最高人民法院《关于执行〈中华人民共和国行政诉讼法〉若干问题的解释》第五十六条第(四)项之规定，判决驳回陈××、席××、李××、马××、开××、周××、牛××的诉讼请求。判决后,陈××等7人不服,上诉于本院。

上诉人陈××等7人上诉称:被上诉人违反规定向原审第三人××建设公司核发涉案××路××××弄地下车库产权证,原审第三人在小区房屋全部出售十余年后又将地下车库分割出售,侵犯了小区业主的合法权益。涉案地下车库系民防工程,民防工程与其他房地产权利的登记应该是有所区别的,且×房地资市(200×)×号《关于印发××××的通知》规定,原审第三人取得的土地使用权是划拨,涉案民防工程战时作物资库,平时作地下车库使用,其所有权应为负责民防工程的主管单位××民防办所有,故原审第三人取得的房地产权证应予撤销。如将涉案民防设施分摊建设成本,则该地下车库所有人应为小区全体业主共有。涉案地下车库不是初始登记,××路××××弄所在小区房屋土地经初始登记,涉案地下车库登记应是房地产权利的其他登记。且×房地资市(200×)×号文规定,地下车库(位)不单独发证。故涉案的地下车库登记只能记载在地上建筑物的权利凭证附记栏内,不能进行单独发证。被上诉人准予登记不合法,原审判决认定事实不清,适用法律错误,故请求撤销原审判决,并改判支持上诉人的一审诉讼请求。

被上诉人市房管局、市规土局辩称:被上诉人根据当时施行的《××市房地产登记条例》及《××市房地产登记技术规定(试行)》等的相关规定,收取了原审第三人××建设公司提交的相关文件,经审查,原审第三人提交的材料符合上述规定,被上诉人向原审第三人颁证正确。涉案登记的是经立项批准的单建民防工程,未经登记,并没有明确的法律规定必须与商品房项目合并进行初始登记,原审第三人作为建设单位在房屋竣工后,申请初始登记。被上诉人作出登记时,在房地产登记簿及原审第三人的房地产权证附记栏中注记了"民防工程"。上诉人所提的不能单独发证,仅限于小业主购买的车库(位)不能单独发证。原审判决正确,故请求驳回上诉人的上诉请求,维持原审判决。

原审第三人××建设公司述称:同意被上诉人的意见。涉案地下车库的建造是依据单独的民防工程的批复,故分别申请办理初始登记。被上诉人的颁证行为合法有效。故要求依法驳回上诉人的上诉请求。

本院经审理查明:原审法院认定的事实清楚,本院依法予以确认。

本院认为:《××市民防工程建设和使用管理办法》(200×年××月××日××市人民政府令第×××号发布)第二十条规定,民防工程的投资者可以按照房地产管理的有关规定取得民防工程的所有权。民防工程的所有权登记,按照本市房地产登记的有关规定执行。原审第三人××建设公司于200×年××月××日经××市××区民防办公室同意,结合××街坊住宅区项目建造民防工程,民防工程总面积××××平方米,平时用途为地下机动车停车库,战时用途为物资库。后原审第三人经许可建设地下车库,并经规划验收、民防工程竣工验收。200×年××月，原审第三人向被上诉人市房管局、市规土局提出新建地下车库所有权初始登记，被上诉人依职权适用当时施行的《××市房地产登记条例》对申请进行审核。《××市房地产登记条例》第二十五条规定了新建房屋竣工验收合格后，房地产权利人申请房屋所有权初始登记，应当提交的具体文件。被上诉人的登记机构受理了原审第三人的申请后，对其提交的申请材料在法定期限内完成审核，认为材料齐全，符合规定的颁证条件。被上诉人遂将该初始登记事项记载于房地产登记册，并向原审第三人颁发了房地产权证，适用法律正确、程序合法。针对涉案地下车库系民防工程，被上诉人在登记时予以备注。上诉人认为涉案登记非初始登记，缺乏依据。×房地资市(200×)×号系关于地下车库(位)租售问题的规定，其中车库(位)不单独发证，是指对购买人不单独发车库(位)的产证，并非上诉人理解的不单独发大产证。关于上诉人提到的涉案地下车库属于全体业主的问题，可通过其他途径解决。综上，上诉人要求撤销本案被诉的地下车库所有权初始登记行为，缺乏事实证据和法律依据。原审法院判决驳回上诉人的诉讼请求，并无不当。据此，依照《中华人民共和国行政诉讼法》第六十一条第(一)项之规定，判决如下：

驳回上诉，维持原判。

二审案件受理费人民币 50 元，由上诉人陈××等 7 人共同负担。

本判决为终审判决。

【律师评述】

《××市民防工程建设和使用管理办法》第二十条规定，民防工程的投资者可以按照房地产管理的有关规定取得民防工程的所有权。民防工程的所有权登记，按照本市房地产登记的有关规定执行。

建设公司经民防办公室同意，结合住宅区项目建造民防工程，平时用途为地下机动车停车库，战时用途为物资库。经许可建设地下车库，并经规划验收、民防工程竣工验收，向房管局、市规土局提出新建地下车库所有权初始登记，根据《××市房地产登记条例》对申请进行审核后，依据《××市房地产登记条例》第二十五条规定新建房屋竣工验收合格后，房地产权利人申请房屋所有权初始登记，应当提交的具体文件，在法定期限内完成审核，认为材料齐全，符合规定的颁证条件，将该初始登记事项记载于房地产登记册，颁发了房地产权证，程序、事实清楚。

而关于陈先生等 7 人主张的涉案地下车库属于全体业主的问题，则属于物权法范畴的内容，不应通过行政诉讼解决，应当另行提起诉讼，通过主张确认权属的方式解决。

案例 43　××有限公司不服××行政管理局处罚决定上诉案

【案情介绍】

一公司向工商行政管理局检查总队举报，称其是一注册商标的合法持有人，另一公司销售与举报人相似或者完全相同的产品。

工商行政管理局检查总队立案调查后，作出《行政处罚听证告知书》，经听证会，听取申辩意见，检查总队作出行政处罚决定。

被举报公司不服，提出行政复议。复议机关复议后作出复议决定，维持了行政处罚决定。被举报公司不服，提起行政诉讼。

【行政上诉状】

上诉人(原审原告)：××有限公司。

住所：××市××区××弄××号××室。

法定代表人：×××，职务：总经理。

被上诉人(原审被告)：××市工商行政管理局。

住所：××市××弄××号。

法定代表人：×××，职务：局长。

上诉请求：

撤销××市××区人民法院(201×)×行初字第×××号行政判决书判决，依法撤销×工商检处字〔201×〕第××××××号行政处罚决定。

上诉理由：

上诉人认为原审未查清事实，认定事实有误。

1. 上诉人行为不构成商标侵权，被诉行政处罚决定认定的侵权主体有误。

上诉人与其他公司签订《委托加工合同》，上诉人提供技术监督人员协调生产管理事宜，提供原料、外包装及部分生产设备，委托其他公司按照要求生产加工各类水性内、外墙涂料系列产品，并收取加工费。

2. 被诉行政处罚决定程序违法，期限长达一年之久，远超法律规定期限，无法律依据。

请求二审法院查明事实，依法支持上诉人上诉请求。

【法院判决】

上诉人(原审原告)××有限公司(以下简称××公司)因工商行政处罚决定一案,不服××市××区人民法院(201×)×行初字第×××号行政判决,向本院提起上诉。本院于201×年××月××日立案受理后,依法组成合议庭,于201×年××月××日公开开庭进行了审理。上诉人××公司的委托代理人×××,被上诉人××市工商行政管理局(以下简称××局)的委托代理人×××、×××到庭参加诉讼。本案现已审理终结。

原审法院经审理查明:201×年××月××日,××行政管理局检查总队(以下简称检查总队)收到××××有限公司的举报,称其是"××××"和"××××"注册商标的合法持有人,××公司销售与举报人相似或者完全相同的产品,并在包装上印有"××××"和"××××"的字样。检查总队于同年××月××日对××公司立案调查。××公司于201×年××月××日与×××有限公司(以下简称×××公司)签订《委托加工合同》,由××公司提供技术监督人员协调生产管理事宜,提供原料、外包装及部分生产设备,委托×××公司按照××公司的要求生产加工各类水性内、外墙涂料系列产品,并收取加工费。××公司生产销售上述内外墙涂料的外包装塑料桶上印有"××××"和"××××"标识。这些标识由××公司自己设计,并指定××市××有限公司印制彩印膜,然后委托××××塑料制品有限公司生产塑料桶和贴膜,最后把标贴有"××××"和"××××"标识的成品塑料桶交×××公司。201×年××月至201×年××月期间,××公司生产销售标有"××××"和"××××"标识的各类内外墙涂料系列产品的经营额共计人民币××××××元。另查明,××有限公司是注册商标"××"、"××××"、"××××"的权利人,核定使用商品为第×类:××、××、××等。200×年××月,"××"商标被认定为驰名商标,201×年××月,"××"商标被认定为××市著名商标。因案情复杂,检查总队不能在立案之日起九十日内作出处理决定,201×年××月××日经负责人批准,该案延长三十日办理;201×年××月××日经批准继续延期。××公司的上述行为侵犯了××有限公司"××××"、"××××"的注册商标专有权,违反了《商标法》第五十二条第(五)项和《商标法实施条例》第五十条第(一)项的规定。检查总队于201×年××月××日作出《行政处罚听证告知书》,经××公司申请于201×年××月××日举行了听证会,听取了××公司的申辩意见。检查总队于201×年××月××日作出×工商检处字〔201×〕第×××××××××号行政处罚决定。××公司不服,向××市行政管理局提出行政复议。××市行政管理局于201×年×月×日作出复议决定,维持了行政处罚决定。××公司遂于201×年×月×日向原审法院提起行政诉讼。

原审法院认为，××市人民政府法制办公室200×年×月第×号《公告》明确，根据《中华人民共和国行政处罚法》的规定，经××市人民政府授权，对检查总队等93家具有行政处罚实施主体资格的单位名单予以公告，故检查总队具有法定的行政处罚主体资格。检查总队对不正当竞争的行为有权作出处罚。因检查总队不具备诉讼主体资格，相对人对其作出的处罚决定不服，应以××行政管理局作为被告提起诉讼。

××有限公司所持有的"××"注册商标被评为驰名商标、××市著名商标，可见××品牌的涂料及相关注册商标在行业上具有较高知名度，为一般公众所熟悉。××公司生产销售标有"××××"和"××××"标识的各类内、外墙涂料系列产品，属于《中华人民共和国商标法实施条例》第五十条第(一)项所列的行为，即"在同一种或者类似商品上，将与他人注册商标相同或者近似的标志作为商品名称或者商品装潢使用，误导公众的"，其行为侵犯了权利人××有限公司的注册商标专用权。检查总队对××公司的侵权行为依法作出处罚，事实清楚，适用法律、法规正确，程序合法，法院应予维持。××公司认为检查总队在案件延长办理期限方面存在错误，请求法院予以撤销被诉具体行政行为，法院在审理中查实检查总队作出处罚的立案、调查、案件延长办理期限及听证等程序，符合相关规定。据此，依照《中华人民共和国行政诉讼法》第五十四条第(一)项之规定，判决维持××市工商行政管理局检查总队于201×年××月××日作出×工商检处字〔201×〕第××××××号行政处罚决定的具体行政行为。

判决后，××公司不服，向本院提起上诉，请求本院依法撤销×工商检处字〔201×〕第××××××号行政处罚决定。理由是：1. 其行为不构成商标侵权，被诉行政处罚决定认定的侵权主体有误；2. 被诉行政处罚决定程序违法，期限长达一年之久，无法律依据。

被上诉人××市工商行政管理局辩称：1. 案外人××××××有限公司(以下简称××××××公司)与××公司签订过授权书，授权××公司在其经营范围内的一切对外展示和业务事宜中使用××××××的名称和标志标识；制造各类水性内、外墙建筑装饰并负责监制和产品销售，还约定由××公司委托×××公司实施贴牌加工。××公司自行设计"××××"和"××××"标识，并指定其他公司印制彩印膜，还委托其他公司生产塑料桶和贴膜，再把标贴有"××××"和"××××"标识的成品塑料桶交×××公司。最后由××公司对外销售标有"××××"和"××××"标识的各类内外墙涂料系列产品。因此，商标侵权行为均由××公司实施，被诉行政处罚决定认定侵权主体为××公司具有事实和法律依据。2. 本案案情复杂，根据国家工商总局的规定，经集体讨论决定可以延期且无截止期限。另，××公司不配合调查，一度逃避检查，还提出两次延期听证的请求，案件长达一年作出决定系××公司之故。请求二审法院维持原判。

二审庭审中，被上诉人仍以向原审法院提供的职权、事实、法律和程序四个方面的证据和依据证明其作出被诉行政处罚决定合法，上诉人对上述证据和依据均无异议，二审法院对原判查明的事实予以确认。

本院认为：第一，××××××有限公司是注册商标“××××”、“××××”的权利人，其商标权依法受到《商标法》的保护。根据《商标法》第五十二条第(五)项有关“有下列行为之一的，均属侵犯注册商标专用权：……(五)给他人的注册商标专用权造成其他损害的”和《商标法实施条例》第五十条第(一)项有关“有下列行为之一的，属于商标法第五十二条第(五)项所称侵犯注册商标专用权的行为：(一) 在同一种或者类似商品上，将与他人注册商标相同或者近似的标志作为商品名称或者商品装潢使用，误导公众的……”的规定，××公司设计“××××”和“××××”标识，委托案外人印制彩印膜、生产塑料桶和贴膜，并对外销售标有“××××”和“××××”标识的成品桶涂料，容易使相关公众产生商品来源的混淆，其行为属于《商标法实施条例》第五十条第(一)项规定的商标侵权行为。被上诉人据此对××公司作出行政处罚于法有据，应予支持。××公司辩称其行为不构成商标侵权，被诉行政处罚决定认定的侵权主体有误的上诉理由缺乏法律依据，不予支持。第二，《行政处罚法》对行政机关适用一般程序处理的案件没有作出时限的规定。《工商行政管理机关行政处罚程序规定》第五十七条规定：“适用一般程序处理的案件应当自立案之日起九十日内作出处理决定；案情复杂，不能在规定期限内作出处理决定的，经工商行政管理机关负责人批准，可以延长三十日；案情特别复杂，经延期仍不能作出处理决定的，应当由工商行政管理机关有关会议集体讨论决定是否继续延期。”本案因牵涉境外公司，案情复杂，检查总队在延期三十日后仍不能及时处理，故在集体讨论后，决定继续延期。被上诉人的行为并不违反法律规定。××公司认为被上诉人存在程序违法的理由依据不足，本院不予支持。

综上所述，原审判决维持检查总队于201×年××月××日对上诉人××公司作出×工商检处字〔201×〕第××××××号行政处罚决定的具体行政行为并无不当，应予维持。上诉人××公司的上诉请求缺乏事实和法律依据，本院不予支持。据此，依照《中华人民共和国行政诉讼法》第六十一条第(一)项之规定，判决如下：

驳回上诉，维持原判。

上诉案件受理费人民币 50 元，由上诉人××有限公司负担。

本判决为终审判决。

【律师评述】

职权、事实、法律和程序四个方面的证据和依据，是每一个行政诉讼需要厘清的基本内容。

举报的公司是注册商标“××××”、“××××”的权利人，其商标权依法受到《商标法》的保护。

根据《商标法》第五十二条第(五)项有关“有下列行为之一的，均属侵犯注册商标专用权：……(五)给他人的注册商标专用权造成其他损害的”和《商标法实施条例》第五十条第(一)项有关“有下列行为之一的，属于商标法第五十二条第(五)项所称侵犯注册商标专用权的行为：(一) 在同一种或者类似商品上，将与他人注册商标相同或者近似的标志作为商品名称或者商品装潢使用，误导公众的……”的规定，上诉人设计“××××”和“××××”标识，委托案外人印制彩印膜、生产塑料桶和贴膜，并对外销售标有“××××”和“××××”标识的成品桶涂料，容易使相关公众产生商品来源的混淆，其行为属于《商标法实施条例》第五十条第(一)项规定的商标侵权行为。

《行政处罚法》对行政机关适用一般程序处理的案件没有作出时限的规定。《工商行政管理机关行政处罚程序规定》第五十七条规定：适用一般程序处理的案件应当自立案之日起九十日内作出处理决定；案情复杂，不能在规定期限内作出处理决定的，经工商行政管理机关负责人批准，可以延长三十日；案情特别复杂，经延期仍不能作出处理决定的，应当由工商行政管理机关有关会议集体讨论决定是否继续延期。经法院查明，本案因牵涉境外公司，案情复杂，检查总队在延期三十日后仍不能及时处理，在集体讨论后，决定继续延期，属于依法进行的程序。

从以上看出，无论是职权、事实还是法律和程序，这个案件中，工商行政管理局所做的处罚决定都是经得起检验的。

案例44　黎××不服××市××区人民政府征收决定上诉案

【案情介绍】

规土局向绿化管理署颁发了《建设用地规划许可证》，随后住房局公布了《关于房屋征收不得实施相关行为的公告》及《××公共绿地（二期）基地房屋征收与补偿方案（征求意见稿）》，就征收补偿方案开展意见征求工作，其中载明征收范围、补偿方式、受委托的房屋事务所名称等事项。

黎先生的房屋位于征收范围内，黎先生还在自己房屋地址注册了公司，自己为公司法定代表人。

后征收服务事务所有限公司向黎先生等被征收人送达该方案征求意见稿、决定书等征收文件。

黎先生不服房屋征收决定，申请行政复议。

复议机关经过复议后维持房屋征收决定。

黎先生仍不服，提起行政诉讼。一审判决后不服，遂提起上诉。

【行政上诉状】

上诉人（原审原告）：黎××，男，196×年××月××日生，汉族，住××市××区×××路××号×××室。

被上诉人（原审被告）：××市××区人民政府。

住所：××市×××路××号。

法定代表人：××，职务：区长。

上诉请求：

撤销××市××区人民法院（201×）×行初字第××号行政判决书判决，改判支持上诉人原审诉讼请求。

上诉理由：

上诉人是本市××路××号××幢房屋权利人，房屋建筑面积××××平方米，上诉人是××××有限公司法定代表人，该公司注册地址为本市××区××路××号××幢。

上诉人在一审中提供了×××项目的使用权挂牌出让公告及设计图，显示房屋征收决定的目的系为了×××商业文化项目建设。原审法院认定房屋征收目的符合公共利益需要,属认定事实错误。

征收补偿方案未列明房屋产权调换的补偿方式、用于产权调换房屋的基本情况和选购方法、房屋征收补偿标准和计算方法等内容,违反了《征收条例》和《征收细则》的规定。

征收补偿方案征求意见稿并未载明征求意见的截止期限,上诉人在30日后提出的意见,征收机构应予采纳。

征收过程中评估机构评选程序严重违法。

综上,因房屋征收决定实体和程序均严重违法,依法应予撤销,故请求二审法院撤销原判,改判支持上诉人的原审诉讼请求。

【法院判决】

上诉人黎××因房屋征收决定一案,不服××市××区人民法院(201×)×行初字第××号行政判决,向本院提起上诉。本院于201×年××月××日立案后,依法组成合议庭,于201×年××月××日公开开庭审理了本案。上诉人黎××及其委托代理人×××,被上诉人××市××区人民政府(以下简称××区政府)的委托代理人××、×××到庭参加了诉讼。本案现已审理终结。

原审查明,201×年××月××日,××市××区规划和土地管理局(以下简称××规土局)向××市××区绿化管理署颁发了《建设用地规划许可证》,用地项目名称××公共绿地二期,用地位置××路西侧、××公共绿地一期北(详见附图),用地性质公共绿地(含市政公用设施等),用地面积×××××平方米,另市政道路用地约××××平方米,河道用地约××××平方米。2012×年××月××日,××规土局将上述许可证有效期顺延到201×年××月××日止。201×年××月××日,××市××区住房保障和房屋管理局(以下简称××住房局)公布了《关于房屋征收不得实施相关行为的公告》。201×年××月××日,××住房局公布了《××公共绿地(二期)基地房屋征收与补偿方案(征求意见稿)》,就征收补偿方案开展意见征求工作,其中载明:征收范围××路××号、××路××号、××路××号及路边公共卫生设施;非居住房屋补偿:本基地采用货币补偿方式进行补偿,对被征收人的补偿金额公式为评估价格×100%,同时载明停产停业损失补偿及签约期限、搬迁奖励、受委托的房屋事务所名称等事项。201×年××月××日,××市××第×房屋征收服务事务所有限公司向黎××等被征收人送达该方案征求意见稿。201×年××月,××住房局对该地块房屋征收与补偿进行了社会稳定风险评估,编制了《社会稳定风险综合评估报告》。201×年××月××日,××市××区财政局出具《房屋征收补偿费用证明》,证明××住房局已将××公共绿地(二期)工程房屋征收补偿预算费用人民币××××万元足额存入该局房屋征收补偿费用专用账户内。201×年××月××日，××区政府作出《××区××公共绿地(二期)基地房屋征收补偿方案征询情况公示》，表示在30日征询期间，未收到房屋征收补偿方案(征求意见稿)的相关书面建议。201×年××月××日，××区政府作出×府房征[201×]××号《房屋征收决定》，决定征收东至××路，南至××公共绿地(一期)，西至××路，北至××路范围内的房屋，同时收回该范围内国有土地使用权。该决定附《××公共绿地(二期)基地房屋征收补偿方案》，并在征收范围内公告。

原审另查明，黎××系本市××路××号××幢房屋权利人，房屋建筑面积××××平方米，黎××系××××有限公司法定代表人，该公司注册地址为本市××区××路××号××幢。黎××不服房屋征收决定，申请行政复议。××市人民政府行政复议决定维持房屋征收决定。黎××仍不服，以房屋征收决定名为公共利益实为商业文化项目建设、征收补偿方案仅列明货币补偿方式剥夺了其选择房屋产权调换的权利、估价机构评选程序违法等为由，向原审法院提起行政诉讼，请求撤销××区政府作出的×府房征[201×]××号房屋征收决定(含征收补偿方案)的行政行为。

原审认为，××区政府依法具有作出房屋征收决定的行政职权。本案中，××区政府根据建设用地规划许可认定本次征收目的为公共绿地(含市政公用设施等)并确定房屋征收范围，符合《国有土地上房屋征收与补偿条例》(以下简称《征收条例》)和《××市国有土地上房屋征收与补偿实施细则》(以下简称《征收细则》)有关征收房屋符合社会公共利益需要的要求。××区政府在房屋征收范围内公告不得实施的行为，对被征收房屋基本情况进行调查，征求被征收人对补偿方案的意见并将征询情况予以公示，审核了征收补偿费用，进行社会稳定风险评估后作出房屋征收决定并及时公告，符合《征收细则》第九条至第十一条、第十三条至第二十条的规定，认定事实清楚、证据充分、适用法律法规正确，执法程序并无不当。黎××主张房屋征收决定的目的为×××项目的商业开发，提供了×××项目的使用权挂牌出让公告及设计图。上述证据表明，×××项目地块与本案被征收地块系相邻关系，实质范围并无重叠，故黎××的主张不能成立。黎××以补偿方案没有列明选择房屋产权调换的补偿方式、用于产权调换房屋的基本情况和选购方法、征求意见期限等事项为由要求撤销房屋征收决定及征收补偿方案，××区政府辩称征求意见稿虽未载明征求意见期限，但该府于201×年××月××日公示补偿方案征求意见稿，同年××月××日作出房屋征收决定，公示期间符合《征收条例》及《征收细则》关于不得少于30日的规定。在此期间黎××未对补偿方案提出意见，故执法程序并无不当。原审法院对该答辩理由予以认可。且××区政府提供的补偿方案征求意见稿及送达回证、公示照片、征询情况公示及照片等证据，可以证明该府在作出房屋征收决定之前向

×××发放了补偿方案征求意见稿，在房屋征收范围内征求意见并公布征求意见情况和补偿方案，履行了征收补偿方案的公告程序义务。黎××分别于同年×月、×月对征收补偿方案提出异议之时，××区政府已经作出房屋征收决定，黎××的该项主张难以支持。黎××关于评估机构评选程序违法的主张不属于本案审查范围。黎××起诉要求撤销房屋征收决定(含补偿方案)，缺乏充分的事实和法律依据，不予支持。遂依照最高人民法院《关于执行〈中华人民共和国行政诉讼法〉若干问题的解释》第五十六条第(四)项之规定，判决驳回黎××的诉讼请求。判决后，黎××不服，上诉于本院。

上诉人黎××上诉称：被诉房屋征收决定的目的系为了×××商业文化项目建设，原审法院认定房屋征收目的符合公共利益需要属认定事实错误；征收补偿方案未列明房屋产权调换的补偿方式、用于产权调换房屋的基本情况和选购方法、房屋征收补偿标准和计算方法等内容，违反了《征收条例》和《征收细则》的规定；因征收补偿方案征求意见稿未载明征求意见的期限，故上诉人在30日后提出的意见应予采纳。被诉房屋征收决定实体和程序均严重违法，依法应予撤销，故请求二审法院撤销原判，改判支持上诉人的诉讼请求。

被上诉人××区政府辩称：被上诉人根据建设用地规划许可证确定用地性质为公共绿地，故被诉房屋征收决定的目的是公共利益；本次被征收房屋均为非居住房屋，房屋征收部门提供货币补偿方式并无不当，且上诉人可以与房屋征收部门协商以产权房屋调换；征收补偿方案的公示期间超过了法定30日，上诉人对该方案的意见在房屋征收决定作出后提出，故无法采纳。被诉房屋征收决定合法，请求二审法院驳回上诉，维持原判。

二审庭审中，被上诉人××区政府仍以一审时已向原审法院提供的证据、依据，证明其作出的房屋征收决定合法。另，上诉人黎××提供了××住房局编制的《社会稳定风险综合评估报告》、××规土局《关于审定×××公共绿地的决定》、××市××区发展和改革委员会《关于×××公共绿地(二期)项目可行性研究调整报告的批复》《××时报》《××××配套商业文化项目向社会征名启事》四份证据，证明被诉房屋征收决定的目的是×××商业文化项目建设，并非为了公共利益。被上诉人对上述证据的真实性无异议，但认为×××项目包括文化项目、商业项目和配套设施等，×××公共绿地是配套的公共利益项目，上诉人的举证意见不能成立。本院认为，上诉人二审中提供的证据具有真实性，但不能证明×××公共绿地(二期)并非为了公共利益需要的主张，故本院对上诉人的举证意见，不予采信。本院对被诉房屋征收决定进行了全面审查，并听取了双方当事人的举质证和诉辩称意见后查明，原审查明的事实无误，本院予以确认。

本院认为，根据《征收条例》《征收细则》的规定，被上诉人××区政府负责本行政区域的房屋征收与补偿工作，为了公共利益的需要确需征收房屋的，具有作出房屋征收决定的行政职权。《征收条例》《征收细则》均在第二章对房屋征收决定作出的条件、前提、步骤和程序等予以了规定。被上诉人作出被诉房屋征收决定前，根据建设用地规划许可证确定了用地性质和房屋征收范围，公告了房屋征收范围确定后不得实施的行为，在房屋征收范围内公布了房屋征收部门拟定的征收补偿方案征求被征收人意见，并及时公布了征求意见情况，另审核了房屋征收部门编制的《社会稳定风险综合评估报告》，确保征收补偿费用足额到位，符合上述规定。上诉人的上诉理由均已在一审审理过程中提出，原审法院对此已作阐述，本院不再赘述。综上，原审判决驳回上诉人黎××的诉讼请求并无不当，本院应予维持。上诉人的上诉请求及理由缺乏事实根据和法律依据，本院不予支持。据此，依照《中华人民共和国行政诉讼法》第六十一条第(一)项之规定，判决如下：

驳回上诉，维持原判。

上诉案件受理费人民币 50 元，由上诉人黎××负担(已付)。

本判决为终审判决。

【律师评述】

本案中，黎先生主张房屋征收决定的目的为商业开发，提供了×××项目的使用权挂牌出让公告及设计图，而法院调查后认定图纸项目地块与本案被征收地块系相邻关系，实质范围并无重叠。黎先生的这个看起来最有利的证据，被彻底否定。

黎先生以补偿方案没有列明选择房屋产权调换的补偿方式、用于产权调换房屋的基本情况和选购方法、征求意见期限等事项为由要求撤销房屋征收决定及征收补偿方案，从公示补偿方案征求意见稿、作出房屋征收决定等过程看，黎先生知悉却未对补偿方案提出意见。

案件中补偿方案征求意见稿及送达回证、公示照片、征询情况公示及照片等证据，则进一步显示，黎先生对征收补偿方案提出异议之时，区政府已经作出房屋征收决定。

黎先生未能在法定时间、程序中提出自己的异议，自己提供的证据又不能证明自己的主张，更为不利的是，法院认定黎先生关于评估机构评选程序违法的主张不属于本案审查范围，让黎先生提起本案诉讼彻底失败。

本案给我们的启示是，行政诉讼中一定要梳理好证据，对自己的行为也要做全面分析，在提出主张、力争诉讼时，还要分析利弊。

案例 45　杨××诉××区规划和土地管理局土地行政登记案(二审)

【案情介绍】

杨女士向区规土局书面申请,申请书的内容为:"申请人杨××原先与父亲×××及妹妹×××共同居住在××镇××村××号。该处宅基地的使用权人登记为×××,申请人婚后生子与父母分户。199×年申请人申请了××镇××路××××弄××号宅基地。经批准后,父母出资建造了房屋。后经变更为父母与×××一户申请,该处房屋的产权登记人为×××,同时拆除旧房[×府土(××)×××号]方可建房。然而,××村××号宅基地的使用证并未变更,权利人仍为×××,申请人并未知情。此情况违反了土地管理法中一户只能拥有一处宅基地的规定,剥夺了申请人应有的公民权利。因申请人与父亲××早已分户,故原有的××村××号未曾拆除,但××村××号宅基地使用证应予以变更,权利人应由×××变更为申请人杨××。特此申请。"

区规土局向杨女士作出《土地变更登记申请答复意见》,要求杨女士在收到答复书后三十日内补充提供资料,在杨女士补充资料前,暂不受理变更登记的申请。同时告知,如杨女士在收到答复书后三十日内未能补充提供上述资料,或所提供的资料不完整,将视为放弃本次申请。

杨女士收到《答复意见》后未补充提供材料,后诉至法院。一审判决后不服,遂提起上诉。

【行政上诉状】

上诉人(原审原告): 杨××,女,197×年××月××日生,汉族,住××市××区×××路××号×××室。

被上诉人(原审被告): ××市××区规划和土地管理局。

住所:××市××路××号。

法定代表人:×××,职务:局长。

原审第三人: ×××,197×年××月××日生,汉族,住××市××区×××路××号×××室。

上诉请求：

1. 撤销××市××区人民法院作出的(201×)×初字第××号行政判决书判决。

2. 撤销被上诉人作出的《答复意见》，将××号宅基地使用证上的权利人更正登记为上诉人。

上诉理由：

上诉人与父亲×××及妹妹×××共同居住在××市××区××镇××村××号，该处宅基地使用证登记的权利人为×××。上诉人婚后与父母分户，并于199×年与儿子申请了××号宅基地。

后×××承诺将××号宅基地的房屋交予上诉人翻新使用，新申请××号宅基地就由他们出资建造了房屋。

在上诉人不知情的情况下，该宅基地的申请人变更为×××与×××一家三口，该处房屋的产权人登记为了×××。

上诉人认为，×××作为××号宅基地的造房申请人，同时又是××号宅基地使用证的权利人，此情形显然违反了土地管理法中关于一户只能拥有一处宅基地的规定，同时也造成了上诉人要求翻造××号宅基地上的房屋的申请未能获批。

××号宅基地上的房屋建造上诉人也有出资，并非仅由第三人和×××出资。

《农村宅基地管理条例》第十七条规定，经县级人民政府批准，对下列宅基地可注销其土地使用权证，并由村民委员会或经济合作社收回宅基地使用权。其中第(一)项规定，新批宅基地时向村民委员会或村经济合作社承诺建新拆旧，新建房屋竣工后三个月内不拆旧房的原宅基地。

因此上诉人认为，被上诉人完全可以依法先行注销××号宅基地使用证，另行颁发新证。也正是被上诉人的这种不作为，造成了目前××号宅基地使用证有错不改的状况，上诉人也无法申请建房，正当权利无法行使；上诉人认为其申请从措辞上虽然是“变更”两字，但从内容看是属于更正登记。故请求二审法院撤销原判；撤销被上诉人作出的《答复意见》，将××号宅基地使用证上的权利人更正登记为上诉人。

【法院判决】

上诉人杨××因土地行政登记一案，不服××市××区人民法院(201×)×初字第××号行政判决，向本院提起上诉。本院于201×年××月××日立案后，依法组成合议庭，于201×年××月××日公开开庭审理了本案。上诉人杨××及其委托代理人×××，被上诉人××市××区规划和土地管理局(以下简称××区规土局)的委托代理人×××、×××,第三人×××到庭参加了诉讼。本案现已审理终结。

经审理查明,201×年××月××日,××区规土局收到杨××的书面申请,申请书的内容为:“申请人杨××原先与父亲×××及妹妹×××共同居住在××镇××村××号。该处宅基地的使用权人登记为第三人×××,申请人婚后生子与父母分户。199×年申请人申请了××镇××路××××弄××号宅基地。经批准后,父母出资建造了房屋。后经变更为父母与×××一户申请,该处房屋的产权登记人为×××,同时拆除旧房[×府土(××)×××号]方可建房。然而,××村××号宅基地的使用证并未变更,权利人仍为×××,申请人并未知情。此情况违反了土地管理法中一户只能拥有一处宅基地的规定,剥夺了申请人应有的公民权利。因申请人与父亲×××早已分户,故原有的××村××号未曾拆除,但××村××号宅基地使用证应予以变更,权利人应由×××变更为申请人杨××。特此申请。”201×年××月××日,××区规土局向杨××作出×规土信复××××××号《土地变更登记申请答复意见》(以下简称《答复意见》),其内容为:“我局收到您要求将××镇××村××号宅基地(以下简称××号宅基地)变更登记至您名下的申请资料,现结合您所提供的初步资料答复如下:因您要求对××号宅基地进行‘变更登记’,并不属于我国《土地登记办法》第七条所规定的单方申请事项,故依据《土地登记办法》第七条、第九条、第十二条(三)项等相关规定,要求您在收到本答复书后三十日内补充提供下述资料:(一)由××号宅基地的权利人×××等共同签署确认的《土地登记申请书》;(二)×××等全部申请人的身份证明材料及联系地址和联系方式;(三)您本人对××号宅基地享有使用权的证明文件;(四)您本人已经依法取得××号宅基地上房屋权属的证明文件;(五)原土地权利证书原件[×集宅(××)字第××号××市农村宅基地使用证]。在您补充提供上述资料之前,我局暂不受理您对××号地块‘变更登记’的申请。如您在收到本答复书后三十日内未能补充提供上述资料,或所提供的资料不完整,我局将视为您已放弃本次申请。”杨××收到上述《答复意见》后未补充提供材料。杨××于201×年××月诉至原审法院。

杨××原审诉称,其与父亲×××及妹妹×××共同居住在××市××区××镇××村××号,该处宅基地使用证登记的权利人为×××。杨××婚后与父母分户,并于199×年与儿子申请了××号宅基地,且经批准。后×××承诺将××号宅基地的房屋交予杨××翻新使用,新申请××号宅基地就由他们出资建造了房屋,并且在杨××不知情的情况下,该宅基地的申请人变更为×××与×××一家三口,该处房屋的产权人后登记为×××。杨××认为,×××作为××号宅基地的造房申请人,同时又是××号宅基地使用证的权利人,此情形显然违反了土地管理法中关于一户只能拥有一处宅基地的规定，同时也造成了杨××要求翻造××号宅基地上的房屋的申请未能获批，故向××区规土局申请要求将原有的××号宅基地使用证上的权利人变更为杨××，但××区规土局向杨××出具了《答复意见》，对杨××的申请不予受理。为此，杨××请求法院撤销上述《答复意见》，将××号宅基地使用证上的权利人变更为杨××。

××区规土局原审辩称，其依法享有受理土地变更登记的职责，对杨××申请变更登记××号宅基地使用证的权利人的事实认定清楚，对杨××的答复内容与答复程序也均符合我国现行规定，依法应予以维持。杨××未能补充提供资料是××区规土局不能依法受理杨××申请对××号宅基地使用证的权利人进行变更登记的直接原因，要求驳回杨××的诉讼请求。

第三人×××原审述称，××号宅基地上的房屋是×××与丈夫×××于198×年共同出资建造的，杨××与×××、×××三个女儿都是在上述房屋内结婚的，由于住房紧张，×××向大队申请让女儿分户出去造房，并争取到一个女儿的分户名额。199×年，×××为杨××申请了××号宅基地，并出资打了地基，但杨××放弃了当时的造房机会，×××觉得可惜，就让×××建房，于是×××向村里递交了建房用地申请，并经批准后在××号宅基地上建造了现在房屋。综上，××号宅基地上的房屋是×××建造的，与杨××无关，××号宅基地上的房屋是×××与丈夫建造的，且××号宅基地上的房屋三个女儿都有权利，杨××要求×××把××号宅基地上的房屋拆掉，用于杨××建造属于其个人所有的房屋，并要求把宅基地使用证变更给杨××，侵犯了其他两个女儿的权利，×××不同意，况且杨××夫妻在他处已有两套住房。综上，同意××区规土局的意见，要求驳回杨××的诉讼请求。

原审认为，《中华人民共和国土地管理法实施条例》第六条规定，依法改变土地所有权、使用权的，因依法转让地上建筑物、构筑物等附着物导致土地使用权转移的，必须向土地所在地的县级以上人民政府土地行政主管部门提出土地变更登记申请，由原土地登记机关依法进行土地所有权、使用权变更登记……；《土地登记办法》第三条规定，土地登记实行属地登记原则。申请人应当依照本办法向土地所在地的县级以上人民政府国土资源行政主管部门提出土地登记申请……。依据上述规定，××区规土局具有就杨××的要求对宅基地使用权人进行变更登记的申请进行处理的法定职责。本案××区规土局在收到杨××的申请后，依法进行了审核，并向杨××作出了书面答复意见，告知杨××其申请不属于《土地登记办法》第七条所规定的单方申请事项，应当根据该办法的相关规定补充提供资料，并将应当提供的资料一一列明。该答复符合《土地登记办法》第十二条第(三)项的规定，即“申请材料不齐全或者不符合法定形式的，应当当场或者在五日内一次告知申请人需要补正的全部内容”。

杨××提出其申请变更登记的实质是要求对宅基地使用证上登记的权利人予以更正。根据《土地登记办法》第七条第(六)项的规定，应当属于可单方申请的事项，故杨××无需根据××区规土局的要求补充提供××号宅基地其他所有家庭成员的共同签署确认的申请书等相关资料。原审认为，杨××的上述陈述意见理由不能成立。首先，土地更正登记与土地变更登记是两个完全不同的概念，更正登记适用于土地登记自始至终都是错误的情形，而本案杨××申请书的内容显示其申请的是变更登记而非更正登记；其次，××区规土局之所以要求杨××补充提供其他所有家庭成员共同签署确认的申请书等相关资料，是由于××号宅基地上还有×××等人建造的房屋，且当初建房用地时的申请人包含了杨××、×××及杨××的父亲、两个妹妹在内的所有家庭成员，杨××申请宅基地使用权人变更必须与其他所有申请人协商取得一致意见；反之，××区规土局如仅根据杨××的申请就将××号宅基地的使用权人变更登记为杨××可能会侵害到×××等其他家庭成员的利益。综上，对于杨××的诉讼请求，难以支持。

据此，原审法院依照最高人民法院《关于执行〈中华人民共和国行政诉讼法〉若干问题的解释》第五十六条第(四)项之规定，判决驳回杨××的诉讼请求。判决后，杨××不服，上诉于本院。

上诉人杨××诉称，××号宅基地上的房屋建造上诉人也有出资，并非仅由第三人和×××出资；《农村宅基地管理条例》第十七条规定，经县级人民政府批准，对下列宅基地可注销其土地使用权证，并由村民委员会或经济合作社收回宅基地使用权。其中第(一)项规定，新批宅基地时向村民委员会或村经济合作社承诺建新拆旧，新建房屋竣工后三个月内不拆旧房的原宅基地。因此上诉人认为，被上诉人完全可以依法先行注销××号宅基地使用证，另行颁发新证。也正是被上诉人的这种不作为，造成了目前××号宅基地使用证有错不改的状况，上诉人也无法申请建房，正当权利无法行使；上诉人认为其申请从措辞上虽然是“变更”两字，但从内容看是属于更正登记。故请求二审法院撤销原判；撤销被上诉人作出的《答复意见》，将××号宅基地使用证上的权利人更正登记为上诉人。

被上诉人××区规土局辩称，其坚持原审答辩意见。上诉人始终不能明确自己的请求事项，上诉人在行政程序向被上诉人申请时要求变更登记，在法院审理程序中又提出要求更正登记，上诉理由中又认为应当注销登记；无论上诉人是否对系争宅基地出资建房，均不能否定第三人对系争宅基地上建筑物依法享有所有权的事实，上诉人未能提供地上建筑物所有权已发生变更的相应材料前，被上诉人依法不能受理对系争宅基地使用权进行变更登记的申请；××户在199×年是申请“分户建房”，并非与本案系争宅基地上的所有权利人共同申请“易地新建”，××户在申请“分户建房”时，并未承诺过“新建拆旧”，被上诉人没有任何依据和理由拆除本案系争宅基地上建筑物并收回宅基地。上诉人所依据的《农村宅基地管理条例》第十七条并不适用于本案系争宅基地;上诉人申请对系争宅基地进行变更登记,被上诉人经审核,依据《土地登记办法》等规定,向上诉人作出《答复意见》,告知上诉人需补正其材料,符合法律规定,但上诉人始终未补正其材料,被上诉人难以受理其变更登记申请。故请求二审法院维持原判。

第三人×××述称,其坚持原审述称意见。同意被上诉人意见。原审判决认定事实清楚,适用法律正确,请求二审法院维持原判。

二审开庭审理中,被上诉人仍以其向原审法院提交的职权、事实、法律及程序方面的证据和依据证明其作出被诉《答复意见》行政行为合法。本院对被诉《答复意见》行政行为进行了全面审查,并在审理中充分听取了各方当事人的举、质证意见。经审理查明,原审法院查明的事实基本无误,但本案系争宅基地上房屋究竟由谁出资建造,并非对被诉《答复意见》行政行为合法性审查的要件事实,原审法院予以查明,有所不当,本院予以指正。

本院认为,被上诉人依法具有作出被诉《答复意见》行政行为的职权。根据《土地登记办法》第五章(变更登记)第三十八条的规定,本办法所称变更登记,是指因土地权利人发生改变,或者因土地权利人姓名或者名称、地址和土地用途等内容发生变更而进行的登记。第七章(其他登记)第五十九条规定,土地权利人认为土地登记簿记载的事项错误的,可以持原土地权利证书和证明登记错误的相关材料,申请更正登记。《土地登记办法》第二章(一般规定)第七条规定,土地登记应当由当事人共同申请,但有下列情形之一的,可以单方申请;第九条规定,申请人申请土地登记,应当根据不同的登记事项提交下列材料。根据上述规定,变更登记与更正登记系完全不同的土地登记事项,分别规定在第五章(变更登记)和第七章(其他登记)中,其法律概念、申请形式、登记的程序、所需提交的材料、审查的要件等均不相同。从上诉人申请书载明的内容看,上诉人也并非是由于土地登记簿记载的事项错误要求予以更正,而是认为系争宅基地的使用权人应予变更为上诉人,故提出系争宅基地使用权人变更登记的申请。上诉人认为本案其向被上诉人的土地登记申请名为变更登记实为更正登记,缺乏依据。《土地登记办法》第十二条第(三)项规定,申请材料不齐全或者不符合法定形式的,应当当场或者在五日内一次告知申请人需要补正的全部内容。由于上诉人提出的变更登记申请不属于《土地登记办法》第七条所规定的单方申请事项,被上诉人依据《土地登记办法》第七条、第九条、第十二条第(三)项等相关规定作出《答复意见》,要求上诉人在规定期限内补充提供材料,在上诉人补充提供上述材料之前,暂不受理上诉人的变更登记申请,并告知上诉人如在规定期限内未能补充提供材料或提供的材料不完整,被上诉人将视为上诉人已放弃本次申请,被上诉人作出《答复意见》的主要证据充分,适用法律正确,执法程序并无不当。至于审理中各方当事人提及的系争宅基地上房屋由谁出资建造、第三人及××系“分户建房”还是“易地新建”、是否违反“一户一处宅基地”的规定,有关机关应否注销系争宅基地的土地使用权证、目前何人应是系争宅基地的土地使用权人、系争宅基地上的房屋权利归属争议问题与本案并非同一法律关系,不属本案被诉《答复意见》行政行为合法性审查范围,相关当事人可通过友好协商或依法另行救济。

综上所述,原审判决驳回上诉人的诉讼请求并无不当,本院应予维持。上诉人的上诉请求,缺乏事实根据和法律依据,本院不予支持。据此,依照《中华人民共和国行政诉讼法》第六十一条第(一)项之规定,判决如下:

驳回上诉,维持原判。

上诉案件受理费人民币50元,由上诉人杨××负担(已付)。

本判决为终审判决。

【律师评述】

土地更正登记与土地变更登记是两个完全不同的概念。更正登记适用于土地登记自始至终都是错误的情形,而本案杨女士申请书的内容显示其申请的是变更登记而非更正登记。这告诉我们,在行政诉讼中,细节往往决定成败。

二审法院在判决书明确写明:“经审理查明,原审法院查明的事实基本无误,但本案系争宅基地上房屋究竟由谁出资建造,并非对被诉《答复意见》行政行为合法性审查的要件事实,原审法院予以查明,有所不当,本院予以指正”,则从行政诉讼审理的角度,对一审法院审理案件本身提出了意见,也值得我们借鉴。

更为值得提出的是,法院在判决书中指出:“至于审理中各方当事人提及的系争宅基地上房屋由谁出资建造、第三人及××系‘分户建房’还是‘易地新建’、是否违反‘一户一处宅基地’的规定,有关机关应否注销系争宅基地的土地使用权证、目前何人应是系争宅基地的土地使用权人、系争宅基地上的房屋权利归属争议问题与本案并非同一法律关系,不属本案被诉《答复意见》行政行为合法性审查范围,相关当事人可通过友好协商或依法另行救济。”则再次反映了在案件中,需要区分民事诉讼还是行政诉讼,而即使是行政诉讼,每一个案件中的不同主张,也会产生的不同结果。我们在提起任何一个诉讼前,都需要仔细分析事实,认真思考,就纷繁复杂的法律关系、事实,一一理顺、理清,建立起严格的逻辑关系,也许才能更好地做好案件,体现法律艺术,展现法律服务价值。

案例46　××有限公司不服公安消防支队处罚决定上诉案

【案情介绍】

消防支队到一公司进行例行消防检查，发现公司宿舍楼走道处的室内消火栓没有压力水。

消防支队立案调查，责令公司立即改正，并告知行政处罚决定内容及陈述申辩权利。

公司表示放弃相关陈述申辩后，消防支队作出公安行政处罚决定。公司不服，申请行政复议。

复议机关经过复议后作出行政复议决定，维持了行政处罚决定。

公司仍不服，向法院提起行政诉讼。一审判决后不服，遂提起上诉。

【行政上诉状】

上诉人(原审原告)：××有限公司。

住所：××市××路××弄××号××室。

法定代表人：×××，职务：董事长。

被上诉人(原审被告)：××市××区公安消防支队。

住所：××市××路××号。

负责人：×××，职务：支队长。

上诉请求：

撤销××市××区人民法院(201×)×行初字第××号行政判决书判决，依法改判支持上诉人一审诉讼请求。

上诉理由：

上诉人认为，一审判决与事实不符。

1. 消火栓不出水是由于不在上诉人场地范围内的阀门被关闭导致，上诉人不存在过错，不应当被处罚。

2. 阀门在上诉人单位大门口外侧，上诉人无法管控，造成消防设施失效原因有多方面，没有证据证明是上诉人的原因导致消防设施不能用。

3. 上诉人积极配合调查，进行了整改，并未造成任何后果，被上诉人应当免予或减轻处罚。

4. 上诉人所应管辖的消防设施并不包括由市政自来水管网输入至消防设施的水源，上诉人有责任管辖的消防设施，包括全自动增压设备、管道、阀门等均处于正常工作状态，消火栓能否流出水与消火栓或者消防设备、消防管道自身功能无对应因果关系。无水的原因是水源缺水造成，不属于上诉人的过错，被上诉人据此认定上诉人有违法行为，与事实不符，无法律依据。

综上，上诉人认为，原审法院判决错误，请求撤销原审判决，依法改判支持上诉人的一审诉讼请求。

【法院判决】

上诉人××设备有限公司(以下简称××公司)因公安行政处罚决定一案，不服××市××区人民法院(201×)×行初字第××号行政判决，向本院提起上诉。本院依法组成合议庭，于201×年××月××日公开开庭审理了本案。上诉人××公司的委托代理人×××，被上诉人××市××区公安消防支队(以下简称××消防支队)的委托代理人×××、×××到庭参加诉讼。本案现已审理终结。

原审认定，201×年××月××日，××消防支队到××公司进行例行消防检查，发现该单位宿舍楼走道处的室内消火栓无有压力水。××消防支队于××月××日立案，于同年××月××日向××公司的代理人进行了调查，责令××公司立即改正，并经事先告知行政处罚决定内容及陈述申辩权利。××公司表示放弃后，××消防支队于××月××日作出××公(消)决字[201×]第×××号公安行政处罚决定，认定201×年××月××日××公司在本市××路××号宿舍楼走道处的室内消火栓无水，消防设施未保持完好有效，违反了《中华人民共和国消防法》(以下简称《消防法》)第十六条第一款第(二)项的规定，依据《消防法》第六十条第一款第(一)项规定，决定对其处以罚款人民币×××××元整。××公司不服，申请行政复议，××市公安局××分局于同年××月××日作出行政复议决定，维持了被诉行政处罚决定。××公司仍不服，向原审法院提起行政诉讼，要求判决撤销上述行政处罚决定。

原审法院认为，根据《消防法》第四条之规定，××消防支队具有对本行政区域内的消防工作实施监督管理的职权，其执法主体适格。××消防支队经立案、调查，在作出处罚决定前，事先告知××公司拟处罚的事实、理由、依据及陈述申辩权，作出并送达了行政处罚决定书，其执法程序合法。本案中，在××消防支队例行检查时，××公司宿舍楼走道处的室内消火栓无有压力水，表明当时该公司的消防设施未处于有效状态，××消防支队认定上述行为违反《消防法》第十六条第一款第(二)项，并依据该法第六十条第一款第(一)项对××公司处以罚款人民币×××××元,认定事实清楚、适用法律正确。××公司认为,消火栓不出水是由于不在其场地范围内的阀门被关闭导致,其不存在过错,不应当被处罚。对此,首先,根据《消防法》的有关规定,企业应当对其消防设施定期组织检验、维修、检测,确保其处于完好有效的状态,故××公司有义务定期检验其消防设施,及时发现并排除存在的问题,但本案中××消防支队检查时该公司的消防设施未处于有效状态,且××公司亦不清楚原因所在。可见,其未能履行上述法定义务,一旦当时发生火灾,也无法利用其消防设施进行灭火。其次,××公司所述的阀门就在其单位大门口外侧,从其自称最终查找出原因并现已自行排除来看,××公司关于其无法管控造成消防设施失效原因的理由亦不能成立。至于××公司认为其积极配合调查,并进行了整改,未造成后果,××消防支队应当对其免予或减轻处罚一节,原审法院认为,本案中××公司违法行为造成的危害后果应当是消防设施在××消防支队检查时处于无效状态,而并非是发生火灾,故该违法后果业已产生,××消防支队综合××公司违法行为的情节,已经在法定处罚幅度的底线予以处罚,其处罚幅度适当。故××公司的诉称理由均不予采信。原审法院遂判决:维持××消防支队于201×年×月××日作出的××公(消)决字[201×]第××××号公安行政处罚决定。判决后,××公司不服,上诉于本院。

上诉人××公司上诉称:其所管辖的消防设施并不包括由市政自来水管网输入至该消防设施的水源,上诉人有责任管辖的消防设施,包括全自动增压设备、管道、阀门等均处于正常工作状态,消火栓能否流出水与消火栓或者消防设备、消防管道自身功能无对应因果关系,无水的原因是水源缺水造成,不属于上诉人的过错,被上诉人据此认定上诉人有违法行为,与事实不符,无法律依据。原审法院判决错误,请求撤销原审判决,依法改判支持上诉人的一审诉讼请求。

被上诉人××消防支队辩称:被上诉人在例行检查过程中发现上诉人单位宿舍楼走道处的消火栓无有压力水,消防设施未能确保完好有效,据此依法作出被诉行政处罚决定,认定事实清楚,适用法律正确,执法程序合法。经上诉人自行排查已查明缺水系由于水源阀门被关闭造成,该阀门虽安装在厂区围墙外,但仍属于上诉人管控范围内,最终亦是由上诉人自行打开。原审判决正确,请求予以维持。

本院经审理查明,原审判决认定事实清楚,双方当事人均无异议,本院予以确认。

本院认为,根据《消防法》第四条的规定,被上诉人××消防支队对其行政区域内的消防工作依法具有实施监督管理的职责,对违反《消防法》规定的违法行为人具有作出处罚决定的执法主体资格。本案中,被上诉人提供的证据可以证明201×年××月××日,被上诉人在对上诉人公司进行例行检查过程中,上诉人公司宿舍楼走道处消火栓无有压力水的事实。被上诉人根据该事实认定上诉人公司的消防设施未处于完好有效的状态，违反了《消防法》第十六条第一款第(二)项的规定，依据《消防法》第六十条第一款第(一)项的规定，对上诉人作出罚款人民币×××××元的处罚，认定事实清楚，适用法律正确，处罚幅度亦无不当。被上诉人在依法立案后，对上诉人的代理人进行了调查，并在作出被诉行政处罚决定之前告知了上诉人拟作出处罚所认定的事实、适用的法律及拟处罚的内容，在上诉人不提出陈述与申辩的情况下作出被诉行政处罚决定，执法程序并无不当。上诉人作为企业，依法应对单位的消防设施进行定期检验、维修、检测，及时排除发现的问题。而在被上诉人例行检查过程中，上诉人单位的消火栓无有压力水，上诉人称系阀门关闭、水源缺水造成，该理由并不能否定消防设施客观上确实未处于完好有效状态的事实，上诉人以此主张被诉行政处罚决定错误，无依据。同时，上诉人所称的自来水管网与其消防管道连接的阀门设置在其厂区围墙外，但从上诉人最终自行查找出缺水原因系该阀门被关闭，以及之后上诉人工作人员自行打开该阀门，使相关消防设施恢复完好有效状态的客观事实看，上述阀门仍属于上诉人的管理范围，上诉人所称无法管控的理由亦不成立。综上，上诉人的上诉请求及理由，缺乏事实证据和法律依据，本院不予支持。原审法院判决维持被诉行政处罚决定正确。据此，依照《中华人民共和国行政诉讼法》第六十一条第(一)项之规定，判决如下：

驳回上诉，维持原判。

上诉案件受理费人民币 50 元，由上诉人××设备有限公司负担。

本判决为终审判决。

【律师评述】

根据《消防法》的规定，企业应当对其消防设施定期组织检验、维修、检测，确保其处于完好有效的状态。公司有义务定期检验其消防设施，及时发现并排除存在的问题。

本案中，上诉人公司宿舍楼走道处消火栓无压力水的事实，是上诉人也认可的事实，消防支队依此做出的处罚就无可争辩。

需要借鉴的是，上诉人公司放弃了自己享有的重要权利：陈述与申辩。

作为可能被处罚甚至在处罚后将给企业未来经营造成实质性影响的事宜，企业应该积极通过陈述和申辩，说明自己的主张，提出自己的证据，及时维护自己的权益，使用好自己的权利。

案例 47　×××有限公司不服质量技术监督局行政处罚上诉案

【案情介绍】

一公司与另一公司签订了买卖合同,约定购买设备一台,由出售公司负责安装调试。

设备安装竣工,经特种设备监督检验所安装监督检验。

出售公司委托×××公司对该设备进行维修,×××公司在未制定维修方案的情况下派遣持无效证件的焊接人员进行维修焊接,维修后未经专门检测检验机构进监督检查,更未到安全监督管理局进行备案。

后发生爆炸事故,造成××××公司厂房、设备及周边部分建筑物受损,未造成人员伤亡。

事发后,质监局立即开展调查处理工作,委托特种设备监督检验技术研究院就爆炸事故进行事故技术鉴定,形成《事故技术鉴定报告》。

质监局会同有关部门就爆炸事故组成事故调查组。事故调查组形成《事故调查报告》并上报区政府审核批复。

区政府作出《关于××××公司“××”爆炸事故调查处理情况的报告的批复》,同意事故调查组对该起事故的原因分析和对责任者单位的处理建议。

质监局依程序做出了行政处罚决定,认定×××公司违规对设备进行重大维修,对爆炸事故的发生负有主要责任,做出处罚。

×××公司不服,以行政处罚决定认定事实不清,程序违法为由,起诉至法院,请求撤销行政处罚决定。一审判决后不服,遂提起上诉。

【行政上诉状】

上诉人(原审原告):×××有限公司。

住所:××市××区××路××大厦×层×××室。

法定代表人:×××,职务:董事长。

被上诉人(原审被告):××市××区质量技术监督局。

住所:××市××路××号。

法定代表人:×××,职务:局长。

上诉请求：

撤销××市××区人民法院(201×)×行初第××号行政判决书判决，依法改判支持上诉人的一审诉讼请求。

上诉理由：

上诉人维修事故锅炉，确实有未制定维修方案、维修人员无相应资质等情况，但上诉人认为，爆炸事故设备已超过使用期限，维修标准不能等同于正常设备，因此上诉人不存在违规维修的行为。

事故设备额定压力为××××，《事故技术鉴定报告》以补板焊缝厚度及工人未听到安全阀排气声响，推测事故设备爆炸时的压力为××××至××××并不科学。

事故设备已停用半年，在潮湿的环境下，安全阀很可能已经锈蚀失效，这种情况下，即便设备内压力超过××××，安全阀也不会跳起排气。

根据事故造成的破坏程度及碎片飞行距离等情况，事故发生时，设备内压强应该远超××××，因此，不能认定上诉人的维修导致事故设备承压能力下降。

“××”事故系××××公司使用超过使用期限的设备并且违规操作所致，上诉人对该起事故不负有责任。

此外，事故设备经酸洗，剥落水垢堆积在U形下脚圈内致使该零件受热破裂，也可能导致爆炸。

被上诉人根据《事故技术鉴定报告》及《事故调查报告》作出行政处罚决定，认定事实不清。

“××”事故发生于201×年××月，被上诉人迟至201×年××月××日才作出行政处罚决定，行政程序违法。

故请求二审法院撤销原审判决，改判支持上诉人原审诉讼请求。

【法院判决】

上诉人×××有限公司(以下简称×××公司)因质量技术监督行政处罚一案，不服××市××区人民法院(201×)×行初第××号行政判决，向本院提起上诉。本院于201×年××月××日立案后，依法组成合议庭，于201×年××月××日公开开庭审理了本案。上诉人××公司的委托代理人×××，被上诉人××市××区质量技术监督局(以下简称××质监局)的委托代理人×××、×××到庭参加了诉讼。本案现已审理终结。

原审查明，201×年××月××日，在本市××区××路××号-××××有限公司(以下简称××××公司)内发生爆炸事故(以下简称“××”事故)，造成该公司厂房、设备及周边部分建筑物受损，未造成人员伤亡。事发后，××质监局立即开展调查处理工作，并于201×年××月××日委托××市特种设备监督检验技术研究院（以下简称特种设备研究院）就爆炸事故进行事故技术鉴定。特种设备研究院于201×年××月××日出具了报告编号为201×—××××的《事故技术鉴定报告》，鉴定结论为："（一）事故设备的受压元件的断裂系补板未按常规焊接工艺加工合格的坡口，单面焊导致所焊部位均出现未焊透的严重焊接质量问题，焊缝根部极易萌生裂纹，且填充金属熔深不足使焊缝有效承载面积减少，承载能力下降。（二）爆炸时补板脱离而炉水汽化产生压力急增，由于补板采用不合理的矩形开孔方式，使锅炉壳体对应各顶角应力集中处出现裂纹并快速撕裂破坏形成碎片。（三）分析认为U形下脚圈内表面开口贯穿裂缝，应该是爆炸后致残留壳体受冲击外翻，造成相邻的下脚圈严重变形，在U形下脚圈金属材料有过热的地方首先产生破裂。（四）由于××××公司司炉工未按照该厂制定的××××××《××××操作规程》中第××款的规定，导致设备在工人下班无人监管的情况下仍保持一定的压力，从而为设备爆炸提供了一个直接的压力源。"××质监局于201×年××月××日向特种设备研究院出具了《关于对"××"事故技术鉴定进行补充的函》，要求对事故技术鉴定报告内容的完整性及相关资料做进一步论证和补充。特种设备研究院于201×年××月××日出具了《关于××××公司××爆炸事故技术鉴定报告几点说明》（以下简称《几点说明》），再一次论证维持了事故技术鉴定所作的结论意见。××市质量技术监督局（以下简称市质监局）于201×年××月××日授权委托××质监局会同××区有关部门就爆炸事故组成事故调查组。事故调查组于201×年××月××日形成《××××公司"××"爆炸事故调查报告》（以下简称《事故调查报告》）并上报××市××区人民政府（以下简称××区政府）审核批复。201×年××月××日，××区政府作出《关于××××公司"××"爆炸事故调查处理情况的报告的批复》（以下简称《批复》），同意事故调查组对该起事故的原因分析和对责任者单位的处理建议。上述《事故调查报告》和《批复》均送达××公司。××质监局于201×年××月××日对该案进行了立案，于201×年××月××日案件调查终结。201×年××月××日，××质监局依法向××公司送达了×质技监听告字[201×]第××××号《行政处罚听证告知书》，告知××公司拟处罚人民币××××××元及听证权利。××公司提出听证申请，××质监局于201×年××月××日召开听证会。同年××月××日，因案情复杂，经批准延长办案期限30日。201×年××月××日××质监局又向××公司送达了×质技监听告字[201×]第××××号《行政处罚听证告知书》，鉴于××公司积极配合调查，告知××公司拟处罚××××××元及听证权利。××公司提出听证申请，201×年××月××日××质监局召开第二次听证会。201×年××月××日，××质监局向××公司作出第××××××号行政处罚决定书（以下简称行政处罚决定),认定××公司违规对设备进行重大维修,对爆炸事故的发生负有主要责任。其行为违反了《特种设备安全监察条例》(以下简称《监察条例》)第六十三条第(二)项的规定,依据《监察条例》第八十八条第(二)项的规定,作出罚款××××××元的行政处罚。××公司不服,以行政处罚决定认定事实不清,程序违法为由,起诉至原审法院,请求撤销行政处罚决定。

原审另查明,201×年××月××日,××公司与××××公司签订了工业品买卖合同,约定××××公司向××公司购买××设备一台,由××公司负责安装调试。设备名称:××××,型号:××××××,制造完工:201×年××月××日,额定压力:××××,产品编号:××××。经××市××区特种设备监督检验所制造监督检验,设备质量证明书标注该台设备的额定压力是××××。该台设备由××公司于201×年××月××日安装竣工,经××市××区特种设备监督检验所安装监督检验,设备最近一次定期检验有效期至201×年××月。201×年××月××××公司委托×××公司对该设备进行维修,×××公司在未制定维修方案的情况下派遣持无效证件的焊接人员进行维修焊接,维修后未经专门检测检验机构进监督检查,亦未到安全监督管理局进行备案。

原审又查明,特种设备研究院是经国家质量监督检验检疫总局核准的综合检验机构,具有《中华人民共和国特种设备检验检测机构核准证》,获准从事特种设备检验工作,可进行检验检测。检测人员亦具有《中华人民共和国特种设备检验检测人员证》,获得特种设备射线检测人员资格。

原审认为,根据《中华人民共和国行政处罚法》第二十条、《监察条例》第四条、第五十条第一款及《特种设备事故报告和调查处理规定》第三条规定,××质监局具有作出行政处罚决定的法定职责。××公司未制定维修方案、未经报批,派遣无有效证件的焊接人员对事故设备进行维修焊接作业,维修后未经安全监督部门进行备案,未经专门检测检验机构进行监督检查,属违规维修。根据《事故技术鉴定报告》及《几点说明》的结论可见,引起事故设备爆炸的主要原因是××公司对事故设备的违规维修。××公司关于爆炸的发生与其维修没有直接关联性,事故发生时设备内的压力应远超过设备核定压力、与事故发生方的违规使用有关的主张,因未提供相应的证据予以证实,原审法院不予采纳。××质监局认定××公司违规对事故设备进行重大维修,对事故的发生负有主要责任的事实并无不当。根据《监察条例》第六十三条规定,本案所涉事故属较大事故。《监察条例》第八十八条第(二)项规定,发生较大事故的,对事故发生负有责任的单位处××万元以上××万元以下罚款。故,××质监局依据《监察条例》第八十八条第(二)项规定,对××公司作出××××××元的罚款,适用法律、法规正确,处罚适当。另,××质监局适用一般程序对×××进行处罚,从事故发生后组成事故组进行调查、作出《事故调查报告》、报批、立案、审查、作出行政处罚听证告知书告知××公司违法事实和理由、拟处罚决定内容及相关听证权利、召开听证会到作出行政处罚决定并依法送达××公司，执法程序并无不当。××公司关于××质监局行政处罚程序违法等意见，缺乏依据，原审法院不予采信。××质监局作出的被诉具体行政行为并不存在法律规定应当撤销或确认违法的情形。原审法院对××公司的诉讼请求不予支持，遂依照最高人民法院《关于执行〈中华人民共和国行政诉讼法〉若干问题的解释》第五十六条第(四)项之规定，判决驳回××公司的诉讼请求；案件受理费 50 元，由××公司负担。×××公司不服，上诉至本院。

上诉人×××公司上诉称：上诉人维修事故锅炉，确有未制定维修方案、维修人员无相应资质等情况，但事故设备已超过使用期限，维修标准不能等同于正常设备，因此上诉人不存在违规维修的行为。事故设备额定压力为××××，《事故技术鉴定报告》以补板焊缝厚度及工人未听到安全阀排气声响，推测事故设备爆炸时的压力为××××至××××并不科学。事故设备已停用半年，在潮湿的环境下，安全阀很可能已经锈蚀失效，这种情况下，即便设备内压力超过××××，安全阀也不会跳起排气；根据事故造成的破坏程度及碎片飞行距离等情况，事故发生时，设备内压强应该远超××××，因此，不能认定上诉人的维修导致事故设备承压能力下降。“××”事故系××××公司使用超过使用期限的设备并且违规操作所致，上诉人对该起事故不负有责任。此外，事故设备经酸洗，剥落水垢堆积在 U 形下脚圈内致使该零件受热破裂，也可能导致爆炸。被上诉人××质监局根据《事故技术鉴定报告》及《事故调查报告》作出行政处罚决定，认定事实不清。“××”事故发生于 201×年××月，被上诉人迟至 201×年××月××日才作出行政处罚决定，行政程序违法。故请求二审法院撤销原审判决，改判支持上诉人原审诉讼请求。

被上诉人××质监局辩称：根据《事故技术鉴定报告》及《事故调查报告》，事故爆炸的直接原因系事故设备维修部位存在未焊透的严重焊接质量问题，补板采用矩形开孔方式，使顶角处出现应力集中，承载能力低于安全阀设定泄放压力。上述情况系上诉人××公司违规维修事故设备所致，事故设备是否已超过使用期限不影响上诉人行为的违法性，因此上诉人应对“××”事故承担主要责任。特种设备研究院出具的《事故技术鉴定报告》及《几点说明》显示，事故锅炉经维修，锅筒最高允许计算压力已低至 0.22 MPa；特种设备研究院将事故设备爆炸时的炉内压力确定为××××至××××，系根据焊接厚度及工人未听到安全阀排气声响的笔录计算得出，《事故技术鉴定报告》中已详细阐明计算方法；事故设备的安全阀尚在安全检验期内，上诉人无证据证明该零件已失效；上诉人同样无证据推翻《事故技术鉴定报告》关于违规维修造成事故设备承压能力下降的认定。《事故技术鉴定报告》明确指出U形下脚圈在爆炸后才破裂,并非爆炸原因,上诉人对报告内容的理解有误。被上诉人于201×年××月××日立案,召开听证会听取上诉人意见,经调查,于法定期间作出行政处罚决定,认定事实清楚,适用法律正确,执法程序合法。故请求二审法院驳回上诉,维持原判。

经二审开庭审理查明,原审认定事实无误,本院予以确认。

本院认为,被上诉人××质监局依法具有作出行政处罚决定的法定职责。“××”锅炉事故发生后,被上诉人经市质监局授权委托,会同××市××区有关部门组成事故调查组进行调查,形成《事故调查报告》,并由××区政府批复同意。根据《监察条例》第六十三条第(二)项、第八十八条第(二)项的规定,对爆炸事故发生负有责任的单位,由特种设备安全监督管理部门处××万元以上××万元以下罚款。《事故调查报告》认定上诉人××公司对“××”事故的发生负有主要责任。被上诉人根据《事故调查报告》的认定,以及×××等人的《调查笔录》《行政案件听证笔录》《现场勘查记录》、事故相关资料等证据,适用《监察条例》第六十三条第(二)项、第八十八条第(二)项的规定作出行政处罚决定,主要证据充分,适用法律正确。被上诉人根据《监察条例》立案后,告知上诉人拟作出的处罚决定及听证权利,召开听证会听取上诉人的陈述申辩后作出行政处罚决定,向上诉人送达《行政处罚决定书》,行政程序合法。被上诉人综合考虑上诉人违法行为的社会危害程度等因素,作出行政处罚决定,处罚合理。上诉人提出,“××”事故发生时,事故设备的内部压很可能已超过××××,事故原因在于××××公司员工操作不当,也可能是酸洗造成的积垢所致,上诉人对事故发生不负责任。本院认为,上诉人虽就事故原因及事故责任等方面提出多项异议,但缺乏事实证据予以佐证,不足以推翻《事故技术鉴定报告》的鉴定结论,也不足以推翻《事故调查报告》对事故原因、性质及责任的认定,且被上诉人对上诉人的上诉理由已作充分抗辩及说明。故对上诉人的主张,本院难以采信。

综上,原审法院判决驳回×××公司的诉讼请求并无不当,本院应予维持。上诉人××公司的上诉请求及理由,缺乏事实根据和法律依据,本院不予支持。据此,依照《中华人民共和国行政诉讼法》第六十一条第(一)项之规定,判决如下:

驳回上诉,维持原判。

上诉案件受理费人民币50元,由上诉人×××有限公司负担(已付)。

本判决为终审判决。

【律师评述】

依据《事故技术鉴定报告》《事故调查报告》《调查笔录》《行政案件听证笔录》《现场勘查记录》、事故相关资料等证据,结合召开听证会听取上诉人的陈述申辩后作出行政处罚决定，可以看出，质量技术监督局对本案的处罚是经过慎重认定和严格程序的。

超期使用特种设备，维修人员资质、无维修方案维修特种设备，是我们看到的本案中的几个关键词汇，但这终酿成了大祸。我们看此案例，是需要认真反思的。

案例48　××分公司不服地税分局责令限期改正通知行政行为上诉案

【案情介绍】

××分公司经核准登记并取得营业执照，向地税分局申请办理了税务登记。201×年××月至201×年××月期间，以上门纸质申报方式按月进行了纳税申报，其中营业税为零申报，个人所得税为有税申报。

201×年××月，地税××分局在日常税收征收管理工作中发现，××分公司在办理纳税申报后，未按照规定报送营业税申报表、资产负债表、利润表、现金流量表等与营业税相关的纸质纳税资料，亦未提交个人所得税申报表附表、个人基本信息表、代扣代缴税款报告表等个人所得税相关的纸质纳税资料，同时××分公司未按照规定设置员工个人所得税代扣代缴税款账簿，亦未向税务机关报告银行账号。

经电话方式多次提醒告知××分公司履行上述义务，××分公司未予履行。地税××分局作出责令限期改正通知书。

××分公司不服，提起行政复议。复议机关复议后作出维持的复议决定。

××分公司仍不服，向法院提起诉讼。一审判决后不服，遂提起上诉。

【行政上诉状】

上诉人（原审原告）：××有限公司××分公司。

住所：××市×××路××号××大厦×座。

负责人：×××，职务：总经理。

被上诉人（原审被告）：××市地方税务局××区分局。

住所：××市×××路××号。

法定代表人：×××，职务：局长。

上诉请求：

撤销××市××区人民法院（201×）×行初第×××号行政判决书判决，依法改判支持上诉人一审诉讼请求。

上诉理由：

上诉人认为，原审法院将上诉人认定为“个人所得税代扣代缴义务人”系认定事实错误。

1. ×××××公司系个人所得的支付单位，根据《个人所得税法》第八条的规定，上诉人并非扣缴义务人；201×年××月后，××××××公司工作人员以电子数据交换形式为上诉人完成纳税申报、报送了纳税资料。

2. 电子数据交换申报系“上门介质申报”而非原审法院认定的“上门纸质申报”，“报送纳税资料”是“纳税申报”过程中纳税人义务之一，上诉人的纳税申报通过税收综合征管系统的审核，201×年××月至201×年××月上诉人申报状态为正常申报，上诉人无需在完成纳税申报后再报送纳税资料。

3. 被上诉人责令上诉人限期改正行政行为明显违反正当程序原则。上诉人在收到被上诉人责令限期改正前从未收到被上诉人发出的口头或书面提醒告知，被上诉人在原审中提供的证据不能证明被上诉人在作出责令限期改正前已经履行了事先告知义务。

综上，上诉人认为一审判决认定事实不清、适用法律错误，依法应予改判，请求二审法院撤销原判，查清事实后改判支持上诉人原审诉讼请求。

【法院判决】

上诉人××有限公司××分公司(以下简称××分公司)因责令限期改正通知行政行为一案，不服××市××区人民法院(201×)×行初第×××号行政判决，向本院提起上诉。本院于201×年××月××日立案后，依法组成合议庭，于201×年××月××日公开开庭审理了本案。上诉人××分公司的委托代理人×××、×××，被上诉人××市地方税务局××区分局(以下简称××分局)的法定代表人×××，委托代理×××、×××到庭参加了诉讼。本案现已审理终结。

原审查明，××分公司于201×年××月××日核准登记并取得营业执照。企业类型：有限责任公司分公司，经营范围：提供隶属公司生产的新型纺织机械等产品相关的售后服务和技术服务，隶属企业：××××仪器有限公司(以下简称××××公司)。201×年××月××日，××分公司向地税××分局申请办理了税务登记。201×年××月至201×年××月期间，××分公司以上门纸质申报方式按月进行了纳税申报，其中营业税为零申报，个人所得税为有税申报。201×年××月，地税××分局在日常税收征收管理工作中发现，××分公司在办理纳税申报后，未按照规定报送营业税申报表、资产负债表、利润表、现金流量表等与营业税相关的纸质纳税资料，亦未提交个人所得税申报表附表、个人基本信息表、代扣代缴税款报告表等个人所得税相关的纸质纳税资料，同时××分公司未按照规定设置员工个人所得税代扣代缴税款账簿，亦未向税务机关报告银行账号。201×年××月，经电话方式多次提醒告知××分公司履行上述义务，

××分公司未予履行。地税××分局遂于201×年××月××日作出×地税限改(201×)××号责令限期改正通知书(以下简称被诉责令限期改正),认定××分公司未按照规定和期限报送纳税资料、代扣代缴税款报告表,未按照规定设置个人所得税代扣代缴税款账簿,在提醒告知后仍未履行;未按照规定将银行账号向税务机关报告,根据《中华人民共和国税收征收管理法》(以下简称《税收征收管理法》)第六十条、第六十一条、第六十二条之规定,限××分公司于201×年××月××日前履行该义务并承担相应的法律责任。××分公司不服,提起行政复议。201×年××月××日××市地方税务局作出维持的复议决定。××分公司仍不服,向原审法院提起本案诉讼,主张其并非营业税的纳税人及个人所得税扣缴义务人,无义务建立个人所得税代扣代缴税款账簿并向税务机关报告银行账号,也没有义务进行纳税申报并报送相关纳税资料;现根据要求已完成了营业税、个人所有税的纳税申报,且有关申报均得到税务机关审核确认;地税××分局作出被诉责令限期改正前未履行事先告知义务。故诉请法院依法撤销地税××分局作出的被诉责令限期改正具体行政行为。

原审另查明,201×年××月××日,××分公司与案外人×××××有限公司(以下简称×××××公司)签订服务协议,协议约定×××××公司根据××分公司的基础数据,对数据汇总整理后计算薪资、个人所得税和社保及住房公积金缴纳金额,提供薪资发放服务,×××××公司根据法律法规规定,为××分公司提供雇员每月个人所得税的申报、缴纳服务等。协议签订后,员工薪酬按月通过银行转账的方式支付至×××××公司,由×××××公司发放薪酬,并向税务机关办理纳税申报。税务机关向××分公司开具个人所得税的税收通用缴款书、税收缴款书,×××××公司代为缴纳相关税款。

原审认为,地税××分局作为辖区税务行政主管部门,对纳税人与扣缴义务人违反税收征收管理的行为依法具有调查处理的法定职责。

××分公司系××××公司在××设立的分公司,领取了营业执照并办理了税务登记,地税××分局认定××分公司属于《税收征收管理法》调整的"从事生产、经营的纳税人",事实清楚、证据充分。××分公司与×××××公司签订服务协议、成立委托代理法律关系,××分公司系受托事务的责任主体,地税××分局认定××分公司为员工个人所得税的扣缴义务人,认定事实并无不当。

××分公司作为"从事生产、经营的纳税人"及员工个人所得税的"扣缴义务人",地税××分局认定其负有履行《税收征收管理法》第十七条第一款、第十九条、第二十五条,《中华人民共和国税收征收管理法实施细则》(以下简称《实施细则》)第十七条、第二十五条,《中华人民共和国个人所得税法》(以下简称《个人所得税法》)第九条规定的纳税人和扣缴义务人相应法定义务,有充分的事实与法律依据。因××分公司未履行上述法条确定的法定义务,地税××分局依据《税收征收管理法》第六十条、第六十一条、第六十二条规定对××分公司作出责令限期改正的决定,认定事实清楚,适用法律正确,执法裁量适当。

现行税收征收管理法律法规对责令限期改正决定事先告知程序未有明文,但依照正当行政程序之原理,税务机关在作出行政决定前应当进行事先告知,敦促行政相对人自觉履行法定义务。本案中,地税××分局在作出限期责令改正决定前已以电话方式对××分公司进行了提醒告知,但××分公司拒不履行。地税××分局据此作出行政决定,并未违反正当程序。

原审法院认定××分公司要求撤销被诉责令限期责令改正具体行政行为的诉讼请求,缺乏必要的事实和法律依据,遂依照最高人民法院《关于执行〈中华人民共和国行政诉讼法〉若干问题的解释》第五十六条第(四)项之规定,判决驳回××分公司的诉讼请求。案件受理费人民币 50 元,由××分公司负担。判决后,××分公司不服,上诉于本院。

上诉人××分公司诉称,原审法院将上诉人认定为"个人所得税代扣代缴义务人"系认定事实错误,×××××公司系个人所得的支付单位,根据《个人所得税法》第八条的规定,上诉人并非扣缴义务人;201×年××月以来,×××××公司工作人员以电子数据交换形式为上诉人完成纳税申报、报送纳税资料,电子数据交换申报系"上门介质申报"而非原审法院认定的"上门纸质申报","报送纳税资料"是"纳税申报"过程中纳税人义务之一,上诉人的纳税申报通过税收综合征管系统的审核,201×年××月至 201×年××月上诉人申报状态为正常申报,故无需在完成纳税申报后再报送纳税资料;被诉责令限期改正行政行为明显违反正当程序原则,上诉人在收到被诉责令限期改正前未收到被上诉人发出的口头或书面提醒告知,被上诉人在原审中提供的证据亦不能证明其在作出被诉责令限期改正前已经履行了事先告知义务。故一审判决认定事实不清、适用法律错误,依法应予改判,请求二审法院撤销原判,查清事实后改判支持上诉人原审诉讼请求。

被上诉人地税××分局辩称,坚持原审辩称意见,上诉人虽与×××××公司签订了委托协议,但仍是代扣代缴的法定义务主体,被上诉人将其认定为个人所得税代扣代缴义务人符合《税收征收管理法》第十五条、第四条第二款的规定;上诉人具有向税务机关报送纳税资料等的义务,上诉人未报送相关资料;被上诉人在作出被诉责令限期改正行政行为前曾给予上诉人多次提醒,法律上并无被上诉人应予告知的义务。原审判决认定事实清楚,适用法律正确,请求二审法院维持原判。

二审开庭审理中,被上诉人仍以向原审法院提供的职权、事实、法律和程序方面的证据和依据证明其作出的被诉责令限期改正行为合法。本院对被上诉人提供的证据进行了全面审查,并听取了双方当事人的诉讼意见。上诉人对被上诉人工作人员的工作记录提出异议，否认被上诉人进行了电话提醒，被上诉人亦未就其在行政程序中已告知上诉人应履行法定义务、提醒不履行的法律后果并听取上诉人意见等进一步提供证据。

本院认为，被上诉人地税××分局作为《税收征收管理法》第十四规定的税务机关，具有根据《税收征收管理法》及相关法律实施税收行政行为的职权。

上诉人作为外地企业在××设立的分公司，领取了工商营业执照并办理了税务登记，工商营业执照上有明确的营业场所和经营范围，上诉人进行了营业税申报，并作为缴款单位完成了个人所得税申报及缴纳工作，因此，上诉人属《税收征收管理法》第四条第一款、第十五条规定的纳税人。上诉人主张其与×××××公司签订了服务协议，上诉人并非法律规定的扣缴义务人。因服务协议载明上诉人委托×××××公司提供个人所得税申报缴纳等服务，上诉人在指定日期前将款项支付至×××××公司账户，故上诉人与×××××公司之间系发放薪酬等的委托服务关系，上诉人作为用工单位，具有根据劳动合同向员工发放薪酬的义务，其仍系法律上支付员工工资薪金的主体，系《税收征收管理法》第四条第二款、《个人所得税法》第八条规定的个人所得税扣缴义务人。

《税收征收管理法》第二十五条规定，纳税人必须依照法律、行政法规规定或者税务机关依照法律、行政法规的规定确定的申报期限、申报内容如实办理纳税申报，报送纳税申报表、财务会计报表以及税务机关根据实际需要要求纳税人报送的其他纳税资料。扣缴义务人必须依照法律、行政法规规定或者税务机关依照法律、行政法规的规定确定的申报期限、申报内容如实报送代扣代缴、代收代缴税款报告表以及税务机关根据实际需要要求扣缴义务人报送的其他有关资料。根据《税收征收管理法》第十七条及《实施细则》第十七条的规定，从事生产、经营的纳税人应当自开立基本存款账户或者其他存款账户之日起十五日内，向主管税务机关书面报告其全部账号。上诉人作为纳税人及扣缴义务人，应当严格按照法律法规规定办理纳税申报、报送纳税资料及税务机关要求的其他资料、报告全部银行账号。

本院同时认为，行政诉讼系对具体行政行为的合法性进行审查，行政行为应当证据确凿、适用法律法规正确、符合法定程序。根据《中华人民共和国行政诉讼法》第三十二条及最高人民法院《关于执行〈中华人民共和国行政诉讼法〉若干问题的解释》第二十六条的规定，行政诉讼中被告对作出的具体行政行为负有举证责任，应当在收到起诉状副本之日起十日内提供作出该具体行政行为的证据、依据；被告不提供或者无正当理由逾期提供的，应当认定该具体行政行为没有证据、依据。本案中，被诉责令限期改正认定上诉人“未按照规定和期限报送纳税资料、代扣代缴税款报告表，未按照规定设置个人所得税代扣代缴税款账簿，在提醒后仍未履行；未按照规定将银行账号向税务机关报告”，被上诉人就上述认定事实仅提供了上诉人工商营业执照及税务登记表、税收综合征管系统关于上诉人纳税申报情况截图及被上诉人工作人员的工作记录等证据；上诉人对被上诉人已以电话联系提醒告知应当履行的法律义务及不履行的法律后果提出异议，主张被上诉人未以口头或书面方式进行提醒，被上诉人未就此进一步提供证据予以证明。被上诉人在诉讼中提供的税收综合征管系统截图及工作记录不足以证明被上诉人作出被诉责令限期改正行为前履行了要求上诉人报送纳税资料、代扣代缴税款报告表等的通知义务，不足以证明被上诉人进行了调查核实及上诉人存在未按期或拒不履行上述义务的违法行为。同时，《税收征收管理法》第二十七条第一款规定"纳税人、扣缴义务人不能按期办理纳税申报或者报送代扣代缴、代收代缴税款报告表的，经税务机关核准，可以延期申报"，故法律法规对税收责令限期改正行为的作出虽未有明确程序规定，但行政机关在行政行为时仍应履行正当程序义务，仅被上诉人提供的证据亦不足以证明被上诉人已告知上诉人不履行上述义务所违反的法律规定、被上诉人未同意上诉人的延期申报、被诉责令限期改正程序合法。

综上，被诉责令限期改正主要证据不足、程序失当。原审判决驳回上诉人的诉讼请求有所不当，依法应予以撤销。上诉人的上诉请求，可予支持。据此，依照《中华人民共和国行政诉讼法》第五十四条第(二)项第1目、第3目和第六十一条第(三)项之规定，判决如下：

一、撤销××市××区人民法院(201×)×行初第×××号行政判决；

二、撤销××市地方税务局××区分局于201×年××月××日作出的×地税限改(201×)××号《责令限期改正通知书》的行政行为。

三、一、二审案件受理费各人民币50元，由被上诉人××市地方税务局××区分局第十三税务所负担。

本判决为终审判决。

【律师评述】

《税收征收管理法》第二十五条规定，纳税人必须依照法律、行政法规规定或者税务机关依照法律、行政法规的规定确定的申报期限、申报内容如实办理纳税申报，报送纳税申报表、财务会计报表以及税务机关根据实际需要要求纳税人报送的其他纳税资料。扣缴义务人必须依照法律、行政法规规定或者税务机关依照法律、行政法规的规定确定的申报期限、申报内容如实报送代扣代缴、代收代缴税款报告表以及税务机关根据实际需要要求扣缴义务人报送的其他有关资料。

根据《税收征收管理法》第十七条及《税收征收管理法实施细则》第十七条的规定，从事生产、经营的纳税人应当自开立基本存款账户或者其他存款账户之日起十五日内,向主管税务机关书面报告其全部账号。上诉人作为纳税人及扣缴义务人,应当严格按照法律法规规定办理纳税申报、报送纳税资料及税务机关要求的其他资料、报告全部银行账号。

从以上法律规定看,依法纳税是法定的义务。

而二审法院判决的这段内容则给出了本案的另一个视角:"本院同时认为,行政诉讼系对具体行政行为的合法性进行审查,行政行为应当证据确凿、适用法律法规正确、符合法定程序。根据《中华人民共和国行政诉讼法》第三十二条及最高人民法院《关于执行〈中华人民共和国行政诉讼法〉若干问题的解释》第二十六条的规定,行政诉讼中被告对作出的具体行政行为负有举证责任,应当在收到起诉状副本之日起十日内提供作出该具体行政行为的证据、依据;被告不提供或者无正当理由逾期提供的,应当认定该具体行政行为没有证据、依据。本案中,被诉责令限期改正认定上诉人'未按照规定和期限报送纳税资料、代扣代缴税款报告表,未按照规定设置个人所得税代扣代缴税款账簿,在提醒后仍未履行;未按照规定将银行账号向税务机关报告',被上诉人就上述认定事实仅提供了上诉人工商营业执照及税务登记表、税收综合征管系统关于上诉人纳税申报情况截图及被上诉人工作人员的工作记录等证据;上诉人对被上诉人已以电话联系提醒告知应当履行的法律义务及不履行的法律后果提出异议,主张被上诉人未以口头或书面方式进行提醒,被上诉人未就此进一步提供证据予以证明。被上诉人在诉讼中提供的税收综合征管系统截图及工作记录不足以证明被上诉人作出被诉责令限期改正行为前履行了要求上诉人报送纳税资料、代扣代缴税款报告表等的通知义务,不足以证明被上诉人进行了调查核实及上诉人存在未按期或拒不履行上述义务的违法行为。同时,《税收征收管理法》第二十七条第一款规定'纳税人、扣缴义务人不能按期办理纳税申报或者报送代扣代缴、代收代缴税款报告表的,经税务机关核准,可以延期申报',故法律法规对税收责令限期改正行为的作出虽未有明确程序规定,但行政机关在行政行为时仍应履行正当程序义务,仅被上诉人提供的证据亦不足以证明被上诉人已告知上诉人不履行上述义务所违反的法律规定、被上诉人未同意上诉人的延期申报、被诉责令限期改正程序合法。"

最终,二审法院以被诉责令限期改正主要证据不足、程序失当,判决行政机关败诉。

纵观本案,行政机关就输在了行政程序上。

这个案件,警示我们,行政行为中,事实确实重要,而程序则更是行政行为的重中之重。

程序正义,在本案中得到完美展示。

案例 49　王××与××市××区卫生和计划生育委员会卫生行政审核上诉案

【案情介绍】

卫生和计划生育委员会将医方与王先生之间的医疗事故争议移交医学会组织医疗事故技术鉴定。

医患双方向医学会提交了医患双方争议要点确认书。

王先生向医学会提出了"对医患双方所递交的材料应进行质证"的要求，××医学会当日即发出中止鉴定通知，中止了鉴定程序。

后王先生申请撤回质证要求。

医学会在医患双方在场的情况下再次对封存的病历材料启封，组织医患双方从专家库中随机抽取了口腔科和医学影像科专家组成专家鉴定组。专家鉴定组召开了医疗事故技术鉴定会并形成了合议，出具医疗事故技术鉴定书，结论为构成三级戊等医疗事故，医院承担主要责任。

卫计委收到医学会报送材料后进行审核，向王先生发出医疗事故争议行政处理告知书，对参加该鉴定会的人员资格、专业类别、鉴定程序进行了书面审核，经审核认为符合有关规定。

卫计委以挂号信的方式向王先生送达。王先生不服，起诉请求撤销审核。一审判决后不服，遂提起上诉。

【行政上诉状】

上诉人(原审原告)：王××，男，196×年××月××日生，汉族，住××市××区×××路××号×××室。

被上诉人(原审被告)：××市××区卫生和计划生育委员会。

住所：××市×××路××号。

法定代表人：×××，职务：主任。

原审第三人：××市××区医学会。

住所：××市×××路××号。

法定代表人：×××，职务：会长。

上诉请求:

撤销××市××区人民法院作出的(201×)×行初第××号行政判决书判决,改判支持上诉人一审诉讼请求。

上诉理由:

上诉人认为,一审认定事实不清,判决错误。

1. 一审第三人的鉴定程序违反了《医疗事故技术鉴定暂行办法》《医疗事故处理条例》,被上诉人的审核事实不清,证据不足。

2. 一审法院未对违法事实进行法庭调查,未查清案件基本事实。

3. 原审第三人在未对鉴定会过程和专家的意见进行书面记录,未参加鉴定会的情形下,对鉴定程序仅仅进行书面审核,未核查事实。

4. 鉴定专家鉴定组未在专家合议书中阐述作出鉴定结论所依据的事实和理由,专家鉴定组长没有签发鉴定书文稿,鉴定书未对医方医疗行为是否违法、违规作出认定。在鉴定过程中,专家鉴定组更未对上诉人陈述的事实、理由和证据进行核实,作出鉴定意见。鉴定结论和过程不可信、不科学。

5. 医疗事故技术鉴定移交函上表示有移交医疗事故争议行政处理的调查报告和询问笔录,但被上诉人未在诉讼中提供该重要材料,上诉人认为该函不真实。

6. 被上诉人将上诉人与医方之间的医疗事故争议移交原审第三人组织鉴定明显存在错误。原审法院所认定的"鉴定所经过的程序均有当事人的签名确认,记载于××医学会医疗事故技术鉴定程序确认表"是错误事实,此确认签名系在鉴定会开始前所签,不能证明上诉人对鉴定程序予以确认。

7. 原审第三人未将规定的鉴定步骤和鉴定事项完整地列入确认表,仅根据该确认表判断程序符合规定,认定事实不清,证据不足。

8. 被上诉人作出的审核适用法律错误。原审第三人没有实施、完成鉴定程序所规定的鉴定步骤和鉴定事项,违反《医疗事故技术鉴定暂行办法》第三十三条的鉴定程序,被上诉人应重新作出审核。

9. 上诉人向原审法院陈述了医疗细节,证明了医院的医疗行为违法,更证明专家组未依法作出鉴定意见,鉴定程序违法,被上诉人的审核错误,原审法院认定事实不清。

10. 被上诉人没有在法定期限内提供证据,应当视为没有证据。

11. 原审法院未准许上诉人调取鉴定会视频录音记录的请求,侵犯上诉人的合法权利,也导致事实未查清楚。

综上,故请求撤销原判,改判支持上诉人一审的诉讼请求。

【法院判决】

上诉人王××因卫生行政审核一案,不服××市××区人民法院(201×)×

行初第××号行政判决，向本院提起上诉。本院依法组成合议庭审理了本案，现已审理终结。

原审法院认定：201×年××月××日，××市××区卫生和计划生育委员会（以下简称××卫计委）将医方与王××之间的医疗事故争议移交××市××区医学会（以下简称××医学会）组织医疗事故技术鉴定。××月××日，××医学会予以受理并通知医患双方递交鉴定材料。××月××日，医方向××医学会递交了鉴定材料。××月××日，王××向××医学会递交了鉴定材料。××月××日，××医学会在医患双方共同在场的情况下，对医方提交之封存的病历资料启封，计牙片×张、口腔X线全景片×张、病历治疗计划表×页、门诊病历×页。××日，医患双方向××医学会提交了医患双方争议要点确认书，王××向××医学会提出了"对医患双方所递交的材料应进行质证"的要求，××医学会当日即发出中止鉴定通知，中止了鉴定程序，当天并未确定专家鉴定组成员。同年××月××日，王××申请撤回质证的要求。××月××日，××医学会在医患双方在场的情况下再次对封存的病历材料启封，计牙片×张、口腔X线全景片×张、病历治疗计划表×页、门诊病历×页，并组织医患双方从专家库中随机抽取了××名口腔科和医学影像科专家组成专家鉴定组。××月××日，专家鉴定组召开了医疗事故技术鉴定会并形成了合议。鉴定所经过的程序均有当事人的签名确认，记载于××医学会医疗事故技术鉴定程序确认表。××医学会于××月××日出具××医事鉴[201×]××××号医疗事故技术鉴定书（以下简称鉴定书），鉴定结论为：根据《医疗事故处理条例》（以下简称《条例》）第二条、第四条，《医疗事故分级标准》（试行），《医疗事故技术鉴定暂行办法》（以下简称《办法》）第三十六条，本例构成三级戊等医疗事故，××医院承担主要责任。同年××月××日，××卫计委收到××医学会报送材料后进行审核，向王××发出被诉医疗事故争议行政处理告知书，主要内容为：你于201×年×月××日提出的××医院患者王××医疗事故争议行政处理申请，本单位根据《条例》第三十九条的规定，于201×年××月××日交由××医学会组织医疗事故技术鉴定。201×年×月×日，本单位收到××医学会出具的医疗事故技术鉴定书。根据《条例》第四十一条规定，本单位对参加该鉴定会的人员资格、专业类别、鉴定程序进行了书面审核，经审核认为，上述三项内容符合《条例》有关规定。××卫计委以挂号信的方式向王××送达。王××不服，起诉请求撤销该审核。

原审法院认为：××卫计委作为医疗机构所在地的区人民政府卫生行政部门，根据《条例》第三十八条第一款、第四十一条的规定，具有作出被诉行政行为的主体资格。《条例》第三十七条规定，发生医疗事故争议，当事人申请卫生行政部门处理；第三十九条规定，需要进行医疗事故技术鉴定的，卫生行政部门交由负责医疗事故技术鉴定工作的医学会组织鉴定；第四十一条规定，卫生行政部门收到负责医疗事故技术鉴定工作的医学会出具的医疗事故技术鉴定书后，应当对参加鉴定的人员资格和专业类别、鉴定程序进行审核。依据上述规定，医疗事故争议中的技术问题由医学会组织鉴定，××卫计委作为卫生行政部门进行审核的范围仅限于参加鉴定的人员资格和专业类别、鉴定程序这三项内容，这也构成了对被诉行政行为的合法性审查内容。本案中，××卫计委收到××医学会报送的鉴定书及相关材料后进行审核，向王××作出的医疗事故争议行政处理告知书中，已经明确书面告知了"根据《条例》第四十一条规定，本单位对参加该鉴定会的人员资格、专业类别、鉴定程序进行了书面审核，认为上述三项内容符合《条例》有关规定"。故被诉行政行为适用法律正确，程序合法。王××认为××卫计委作出被诉行政行为没有对鉴定书进行审核的质证意见，与事实不符。本案中，当事人庭审举证质证表明，××医学会负责组织的医疗事故技术鉴定，在自接到医患双方提交有关医疗事故技术鉴定的材料、书面陈述及答辩之日起45日内进行并出具了《鉴定书》。××医学会在受理医疗事故技术鉴定之日起5日内通知医患双方提交鉴定所需的材料，医患双方也履行了提交材料的义务，××医学会履行了必要的告知义务。医患双方在××医学会的主持下依照相关规则抽取了专家鉴定组的成员。经召开鉴定会，专家鉴定组听取了医患双方的意见，并依照规则形成了合议意见。鉴定书根据专家鉴定组的合议意见作出，并由××医学会加盖了医疗事故技术鉴定专用章。鉴定过程中，医患双方对于参加鉴定的人员资格和专业类别未提出否定意见，对于鉴定程序均签字确认。××卫计委作出被诉行政行为认定事实清楚，证据充分。综合证据情况来看，在鉴定开始前后的整个过程中，王××行使了相应的权利，对鉴定中的主要步骤也予以了确认。诉讼中，王××对××医学会组织鉴定的程序提出的异议，难以采纳。需要指出，王××认为鉴定书认定事实不清，系对医疗事故技术鉴定的结论性问题持有异议。对于鉴定结论有异议的，依法可以申请再次鉴定。王××关于××卫计委未依照行政处罚程序查明事实并处理相关单位和个人的异议，与被诉行政行为不具有关联性。综上所述，××卫计委作出被诉行政行为认定事实清楚，适用法律、法规正确，执法程序合法。王××要求撤销被诉行政行为并判令××卫计委重新作出审核结论的诉讼请求，依法不能成立。原审遂依照《最高人民法院关于执行〈中华人民共和国行政诉讼法〉若干问题的解释》第五十六条第(四)项之规定，判决驳回王××的诉讼请求。判决后，王××不服，向本院提起上诉。

上诉人王××上诉称：原审第三人××医学会的鉴定程序违反了《办法》和《条例》，被上诉人××卫计委的审核事实不清，证据不足。原审法院未对该违法事实进行法庭调查。原审第三人未对鉴定会过程和专家的意见进行书面记录，未参加鉴定会的情形下，对鉴定程序进行了书面审核。专家鉴定组未在专家合议书中阐述作出鉴定结论所依据的事实和理由，专家鉴定组长没有签发鉴定书文稿，鉴定书未对医方医疗行为是否违法、违规作出认定。在鉴定过程中，专家鉴定组未对上诉人陈述的事实、理由和证据进行核实，作出鉴定意见。医疗事故技术鉴定移交函上表示有移交医疗事故争议行政处理的调查报告和询问笔录，但被上诉人未在诉讼中提供，故该函不真实，被上诉人将上诉人与医方之间的医疗事故争议移交原审第三人组织鉴定存在错误，原审法院所认定的"鉴定所经过的程序均有当事人的签名确认，记载于××医学会医疗事故技术鉴定程序确认表"的事实错误，此确认签名系在鉴定会开始前，不能证明上诉人对程序予以确认。原审第三人也未将规定的鉴定步骤和鉴定事项完整地列入确认表，仅根据该确认表判断程序符合规定，认定事实不清，证据不足。被上诉人作出的审核适用法律错误，原审第三人没有实施、完成鉴定程序所规定的鉴定步骤和鉴定事项，违反《办法》第三十三条的鉴定程序，被上诉人应重新作出审核。上诉人向原审法院陈述了医疗细节为证明医方的医疗行为违法，进而证明专家组未依法作出鉴定意见，鉴定程序违法，被上诉人的审核错误，原审法院认定事实不清。被上诉人未在法定期限内提供证据，原审法院未准许上诉人调取鉴定会视频录音记录的请求，侵犯上诉人的权利。故请求撤销原判，改判支持上诉人一审的诉讼请求。

本院经审理查明：原审认定的事实清楚，本院依法予以确认。

本院认为：根据《条例》第三十六条规定，卫生行政部门接到医疗机构关于重大医疗过失行为的报告后，除责令医疗机构及时采取必要的医疗救治措施，防止损害后果扩大外，应当组织调查，判定是否属于医疗事故；对不能判定是否属于医疗事故的，应当依照本条例的有关规定交由负责医疗事故技术鉴定工作的医学会组织鉴定。《条例》第四十一条规定，卫生行政部门收到负责组织医疗事故技术鉴定工作的医学会出具的医疗事故技术鉴定书后，应当对参加鉴定的人员资格和专业类别、鉴定程序进行审核；必要时，可以组织调查，听取医疗事故争议双方当事人的意见。《条例》规定了被上诉人××卫计委在接到医疗事故处理请求时，对是否属于医疗事故，应当依照本条例的有关规定交由负责医疗事故技术鉴定工作的医学会组织鉴定，并依法享有审核确认医疗事故鉴定结论的行政职权，同时对卫生行政部门审核的范围也进行了规定，即对参加该鉴定会的人员资格、专业类别、鉴定程序进行书面审核。本案中，当事人庭审举证质证表明，原审第三人××医学会负责组织的医疗事故技术鉴定，在自接到医患双方提交有关医疗事故技术鉴定的材料、书面陈述及答辩之日起 45 日内进行并出具了鉴定书。××医学会在受理医疗事故技术鉴定之日起 5 日内通知医患双方提交鉴定所需的材料，履行了必要的告知义务，医患双方也履行了提交材料的义务。医患双方在××医学会的主持下依照相关规则抽取了专家鉴定组的成员。经召开鉴定会,专家鉴定组听取了医患双方的意见,并依照规则形成了合议意见。鉴定书根据专家鉴定组的合议意见作出,并由××医学会加盖了医疗事故技术鉴定专用章。鉴定过程中,医患双方对于参加鉴定的人员资格和专业类别未提出否定意见。关于被上诉人对系争医疗事故技术鉴定程序审核,即上诉人所争议的未按规定的鉴定步骤和鉴定事项,违反《办法》第三十三条的鉴定程序问题。本院认为,被上诉人审核了原审第三人报送的医疗事故技术鉴定程序确认表、当事人要求专家库成员回避记录单、医疗事故技术鉴定鉴定专家随机编号清单、医疗事故技术鉴定随机抽取鉴定专家编号清单、参加鉴定会人员签到表(一)、(二)及××医学会医疗事故技术鉴定工作办公室专家合议书、随机抽取鉴定专家程序说明、医疗损害鉴定鉴定专家缺席会议回执单、××医事鉴[201×]××××号鉴定书等材料,认为符合规定的要求,由相关的证据证实。在鉴定过程中,医患双方均按规定分别陈述,分别接受询问。上诉人方在参加鉴定会人员签到表(二)上签名确认于201×年××月××日下午参加了鉴定会。对医患双方而言都是平等处置,上诉人以专家组未听取其陈述、未对其提出的理由作出鉴定,理由不能成立。鉴定书对医方医疗行为构成医疗事故,应承担主要责任作出了认定。至于上诉人认为原审法院未根据上诉人陈述的医疗细节,确认××医学会鉴定意见违法、鉴定程序违法、被上诉人审核认定事实不清的问题,实际上是上诉人对医疗事故技术鉴定的结论性问题持有异议。根据《条例》规定对鉴定结论有异议的,依法可以申请再次鉴定。上诉人据此认为被上诉人审核不严,理由不能成立。综上,本院认为,被上诉人在收到原审第三人××医学会报送的上诉人的医疗事故技术鉴定书后,依法从参加鉴定的人员资格、专业类别和鉴定程序等方面进行审核,认为该鉴定结论的作出过程符合《条例》《办法》的相关规定,作出予以确认的审核意见,认定事实清楚,程序合法,适用法律正确。原审法院判决驳回上诉人的诉讼请求,并无不当。本案系对被上诉人××卫计委所作审核意见的具体行政行为进行合法性审查,对上诉人在此次医疗事故中遭受的损害可通过其他途径解决。上诉人的上诉请求,缺乏事实和法律依据,本院不予支持。据此,根据《中华人民共和国行政诉讼法》第六十一条第(一)项之规定,判决如下:

驳回上诉,维持原判。

二审案件受理费人民币50元,由上诉人王××负担。

本判决为终审判决。

【律师评述】

是否属于医疗事故,需要有专业的判断;而不能直接作出判定的,则提交医学会组织鉴定，就是现有的法定程序。

《医疗事故处理条例》第四十一条规定，卫生行政部门收到负责组织医疗事故技术鉴定工作的医学会出具的医疗事故技术鉴定书后，应当对参加鉴定的人员资格和专业类别、鉴定程序进行审核；必要时，可以组织调查，听取医疗事故争议双方当事人的意见。

本案鉴定过程中，医患双方按规定抽取了鉴定专家，对于参加鉴定的人员资格和专业类别未提出否定意见。整个鉴定过程，王先生参加并参与了必要的程序。因此，王先生对鉴定程序和过程提出异议，则不能被人信服，也没有说服力和证据支持。

需要注意的是，如果王先生对鉴定结论不认可，则可以在合适的时间和程序内申请其他鉴定机构（如市一级医学会）重新鉴定，而王先生在医疗事故中遭受的损害则应通过提起其他诉讼解决。

案例 50　全国首例检察机关提起行政公益诉讼案

【案情介绍】

检察机关诉讼请求全部获法院支持

记者今天从最高人民检察院获悉，6 月 20 日，全国首例检察机关提起行政公益诉讼案即山东省庆云县人民检察院提起的诉庆云县环保局不依法履职一案一审公开宣判，庆云县人民法院判决支持检察机关的诉讼请求，确认庆云县环保局批准山东庆云庆顺化学科技有限公司进行试生产、试生产延期的行政行为违法。

2014 年 10 月，庆云县检察院在审查庆顺公司污水处理厂厂长涉嫌污染环境罪案件时，发现该公司自 2008 年 8 月以来，一直在未通过建设项目环保设施竣工验收的情况下，违法进行年产 12 000 t 环保型纸用染料项目的生产，排放大量污水造成环境污染，当地群众多次拨打民生服务热线进行举报。庆云县党委政府责成环保部门严格履行监管职责。庆云县检察院调查发现，庆云县环保局虽对该公司多次作出行政处罚，但在监管过程中存在违法行为。针对上述情况，庆云县检察院于 2014 年 5 月、2015 年 1 月两次向庆云县环保局发出检察建议，督促环保部门依法履行监管职责，督促庆顺公司整改并履行行政处罚决定书的内容。庆云县环保局虽予以回复，但仍未依法正确履行监管职责，致使群众反映的问题一直未得到有效解决，国家和社会公共利益持续处于受侵害状态。为促进依法行政，督促其纠正违法行政行为并依法履职，维护国家和社会公共利益，2015 年 12 月，庆云县检察院就庆云县环保局不依法履职向庆云县人民法院提起诉讼，请求确认庆云县环保局批准庆顺公司进行试生产、试生产延期的行政行为违法，撤销其违法行政处罚决定，并责令其依法履职。

诉讼期间，庆云县环保局对照诉讼请求采取一系列整改措施，积极纠正了部分违法行政行为，依法履行了监管职责，使得检察机关的部分诉讼请求得以实现。2016 年 4 月，庆云县法院就本案召开庭前会议。检察机关根据证据交换情况，依法提交《变更诉讼请求决定书》变更了诉讼请求，将诉讼请求变更为确认庆云县环保局批准山东庆云庆顺化学科技有限公司进行试生产、试生产延期的行政行为违法。今年 5 月 6 日，庆云县法院依法对本案公开开庭审理；6 月 20 日，本案公开宣判，法院一审判决支持了检察机关的诉讼请求。

（来源：《法制日报》2016 年 6 月 21 日记者周斌）

【律师评述】

“全国首例检察机关提起行政公益诉讼案”、诉讼当事人的特殊身份——县人民检察院提起的诉县环保局，仅凭这两个关键词，这个案件的影响力，足以成为行政诉讼史上的里程碑案件。在雾霾如此严重的时刻，在谈雾霾色变的大环境下，在各地环保部门压力已经异常巨大的情况下，无论是检察院还是环保部门面临这样一个诉讼，都需要超强的勇气。

而本案中，检察院的专业性和敢吃第一口螃蟹的精神，与环保局的积极、客观应对，均值得称赞。

该案件的另一个积极意义，就是百姓、企业作为行政诉讼一极的固定传统定式打破，给了我们审视行政诉讼的新的视角，也为行政诉讼拓展了空间，展示了行政诉讼应有的社会功能。

下篇　行政诉讼篇

一、行政诉讼涉及的基本法律

《行政诉讼法》《行政处罚法》《行政强制法》《行政复议法》《行政许可法》《行政监察法》及《政府信息公开条例》等法律法规，构成依法行政核心法律体系，也是行政诉讼中最常涉及的基本法律、法规。熟悉这些法律，加上个案中涉及的特别法律，将是每个行政诉讼中的诉讼主张支撑点。

目前，我国现有的成文的行政诉讼中常用到的基本法律、法规如下：

法　律		司　法　解　释	
1. 行政诉讼法	1989 年 4 月 4 日第七届全国人民代表大会第二次会议通过；根据 2014 年 11 月 1 日第十二届全国人民代表大会常务委员会第十一次会议《关于修改〈中华人民共和国行政诉讼法〉的决定》修正	(1) 最高人民检察院关于做好《中华人民共和国行政诉讼法》实施准备工作的通知	1990 年 3 月 2 日高检民发字(1990)第 1 号
		(2) 最高人民检察院关于认真做好《中华人民共和国行政诉讼法》实施中有关工作的通知	1990 年 9 月 15 日高检发民字(1990)2 号
		(3) 最高人民法院关于《行政诉讼法》施行前法律未规定由法院受理的案件应如何处理的批复	1993 年 2 月 15 日(1993)民他字第 10 号
		(4) 最高人民法院关于执行《中华人民共和国行政诉讼法》若干问题的解释	于 1999 年 11 月 24 日由最高人民法院审判委员会第 1088 次会议通过。自 2000 年 3 月 10 日起施行
		(5) 最高人民法院对如何理解《最高人民法院关于执行〈中华人民共和国行政诉讼法〉若干问题的解释》第四十一条第一款规定的请示的答复	2000 年 4 月 19 日法行(2000)7 号

（续表）

法律		司法解释	
1. 行政诉讼法	1989年4月4日第七届全国人民代表大会第二次会议通过；根据2014年11月1日第十二届全国人民代表大会常务委员会第十一次会议《关于修改〈中华人民共和国行政诉讼法〉的决定》修正	（6）最高人民法院对如何理解《最高人民法院关于执行〈中华人民共和国行政诉讼法〉若干问题的解释》第四十四条第一款第（十）项规定的请示的答复	2000年6月5日 法行(2000)13号
		（7）最高人民法院行政审判庭对如何执行《关于执行〈中华人民共和国行政诉讼法〉若干问题的解释》第九十二条的请示的答复	2000年12月14日 法行[2000]21号
		（8）最高人民法院关于如何执行《最高人民法院关于执行〈中华人民共和国行政诉讼法〉若干问题的解释》第四十二条的规定的请示的答复	2002年8月2日 [2002]行他字第6号
		（9）最高人民法院副院长曹建明在纪念行政诉讼法颁布十五周年座谈会上的讲话	2004年4月1日
		（10）最高人民法院行政审判庭关于对如何理解《关于执行〈中华人民共和国行政诉讼法〉若干问题的解释》第四十一条、第四十二条规定的请示的答复	2008年3月17日 [2007]行他字第25号
		（11）最高人民法院关于适用《中华人民共和国行政诉讼法》若干问题的解释	2015年4月20日 最高人民法院审判委员会第1648次会议通过 法释〔2015〕9号
2. 行政处罚法	1996年3月17日第八届全国人民代表大会第四次会议通过，根据2009年8月27日第十一届全国人民代表大会常务委员会第十次会议《关于修改部分法律的决定》修正		

（续表）

法	律	司	法 解 释
3. 行政强制法	《中华人民共和国行政强制法》由中华人民共和国第十一届全国人民代表大会常务委员会第二十一次会议于 2011 年 6 月 30 日通过，自 2012 年 1 月 1 日起施行		
4. 行政复议法	1999 年 4 月 29 日第九届全国人民代表大会常务委员会第九次会议通过，根据 2009 年 8 月 27 日第十一届全国人民代表大会常务委员会第十次会议《关于修改部分法律的决定》修正	（1）最高人民法院关于适用《行政复议法》第三十条第一款有关问题的批复	2003 年 1 月 9 日由最高人民法院审判委员会第 1263 次会议通过。自 2003 年 2 月 28 日起施行
		（2）最高人民法院关于行政复议机关受理行政复议申请后，发现复议申请不属于行政复议法规定的复议范围，复议机关作出终止行政复议决定的，人民法院如何处理的答复	2005 年 6 月 3 日［2005］行他字第 11 号
5. 行政许可法	《中华人民共和国行政许可法》由中华人民共和国第十届全国人民代表大会常务委员会第四次会议于 2003 年 8 月 27 通过，自 2004 年 7 月 1 日起施行		
6. 行政监察法	1997 年 5 月 9 日第八届全国人民代表大会常务委员会第二十五次会议通过，根据 2010 年 6 月 25 日第十一届全国人民代表大会常务委员会第十五次会议《关于修改〈中华人民共和国行政监察法〉的决定》修正	最高人民法院监察部印发《关于执行〈中华人民共和国行政监察法〉第二十一条若干问题的规定》的通知	1998 年 10 月 13 日监发〔1998〕3 号
7.《政府信息公开条例》	2007 年 1 月 17 日国务院第 165 次常务会议通过，自 2008 年 5 月 1 日起施行		

二、行政诉讼之如何诉

(一) 如何告?

行政诉讼如何告？如何提起起诉？是需要认真斟酌的。诸如到底是诉讼行政行为本身，还是要按照信息公开案件诉讼，常常被混淆。很多时候，发现诸多案件中，将信息公开案件错当成针对具体行政行为的诉讼，将信息公开、以获得信息为目的的行政案件和具体实体行政行为混为一体，没有能准确确认，造成讼累。例如，房屋征收补偿案件中到底是就申请信息公开后，不服公开信息而撤销信息公开告知、诉讼信息公开，以获得有关具体征收中的信息，还是针对征收方案、补偿方案不服而提起诉讼，两者虽然都归为行政诉讼，但完全是不同的行政诉讼，解决的问题也是不同的。在这类案件中，往往申请信息公开、诉讼信息公开是为收集针对具体征收补偿行政行为的诉讼取得更多、更有效或者是之前没有能够获得的证据。因此，提起行政诉讼前，需要明确诉讼的目的，制定好诉讼的路径、策略和基本的诉讼架构。

(二) 告什么?

对于行政诉讼的原告，需要举证证明行政行为的存在及相关基本证据，同时需要明确诉讼请求，是诉讼请求撤销已有行政行为并重新作出行政行为还是仅仅请求撤销？是针对行政行为的程序违法而诉还是针对行政行为损害到原告权利而诉？是针对行政行为的行为本身而诉？原告需要在起诉时，找准诉讼的具体请求，以尽可能获得法院的支持。

(三) 要什么?

诉讼是解决问题的一个途径和方式，诉讼本身并不是目的，解决问题才是根本。因此，提起行政诉讼也要明确，想要通过一个具体的行政诉讼解决什么问题，达到什么目的，原告最终想要(主张)什么。

在大量的行政诉讼庭审中，发现很多原告，往往以给作为被告的政府机构甚至是政府机构的出庭人员和代理人难看，说一些不该讲的话，借诉讼给行政机构、行政机构人员施加压力,以图痛快;甚至攻击法院审判人员,一旦法庭审判人员在审理中依法处理、依法询问、依程序处理,稍有不顺,便认为法官未依法审理,官官相护等,失去对法庭的基本信任。

根据现在的行政诉讼管辖、审理的进一步集中和规范,行政诉讼案件审理的独立性、专业性、可信度均在大大提升。

(四)见"官"么?

行政诉讼相关审理规范及最高人民法院等机关对行政机关负责人出庭应诉提出的基本要求,均为依法推进行政机关负责人出庭应诉工作作出了明确规定。

最高人民法院《关于行政诉讼应诉若干问题的通知》(法〔2016〕260号),更是对行政机关负责人范围、出庭做出了具体规定:

(1)出庭应诉的行政机关负责人,既包括正职负责人,也包括副职负责人以及其他参与分管的负责人。

(2)行政机关负责人不能出庭的,应当委托行政机关相应的工作人员出庭,不得仅委托律师出庭。

(3)涉及重大公共利益、社会高度关注或者可能引发群体性事件等案件以及人民法院书面建议行政机关负责人出庭的案件,被诉行政机关负责人应当出庭。

(4)行政诉讼法第三条第三款规定的"行政机关相应的工作人员",包括该行政机关具有国家行政编制身份的工作人员以及其他依法履行公职的人员。被诉行政行为是人民政府作出的,人民政府所属法制工作机构的工作人员,以及被诉行政行为具体承办机关的工作人员,也可以视为被诉人民政府相应的工作人员。

(5)行政机关负责人和行政机关相应的工作人员均不出庭,仅委托律师出庭的;或者人民法院书面建议行政机关负责人出庭应诉,行政机关负责人不出庭应诉的,人民法院应当记录在案并在裁判文书中载明,可以依照行政诉讼法第六十六条第二款的规定予以公告,建议任免机关、监察机关或者上一级行政机关对相关责任人员严肃处理。

以上的明确规定甚至严肃处理的明确界限,都为行政诉讼中行政机关负责人的出庭予以了明确。但在实际庭审中,仍有诉讼当事人因为没有见到被诉行政机构行政首长、没有见到其认可的"官"出庭,而向法庭提出异议,向出庭的被诉行政机构的工作人员、代理人发难甚至威胁、侮辱出庭的被诉行政机构工作人员、代理人。在法庭的释明和解释之后,依旧不依不饶,导致庭审不能正常进行的情形亦时有发生。

诉讼依旧是解决问题的一个方式,行政机构负责人出庭应诉的要求,不是为原告见"官"设置,其基本目的是为倒逼行政机构及其负责人重视法律,严格依法行政，增强法律意识。

当然，不可否认，在现阶段，行政机构负责人出庭，在庭审中了解案件的一些法律规定和争议的焦点问题，可能有利于案件的审理，也有助于案件的解决，但见“官”肯定不应成为我们提起行政诉讼的目的。

解决问题才是行政诉讼的关键，见“官”不是行政诉讼的目的。

（五）收官么？

行政诉讼，告官，见官，审理之后，如何收官，则是我们诉讼的最终需要面对的。诉讼是一个解决问题的方式，而不是目的。我们如何在诉讼的某一个阶段，接受现实，接受结果。一个案件，经历一审、二审，直至再审，甚至抗诉等诸多程序后，总要碰到极限，碰到天花板。因此，作为行政诉讼的原告，一定要在一个阶段，选择对自己问题的相对好的方案作为结局，即使是面临败诉的结果，也要接受。

笔者在代理的诸多行政诉讼中，看到很多当事人（尤其是原告）一味追求要看到行政机关败诉的结果，一定要将对抗性诉讼进行到底，即使有一个相对对原告有利的调解方案，原告也不是不愿意息诉，就是要求在原有诉讼要求基础上加码，致使本可以化解的原告与行政机构的纠纷，更加难上加难。

修改后的《行政诉讼法》允许就行政诉讼的一些内容，可以进行调解，为行政诉讼的案结事了设定了一个比较好的法律基础。因此，行政诉讼的原告应该在适当的程序、合理的方案中适时接受，千万不能一味地对抗，一味地追求给行政机构施压，而最终导致面临案件依旧败诉的后果。

就比如案例4、案例5中，曾提出由原告（赵先生）申请鉴定并预付鉴定费，对房屋的价值重新进行鉴定；如果鉴定，相信原告的诉讼请求应该还有争取的可能和胜诉的机会。但原告却坚持不同意提出鉴定申请和预付鉴定费，造成案件对原告不利，当然最终原告也面临了败诉的后果。作为原告的代理律师，亦感到十分遗憾。

（六）党务信息可以告么？

按照现有法律规定，党务信息不属于政府信息公开范围，行政诉讼亦未将其纳入调整范围，不适用现有的《政府信息公开条例》。

与政府信息相对应，党务信息，通常主要指中国共产党的各级组织在履行职责过程中制作、获取形成的，通过一定载体、以一定形式记录、保存的信息。主要包括如下类型信息：

（1）以党组织文号印发的文件。以党组织文号印发的信息，属于党务信息。根据《党政机关公文处理工作条例》的规定：党的机关印发公文应当含有发文字号，由发文机关代字、年份、发文顺序号组成。如果是两个及以上党的机关或者与其他机关联合行文时，使用主办机关的发文字号。因此，使用党的发文字号，就应界定为党务信息。

(2) 党组织制作的文件。对没有文号，或从文号上无法准确界定的信息，则从文件起草、发文主体判断。党政机关公文首部(文头)应有文件制作主体的名称，尾部有制发或印发公文的印章，如果文头和印章显示主体是党组织的，就属于党务信息。

(3) 党、政机关共同发文。应从文号和发文主体方面判断：如文号或尾部发文单位是党组织，应属党务信息；从发文机关、文号无法确定属于党务信息的，则通过印发文件的单位确定，如是党的各级组织印发的，认定为党务信息。

(4) 转发文件。应以转发文件文号、转发文件机构识别。

根据以上现有基本认可的思路观点，按照现有法律规定，党务信息不属于政府信息公开范围，行政诉讼亦未将其纳入调整范围，不适用现有的《政府信息公开条例》，党务信息公开案件也就自然不可以告了。

三、行政诉讼之沟通

行政诉讼涉及自然人或者法人单位及其负责人、代理人、审判人员、行政机关及其代理人等多方，各方之间如何有效沟通，才能有利于案件的审理，是我们在行政诉讼中特别需要关注的内容。沟通的有效性，也影响着案件的结果、影响着案件的法律价值体现和社会效果。

（一）与法官沟通

在诸多行政诉讼案件中，发现自然人或者法人单位的负责人、诉讼参与人往往将对立情绪带至法庭，不但对经常作为被告的行政机关出庭人员极端对立，而且对法院审判人员也极端对立，甚至认为法院与行政机关“官官相护”，时常会碰到开庭从头至尾情绪激动甚至辱骂相关人员的现象，给案件的审理制造了主观的不信任，设置了先天的缺陷，造成法官审理的难度，使得审判人员很为难。

行政诉讼中自然人或者法人单位，一般是原告，在与法院审判人员沟通时要避免与审判人的对立情绪，要尽量客观、理性地表达清楚自己诉讼的目的，诉讼主张的合理性、合法性，避免给法庭造成胡搅蛮缠的印象。

而经常作为行政诉讼被告的行政机关出庭人员、代理人，则需要更多地克制和更为理性地应对，尤其是遇到原告过度情绪化时，更是不要针锋相对，而需要向法庭理性陈述清楚抗辩意见即可，不需要针对原告一一应对，防止激化对立情绪，要有理有节，针对法庭的审理，就案论案，保持与法官的专业沟通。

无论是原告还是被告，一旦启动法律程序，走进法庭，均需要建立对法庭的信任，对法官的尊重，对法律的基本敬畏。

（二）与行政机关沟通

作为自然人或法人单位诉讼参与人员，则需要与行政机关诉讼参与人保持良性沟通，以尽力让行政机关明确自己的诉讼目的，解决自己的正当要求，以达到自己的诉讼目的为目的，而不是以通过诉讼方式，让行政机关难看，或者通过行政诉讼，一味追求让行政机关败诉，或者让行政机关负责人出庭，试图当面责问行政机关负责人。

作为行政机关的诉讼出庭人员、代理人，则需要及时将庭审情况，向行政机关相关负责人汇报和沟通，及时化解诉讼风险，及时给出专业意见，以更好地应对行政诉讼，体现法治政府，展示依法行政。

（三）与行政相对人沟通

作为行政机关负责人、代理人、诉讼参与人，需要耐心倾听行政行为相对人的合理诉求，遇到情绪激动的当事人，则要极具耐心和韧性，更要极具专业性，清晰理性阐明行政机关行政行为的法律依据和事实证据等，及时解决行政行为可能存在的风险和问题，及时应对诉讼，既要展现行政机关的行政事务的专业性，也要适时依法体现为民服务的精神。

（四）与媒体沟通

随着行政诉讼大量增加，媒体对行政诉讼的关注度愈来愈高，面对媒体的采访或者向媒体的爆料，都需要慎之又慎，防止因案件审理过程中对媒体传递错误信息，导致给行政机关或者案件本身带来不利甚至负面影响。

作为自然人或者法人单位，则在案件审理期间，尽量不要对媒体传递未经法庭最终认可和公开的涉及行政诉讼的信息；而作为行政机关及其诉讼参与人、代理人，则更要遵从保密原则，坚守职业操守。

四、行政行为、行政诉讼流程图

（一）行政诉讼流程图

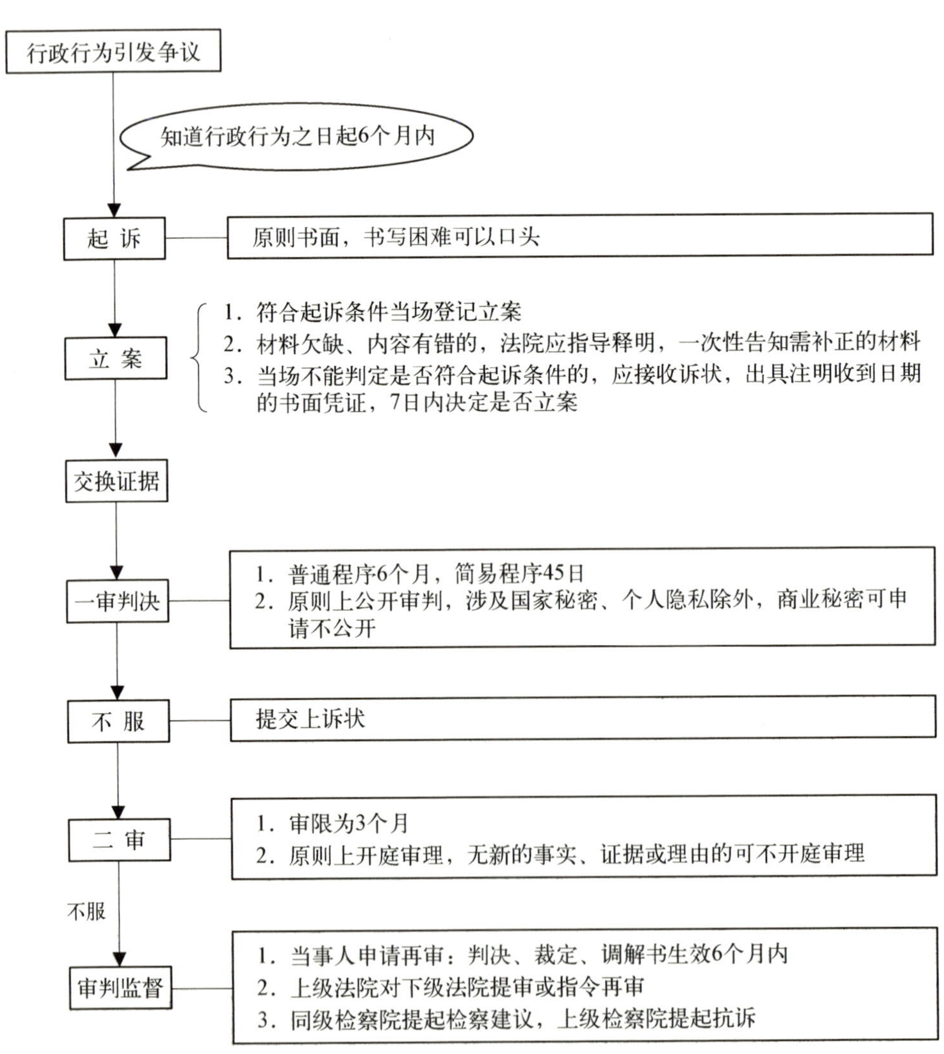

（二）行政复议流程图

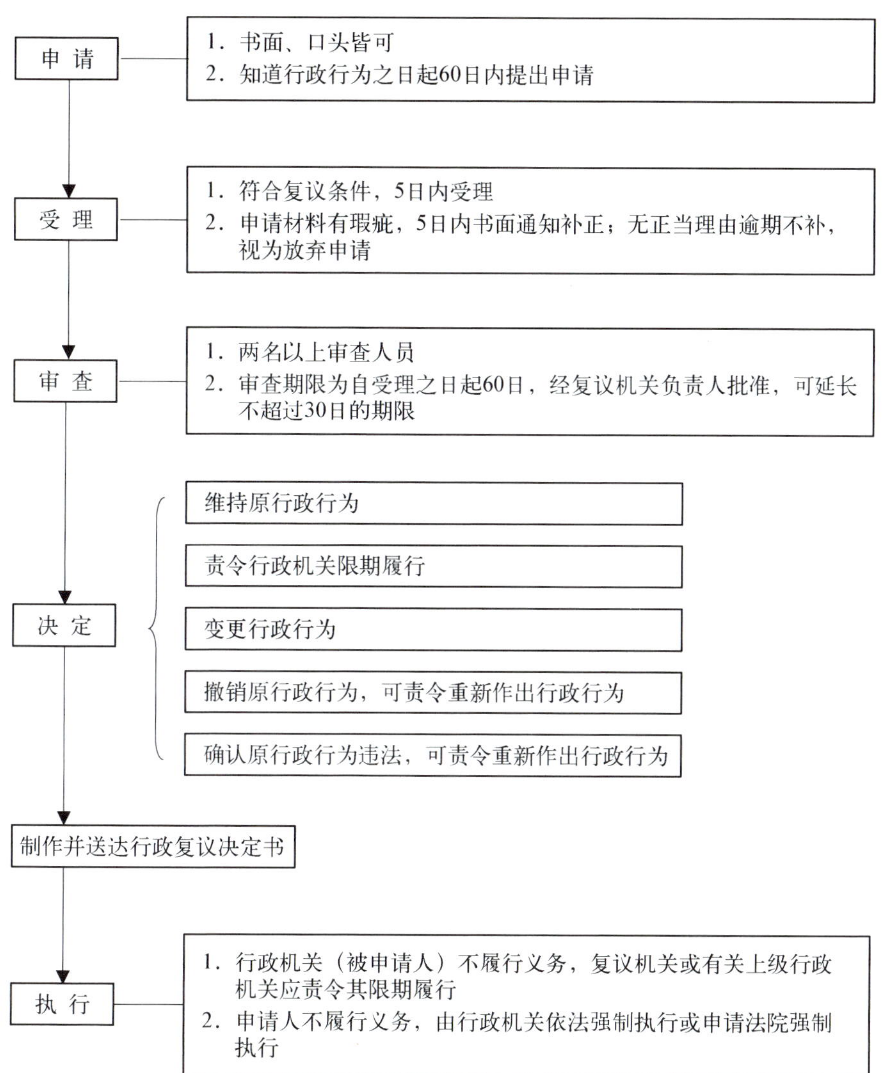
申 请
1．书面、口头皆可
2．知道行政行为之日起60日内提出申请
受 理
1．符合复议条件，5日内受理
2．申请材料有瑕疵，5日内书面通知补正；无正当理由逾期不补，视为放弃申请
审 查
1．两名以上审查人员
2．审查期限为自受理之日起60日，经复议机关负责人批准，可延长不超过30日的期限
决 定
维持原行政行为
责令行政机关限期履行
变更行政行为
撤销原行政行为，可责令重新作出行政行为
确认原行政行为违法，可责令重新作出行政行为
制作并送达行政复议决定书
执 行
1．行政机关（被申请人）不履行义务，复议机关或有关上级行政机关应责令其限期履行
2．申请人不履行义务，由行政机关依法强制执行或申请法院强制执行

（三）行政处罚流程图

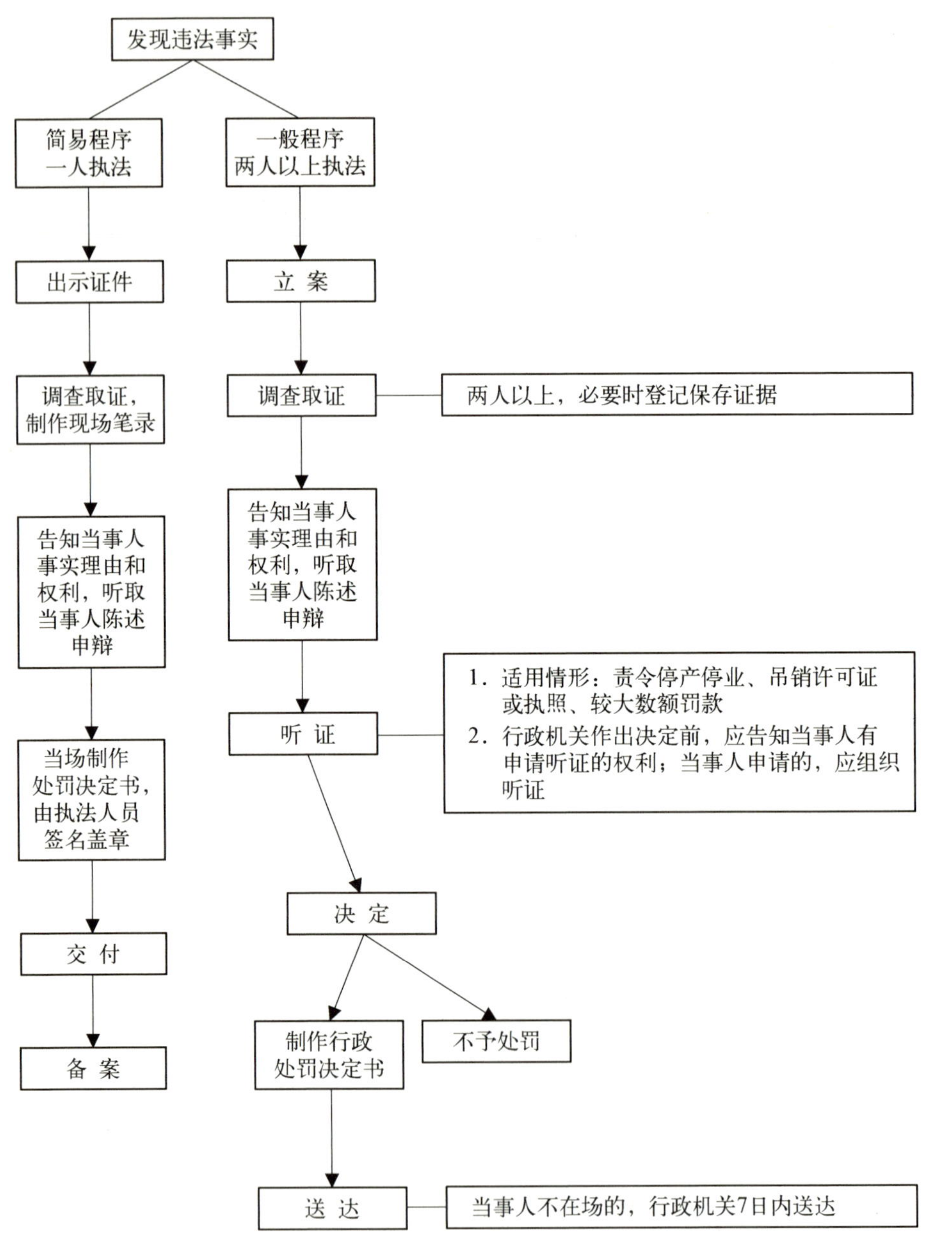
发现违法事实
简易程序
一人执法
一般程序
两人以上执法
出示证件
立 案
调查取证，
制作现场笔录
调查取证
两人以上，必要时登记保存证据
告知当事人事实理由和权利，听取当事人陈述申辩
告知当事人事实理由和权利，听取当事人陈述申辩
当场制作处罚决定书，由执法人员签名盖章
听 证
1．适用情形：责令停产停业、吊销许可证或执照、较大数额罚款
2．行政机关作出决定前，应告知当事人有申请听证的权利；当事人申请的，应组织听证
交 付
决 定
备 案
制作行政处罚决定书
不予处罚
送 达
当事人不在场的，行政机关7日内送达

（四）行政许可流程图

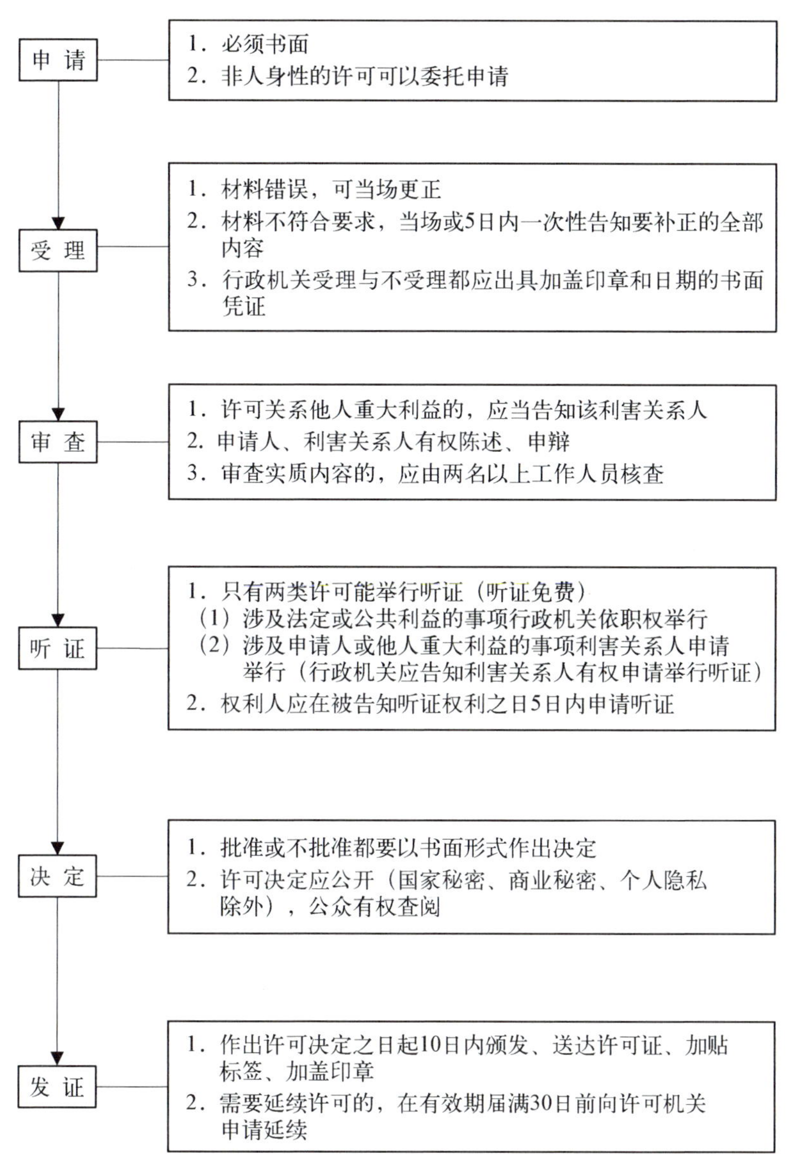
申 请
1．必须书面
2．非人身性的许可可以委托申请
受 理
1．材料错误，可当场更正
2．材料不符合要求，当场或5日内一次性告知要补正的全部内容
3．行政机关受理与不受理都应出具加盖印章和日期的书面凭证
审 查
1．许可关系他人重大利益的，应当告知该利害关系人
2．申请人、利害关系人有权陈述、申辩
3．审查实质内容的，应由两名以上工作人员核查
听 证
1．只有两类许可能举行听证（听证免费）
（1）涉及法定或公共利益的事项行政机关依职权举行
（2）涉及申请人或他人重大利益的事项利害关系人申请举行（行政机关应告知利害关系人有权申请举行听证）
2．权利人应在被告知听证权利之日5日内申请听证
决 定
1．批准或不批准都要以书面形式作出决定
2．许可决定应公开（国家秘密、商业秘密、个人隐私除外），公众有权查阅
发 证
1．作出许可决定之日起10日内颁发、送达许可证、加贴标签、加盖印章
2．需要延续许可的，在有效期届满30日前向许可机关申请延续

（五）行政强制措施决定流程图

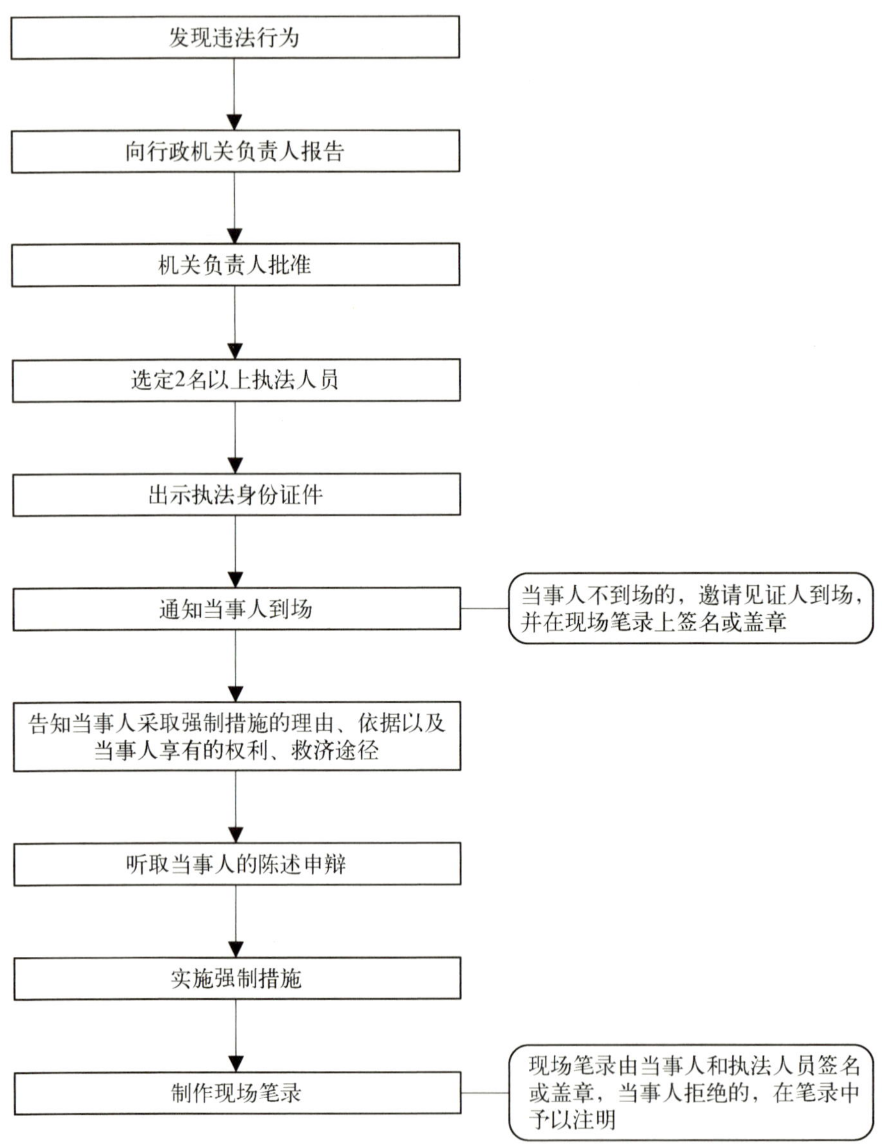

（六）行政强制执行流程图

催告
听取当事人的陈述和申辩
记录、复核当事人提出的事实、理由和证据
无正当理由仍拒不履行行政决定
作出强制执行决定
送达行政强制执行决定书
强制执行
有证据证明有转移或者隐匿财物迹象
作出立即强制执行决定
送达行政强制执行决定书
强制执行

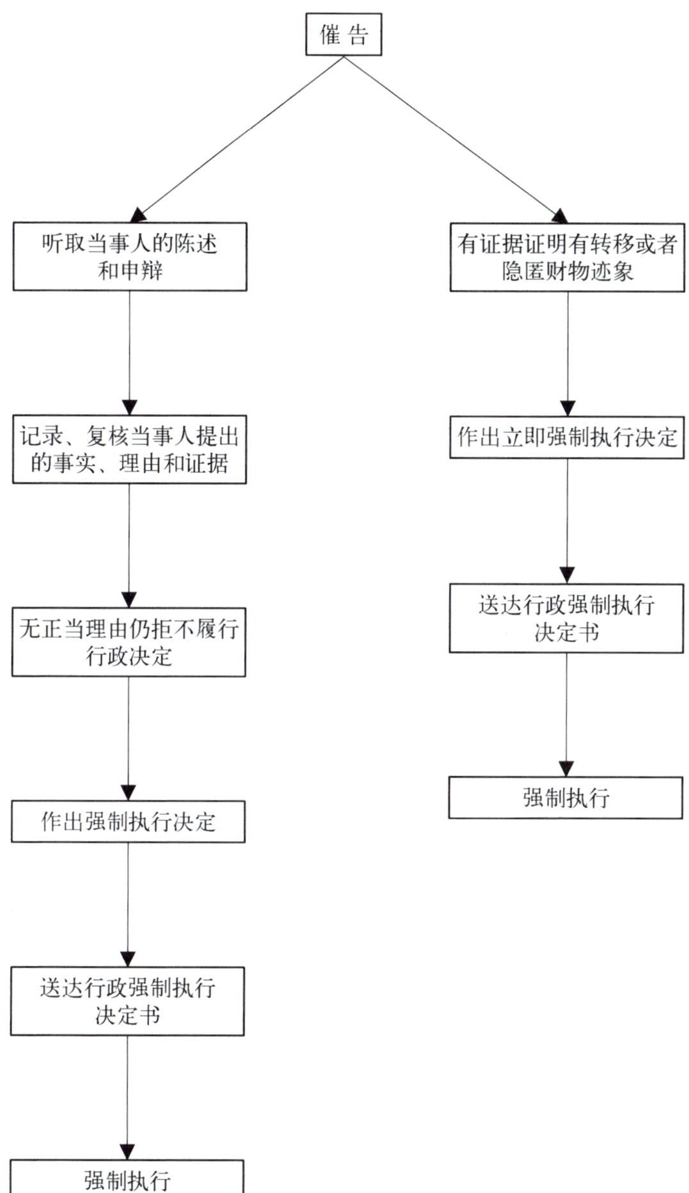

（七）行政监察流程图

发现违反行政
纪律的行为
初 审
认定不存在违反行政纪律的事实
立 案
不予立案
组织调查收集证据
听取被监察的部门和
人员的陈述和申辩
认定违反行政纪律，
需要给予处分或者
作出其他处理的
认定不存在违反行政
纪律事实或者不需要
追究行政纪律责任
审 理
撤销立案并告知被调查单位及其上级
部门或被调查人员及其所在单位
作出监察决定
或者提出监察建议
以书面形式送达
有关单位、人员

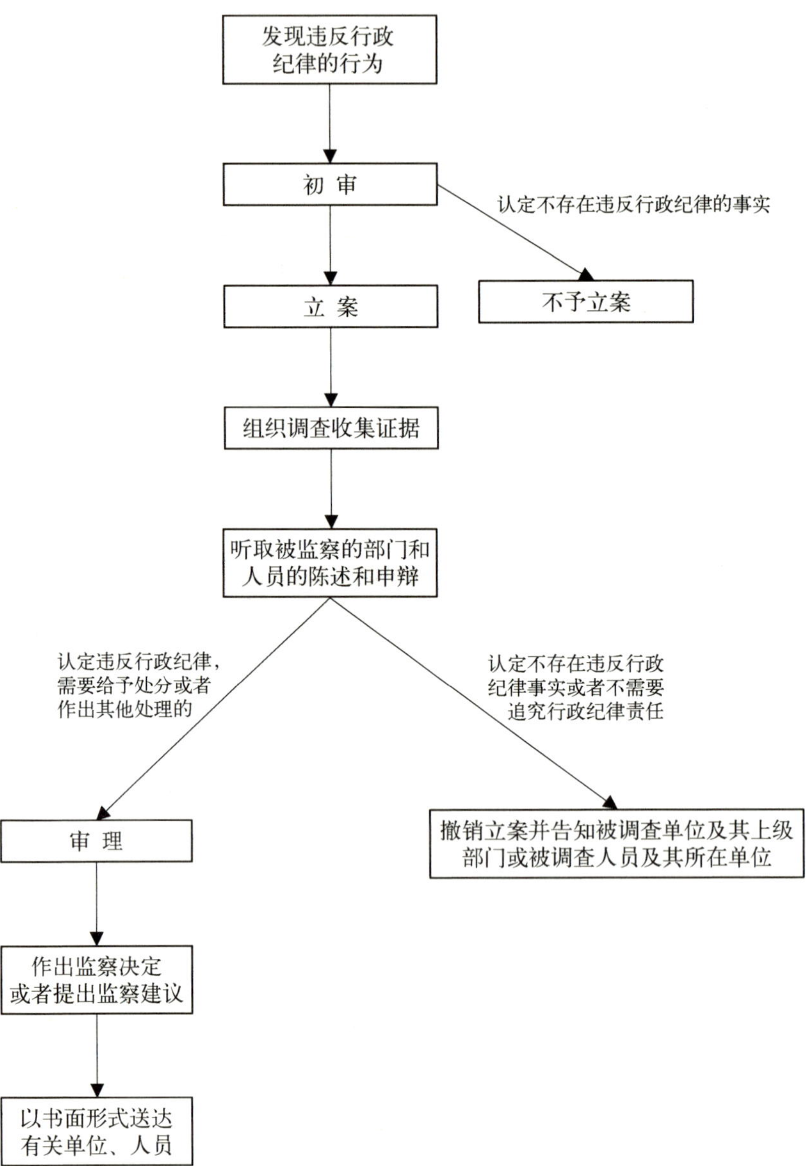

（八）政府信息公开流程图

申请
1．原则书面，如有困难可口头
2．申请书内容：申请人姓名、联系方式，申请公开的内容，申请公开的形式要求
普通信息
涉及商业秘密、个人隐私
公开
机关初判
决定不公开
决定公开
书面征求权利人意见
不同意公开
同意公开
机关决定
15日内公开
决定公开，15日内公开
决定不公开
按申请人要求的形式提供公开信息
公开免费，只能收取检索、复制、邮寄等成本费

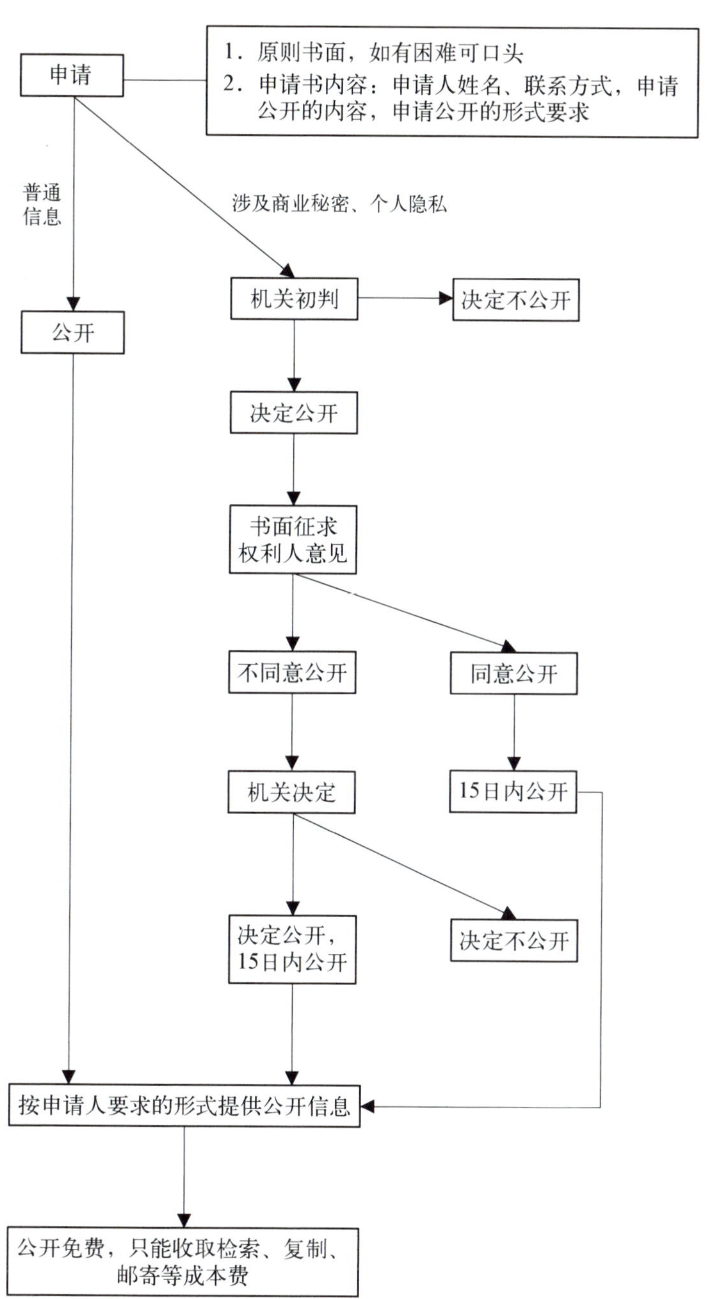

后记

几乎是经历了春夏秋冬一个轮回，终于完成本书书稿。自己看完全部内容，关上电脑的那一刻，即感轻松，又生疑虑。

轻松的是终于将自己多年前就开始萌生的一个想法变成了现实：曾经以不同方式在不同行政机关或长或短的工作，还有从事不同类型的行政事务的经历，后来从事律师职业，又以法律特长服务于政府机关或百姓，代理行政诉讼；同时又作为一个公民，接受行政机关的管理和服务，亲身体验行政行为，感触良多，想系统述说，夙愿终成。疑虑的是自己的述说，是否有管见或偏见、漏见之疑。

完成本书的时刻，正值中国喜迎农历的丁酉鸡年。在这个好的年份，相信吉祥相伴，喜事连连。

写作本书的过程是自己的另一种学习和提升，久久地思考，不停地思索，细细地思量，系统地梳理，也伴随着享受。

本书的创作过程中，得到了许多友人的帮助，在此一并致以诚挚的谢意。

魏建平

2017 年 3 月于上海